Bruno Heller
GLÜCK

Bruno Heller

GLÜCK

Ein philosophischer Streifzug

PRIMUS VERLAG

Einbandgestaltung: Jutta Schneider, Frankfurt

Redaktion: Dr. Christine Keck, Frankfurt

Die Deutsche Bibliothek verzeichnet diese Publikation
in der Deutschen Nationalbibliografie;
detaillierte bibliografische Daten sind im Internet über
http://dnb.ddb.de abrufbar.

Gedruckt auf säurefreiem und alterungsbeständigem Papier
Printed in Germany

www.primusverlag.de

ISBN 3-89678-518-4

Inhaltsverzeichnis

I. Das Glück ist …

Was das Glück sei, und wie man es finden könne, fragen sich viele, vielleicht sogar alle. Es gibt schöne Sprüche dazu – hier eine Schmunzelauswahl:

Lebe glücklich, lebe froh,
wie der Mops im Paletot.

Lebe glücklich, lebe froh
wie der König Salomo,
der auf seinem Throne saß
und verfaulte Äpfel fraß.

Lebe glücklich, werde alt,
bis die Welt in Stücke knallt.

Das Glück kommt wie ein Omnibus,
auf den man lange warten muss.
Und kommt er dann zu guter Letzt,
so ruft der Schaffner: „Schon besetzt!"

Das Glück ist eine blinde Kuh
und läuft dem dümmsten Ochsen zu.

Das Glück hat Flügel klafterweit.
Im Unglück aber weilt die Zeit.

Ein ungestörtes Glück verlangen,
heißt Mondeslicht mit Netzen fangen,
den Sonnenstrahl mit Ketten fesseln
und Rosen fordern von den Nesseln.

Glück ist wie ein Sonnenblick.
Niemand kann's erjagen,
niemand von sich sagen,
dass er heut und alle Frist
ohne Wunsch und glücklich ist.

Mit dem Klagen, mit dem Zagen,
wie verdarbst du's, ach, so oft.
Lerne Trübes heiter tragen,
und dein Glück kommt unverhofft.[1]

Wer mehr wissen will, kaufe sich ein Buch zum Thema. Aber welches? Das Angebot ist riesig: hier nur eine Auswahl aus 710 Titeln beim Großsortiment Libri:

Das Glück ist mollig
Das Glück hat sanfte Pfoten
Das Glück ist wie ein Schmetterling
Das Glück ist eine Insel
Wer einen Fuß stiehlt, hat Glück
Das Glück beim Händewaschen
Wackelzähne bringen Glück
Vom Glück, ein dickes Schwein zu sein
Vom Glück, nur zur Hälfte Frau zu sein
Vom Glück, ein Priester zu sein
Ein schreckliches Glück
Wenn Glück zum Unglück wird
Deutsches Glück
Das Glück liegt oft so nah
Lust auf Glück
Auf Umwegen ins Glück
Zum Glück kommt manchmal was dazwischen
Man darf beim Glück nicht drängelig sein
Vermutungen über das Glück
Das Glück und der Tod
Glück und Selbstverwirklichung
Glück ist machbar
Anstiftung zum Glück
Dieses mächtige Glück
Glück, was ist das?

Ja, das kann man sich fragen! Eine Antwort fand ich im Internet. Da hatte eine Schülerin ihren Aufsatz zum Thema vorgestellt; er sei hier mitgeteilt.

Helene Richter: Was ist Glück?

„Eine emotionale Gefühlsregung, die sich positiv auf das Gemüt auswirkt – so etwa würde die Definition im Lexikon lauten. Ein vierblättriges Kleeblatt bringt Glück, eine Katze, die von links nach rechts über die Straße läuft, bringt Unglück. Eine Sternschnuppe wiederum bringt Glück und ein kleines 1-Pfennig-Stück, kaum zu glauben (!) bringt auch Glück.

So gibt es auch x-hundert verschiedene Glücksbringer, sei es ein Stein, eine Zahl, ein Andenken oder irgendetwas anderes Persönliches. Und dann gibt es das Glück in der Liebe, das Glücksspiel, den Glücksboten, den Glückwunsch und den Glückstreffer. Glück scheint also etwas ganz Alltägliches zu sein, nur was eigentlich ist es?

Auf meiner Suche nach dem Glück fing ich schließlich an, mich an altbekannten Weisheiten zu orientieren. Zunächst versuchte ich mein Glück im Pferdestall, denn wer kennt nicht den Spruch: „Das Glück der Erde liegt auf dem Rücken der Pferde!" Doch nichts, höchstens ein paar Bremsen und Zecken. Auch beim Glücksspiel fand ich es nicht. So hatte ich doch eher Pech, denn wer freut sich schon daran, mit 50 DM in so ein Gebäude hineinzugehen, um anschließend mit leeren Händen herauszukommen? Auf der Suche nach einem 1-Pfennig-Stück fand ich schließlich auch nur ein halbes Fahrradventil und einige Nägel und Schrauben.

Wohin ich ging – nur Frust und kein Funken Glück. Um mich herum schienen sich alle zu beglückwünschen und wahre Glückstreffer zu landen, nur ich suchte vergeblich nach Glück. An der einen Ecke betrachtete ein Mann gerade mit blitzenden Augen und überaus glücklich seinen neuen 911-Porsche, und dort fand eine Gruppe Jugendlicher ihr Glück an einem McFress-Stand bei einem kräftigen Biss in ein Hühnchenbein. An der Ampel hörte ich eine Frau sagen: „Ich hab vielleicht ein Glück gehabt! Der wäre mir fast hinten aufgefahren!" Und der Anblick zweier turtelnder Tauben auf dem Marktplatz zeugte von purem Glück. „Herzlichen Glückwunsch – Sie haben den Supergewinn im Lotto gewonnen!", drang es da auch schon aus dem kleinen Kofferradio zu mir herüber, und die Kinder versuchten ihr Glück beim Kirschkernweitspucken. Und ich: ein Häufchen Elend in diesem Glück! Doch da hörte ich plötzlich einen Schrei und sah, wie eine ältere Dame die letzten drei Stufen der Kaufhaustreppe hinabstürzte. Verletzt hatte sie sich nicht, aber mir war klar: Diese Frau war verunglückt. Und da wurde mir schlagartig klar, dass Glück nur ein Begriff ist und viele Menschen denken, sie könnten ihn gebrauchen und sich für glücklich erklären. Ich aber weiß jetzt, dass Glück ein lang anhaltender Zustand ist, der nur erreicht werden kann, wenn man alle Ziele verwirklicht hat, und auch dann ist das Glück schon fast wieder vorbei, denn das wahre Glück liegt auf dem Weg zum Glück, also beim Verwirklichen seiner Träume, Ziele und Ideen. Erreichen kann man es deswegen nur aus eigener Kraft und mit dem Gefühl innerer Ruhe."[2]

Sehr lichtvoll dieser Gipfel, den unsere Schülerin frohgemut erklommen hat! Aber er bleibt ihre Privatsache, während wir doch alle irgendwie glücklich werden wollen. Am Ende müssen wir uns gar an einen Glücksbringer wenden, der weit über unserem armseligen Durchschnitt waltet. Da käme ein indischer Guru gerade recht, zum Beispiel der selig lächelnde Satya Sai Baba mit seiner Verheißung:

„Ich bin gekommen, um euch den Schatz der Glückseligkeit zu geben, um euch zu helfen, diese Quelle anzuzapfen, denn ihr habt den Weg zum Gesegnetsein vergessen. Wenn ihr die Zeit vergeudet, in der ihr euch retten könnt, ist es einfach euer Schicksal. Ihr kommt zu mir, um von mir Flittergold und Blechzeug zu bekommen – die unbedeutenden Heilungen und Beförderungen, weltliche Freude und Bequemlichkeiten. Sehr wenige von euch möchten das von mir bekommen, weswegen ich gekommen bin, um es ihnen zu geben: Die Erlösung und Befreiung. Sogar unter diesen wenigen sind diejenigen, die auf dem geistigen Pfad bleiben bzw. in der geistigen Praxis bleiben, eine Handvoll …

Ich bin immer von Glückseligkeit erfüllt. Was auch immer geschehen mag, nichts kann mich am Lächeln hindern. Darum kann ich die Freude auf euch übertragen und euch eure Bürde erleichtern. Ich frohlocke niemals, wenn man mich lobt, und entsetze mich nicht, wenn man mich schmäht. Nur wenige haben meine Absichten und meine Bedeutung erfasst, aber ich sorge mich nicht. Wenn Dinge, die in mir sind, erwähnt werden, warum sollte ich dann triumphieren? Für mich heißt es immer: ‘Ja, ja, ja.’“ Wenn ihr alles gebt und euch dem Herrn ergebt, so wird er euch schützen und leiten. Dafür ist der Herr gekommen.“[3]

Dieser „Herr“ ließ sich als *Avatar*, als Göttersproß, verehren und hatte seine eigene Internetseite. Inzwischen ist sie verschwunden.

Wir wollen viel Glück, am liebsten das Glück ganz, das ganze Glück. Aber ob das geht, ist mehr als fraglich. Kurt Tucholsky hat sich einmal über die Grenzenlosigkeit gehobener Ansprüche lustig gemacht:

Das Ideal
Ja, das möchste:
Eine Villa im Grünen mit großer Terrasse,
vorn die Ostsee, hinten die Friedrichstraße;
mit schöner Aussicht, ländlich-mondän,
vom Badezimmer ist die Zugspitze zu sehn –
aber abends zum Kino hast dus nicht weit.
Das Ganze schlicht, voller Bescheidenheit:

Neun Zimmer, – nein, doch lieber zehn!
Ein Dachgarten, wo die Eichen drauf stehn,
Radio, Zentralheizung, Vakuum,
eine Dienerschaft, gut gezogen und stumm,
eine süße Frau voller Rasse und Verve –
(und eine fürs Wochenend, zur Reserve) –,
eine Bibliothek und drumherum
Einsamkeit und Hummelgesumm.
Im Stall: Zwei Ponys, vier Vollbluthengste,
acht Autos, Motorrad – alles lenkste
natürlich selber – das wär' ja gelacht!
Und zwischendurch gehst du auf Hochwildjagd.
Ja, und das hab ich ganz vergessen:
Prima Küche – erstes Essen –
alte Weine aus schönem Pokal –
und egalweg bleibst du dünn wie ein Aal.
Und Geld. Und an Schmuck eine richtige Portion.
Und noch ne Million und noch ne Million.
Und Reisen.Und fröhliche Lebensbuntheit.
Und famose Kinder. Und ewige Gesundheit.
Ja, das möchste!
Aber, wie das so ist hienieden:
manchmal scheints so, als sei es beschieden
nur pöapö, das irdische Glück.
Immer fehlt dir irgendein Stück.
Hast du Geld, dann hast du nicht Käten;
hast du die Frau, dann fehln dir Moneten –
hast du die Geisha, dann stört dich der Fächer:
bald fehlt uns der Wein, bald fehlt uns der Becher.
Etwas ist immer.
Tröste dich.
Jedes Glück hat einen kleinen Stich.
Wir möchten so viel: Haben. Sein. Und gelten.
Dass einer alles hat:
das ist selten.[4]

Also sich bescheiden, die Ansprüche herunterschrauben? Oder ist es gar so, dass wir nicht zum Glücklichsein geboren sind? Der Philosoph Hegel schrieb:

„Die Weltgeschichte ist nicht der Boden des Glücks. Die Perioden des Glücks sind leere Blätter in ihr …“[5]

Bei Sigmund Freud liest es sich ähnlich:

„Die Absicht, dass der Mensch ‘glücklich’ sei, ist im Plan der Schöpfung nicht enthalten.“[6]

Es bringt nichts, jetzt bloße Meinungen gegeneinanderzustellen. Wer das Thema Glück philosophisch betrachten will, muss nach Begründungen suchen, und das fragend, denn alle Philosophie hebt mit dem Fragen an. Wir brauchen eine Ebene kritischer Reflexion, die nur zu erreichen ist, wenn wir unser Problem erst einmal aufmerksam durchmustern, klären, was im Begriff des Glückes stecken könnte, um uns dann im Angebot der Meinungen zu orientieren. Vor allem sollten wir uns hüten, den billigen Glücksbringern auf den Leim zu gehen, die hinter jeder Ecke lauern. Sie ködern mit dem Einfachen, das schnell zu haben ist. Denken Sie an obigen Guru, an Sekten, Patchwork-Religionen, selbsternannte Seelenheiler und die flotten Sprüche der Wellness-Industrie (die tolle Reise, das tolle Auto)! Mit Philosophie hat das alles nichts zu tun.

II. Ein Blick in die Geschichte

Mitunter geht es nicht ohne einen Blick in die Geschichte der Philosophie. Wir müssen uns vergangener Standpunkte, ihrer Stärken und ihrer Schwächen, vergewissern, ehe wir auf eigene Faust weiterfragen können. Ohne Kenntnis des Gewesenen ist das Heutige nicht zu begreifen. Aber keine Angst: Hier soll nicht die große Philosophiegeschichte aufgerollt werden. Wir fischen nur das heraus, was bei unserem Fragen nach dem Glück dienlich ist. Und wo sollen wir anfangen? Natürlich bei den alten Griechen. Ohne sie wäre unser Denken nicht so geworden, wie es ist.

1. Antike Glücksvorstellungen

Um noch einmal auf Tucholsky zurückzukommen: Wenn es mit dem großen, dem totalen Glück nichts ist – vielleicht gelingt das kleine, bescheidene. Stellen Sie sich ein Gärtchen vor, draußen am Stadtrand im Grünen, hohe Bäume, bunte Blumen, schattige Plätzchen neben einem sprudelnden Brunnen, kein Straßenlärm dringt herein, die Freunde sind gekommen, man sitzt beisammen, plaudert, Wein wird gereicht, die Sonne scheint. Das ließe sich überall haben, aber der erste Garten, den die Philosophiegeschichte erwähnt, lag in Athen. Ein gewisser Epikur (um 342–271 v. Chr.) hatte ihn für sich und seine Freunde geschaffen, den berühmt gewordenen *képos*, und da war gut vom Glück zu reden. Ein heiterer Ort, fern vom Weltengetümmel, ringsum nur nette Menschen. Wo könnte man besser philosophieren?

Den Epikureern hat man vorgeworfen, sie seien schlimme Lustmolche gewesen. Ihr Chef und Meister soll gesagt haben:

„Ich wüsste nicht, was ich mir überhaupt noch als ein Gut vorstellen kann, wenn ich mir die Lust am Essen und Trinken wegdenke, wenn ich die Liebesgenüsse verabschiede und wenn ich nicht mehr meine Freude haben soll an dem Anhören von Musik und dem Anschauen schöner Kunstgestaltungen."[1]

Das klingt nicht unsympathisch, aber doch ein bisschen hedonistisch (*hedoné* ist im Griechischen die Lust). Haben die Epikureer in Saus und Braus gelebt? Ihr Kritiker Timokrates behauptete, Epikur sei ein Vielfraß gewesen und hätte sich zweimal am Tag übergeben müssen, um weiter fressen zu können. Aber dem steht ein anderer Bericht entgegen, im „Garten" sei es sehr schlicht zugegangen: höchstens mal ein kleiner Becher Weines, sonst nur Wasser gegen den Durst.[2]

Wie dem auch sei: Epikur proklamierte keinen hemmungslosen Genuss, sondern die maßvollen und vor allem die geistigen Freuden. Man muss das Zuträgliche suchen und das Unzuträgliche meiden, genügsam sein und die Einsicht walten lassen:

„Wenn wir also sagen, die Lust sei das Ziel, meinen wir damit nicht die Lüste der Hemmungslosen und jene, die im Genuss bestehen, wie einige, die dies nicht kennen und nicht eingestehen oder böswillig auffassen, annehmen, sondern: weder Schmerz im Körper noch Erschütterung in der Seele zu empfinden.

Denn nicht Trinkgelage und aneinander gereihte Festlichkeiten, auch nicht das Genießen von Knaben und Frauen, von Fischen und allem Übrigen, was eine aufwändige Tafel bietet, erzeugen das lustvolle Leben, sondern ein nüchterner Verstand, der die Gründe für jedes Wählen und Meiden aufspürt und die bloßen Vermutungen vertreibt, aus denen die schlimmste Verwirrung der Seele entsteht."[3]

Also: vernünftig leben, genügsam sein und sich nicht durcheinander bringen lassen. Erst dann kann Lust aufkommen – oder Freude, wie eben im wohlgepflegten Gärtchen. Epikur hat es dabei nicht leicht gehabt. Ihn quälten üble Schmerzen, vielleicht Nierensteine oder ein Prostataleiden, doch trotzdem spürte er „freudige Erhebung" beim Philosophieren im Freundeskreis. Im damals hohen Alter von zweiundsiebzig Jahren ließ er dann sein Leben feierlich ausklingen:

„Sitzend im wärmenden Bade betäubte mit kräftigem Weine
Er seinen Schmerz, daß er bald starr ward, vom Tod übermannt."[4]

Ein würdiges Ende für einen Philosophen, der sein Leben zu genießen wusste! Und dabei muss man sich klarmachen, dass die Möglichkeit solchen Genusses für die „alten" Griechen nicht selbstverständlich war.

Glück war keineswegs ihre Lieblingsvokabel. Es gibt die anrührende Geschichte von Kleobis und Biton, den Söhnen einer Priesterin, die dringend zu einem Weihefest musste. Aber die Zugstiere für ihren Wagen blieben aus; da luden sich die beiden Jünglinge selbst das Joch auf die Schultern und zogen den Wagen zum Kultplatz. Voller Dankesfreude erbat die Mutter von Hera, der Göttin, ihren Söhnen das Beste zu schenken, was es für Menschen geben könne, und sie starben schlafend noch in der folgenden Nacht.[5] – Abgrundtiefer Lebenspessimismus!

Oder da wäre die erst im 7. Jahrhundert v. Chr. entstandene Geschichte vom König Midas, der den Waldschrat Silen eingefangen hatte und erst freigeben wollte, wenn der ihm verriete, was für den Menschen das Beste sei. Lange schwieg Silen, erst unter der Folter gab er preis, das Allerbeste sei es, nicht geboren zu werden; das Zweitbeste aber, möglichst bald zu sterben.

Schließlich: Die Griechen haben die Tragödie erfunden und mit ihr die Schauer menschlicher Katastrophen.

Herodot, griechischer Historiker um 500–424 v. Chr., der die Geschichte von Kleobis und Biton überliefert hat, wird nicht müde, vor übermütigen Glückserwartungen zu warnen. So lässt er den lydischen Unterkönig Kroisos zum persischen Oberkönig Kyros sagen:

„Meinst du, du seiest unsterblich und ebenso das Heer, das du befehligst, so ist es umsonst, dir meinen Rat zu sagen. Erkennst du aber, dass du ein Mensch bist und über Menschen gebietest, so wisse zuvor, dass die Menschenschicksale sich wie in einem Kreise drehen, der nie zulässt, dass immer die gleichen Menschen im Glück stehen."[6]

Und der weise Solon hat – ebenfalls laut Herodot – gewarnt, niemand sei glücklich zu preisen, bevor er gestorben ist. Auch beim schönsten Lebensgenuss: Das dicke Ende kann immer noch folgen.

Kennen Sie Schillers Ballade vom „Ring des Polykrates", die mit dem frohgemuten König von Samos beginnt?

Er stand auf seines Daches Zinnen,
Er schaute mit vergnügten Sinnen
Auf das beherrschte Samos hin.
„Dies alles ist mir untertänig",
Begann er zu Ägyptens König,
„Gestehe, dass ich glücklich bin."

Dauernd hat dieser Polykrates Glück, es verfolgt ihn geradezu. Schließlich will er etwas dagegen tun, um nicht den Neid der Götter zu erregen. Er wirft seinen kostbarsten Siegelring als Opfergabe ins Meer – umsonst! Ein Fisch schnappt den Ring, ein Fischer schnappt den Fisch, bringt ihn zu Polykrates, und als die Köche des Königs den Fisch zerteilen, finden sie den Ring wohlbehalten in des Fisches Magen. Glückes zu viel?

Bei Schiller ist der gerade zu Gast weilende Ägypterkönig nicht nur verblüfft, sondern entsetzt:

Hier wendet sich der Gast mit Grausen:
„So kann ich hier nicht ferner hausen,

Mein Freund kannst du nicht weiter sein.
Die Götter wollen dein Verderben –
Fort eil ich, nicht mit dir zu sterben."
Und sprachs und schiffte schnell sich ein.

Herodot, von dem die ganze Geschichte stammt, erzählt sie etwas anders. Da ist der Ägypterkönig nicht Gast auf Samos, sondern empfängt eine postalische Glücksbotschaft von Polykrates. Aber auch so: Der Ägypter ist fassungslos und kündigt seinem griechischen Freund das Gastrecht auf, denn mit einem, dem alles glücke, werde es kein gutes Ende nehmen.[7] Ein stets glückliches Leben kommt den Menschen nicht zu. Die Götter sind neidisch, manchmal sogar boshaft. Also hüte sich, wer kann.

Und was hätte Epikur dazu gesagt? Er hätte gelächelt, denn die Götter dermaßen ernst zu nehmen, ist töricht. Sie mögen weit entfernt in ewiger Glückseligkeit schwimmen, aber mit den Menschen haben sie nichts zu tun. Man muss sie nicht fürchten, trotz ihrer Glorie sind sie machtlos.

Als moderne Menschen glauben auch wir nicht, dass Zeus, Athene, Apollon, Artemis und wer sonst noch den Olymp besiedelte, in unser Leben hinein pfuschen können. Da dürften wir schnell mit Epikur einig sein. Aber auch wir haben unsere Götter, vor denen wir uns bisweilen recht intensiv fürchten. Da sind zum Beispiel die gern zitierten Sachzwänge, die sozialen Probleme, die Politik, die Mächtigen dieser Erde, Konzerne, Börsenkurse, Wirtschaftsflauten oder ganz einfach: die in uns steckenden Gene. All das kann einem die gute Laune verderben.

Nun hat ein griechischer Weiser – ein freigelassener Sklave, aber ein hochgebildeter – den schönen Satz geprägt:

„Nicht die Tatsachen beunruhigen die Menschen, sondern ihre Meinungen über die Tatsachen."[8]

Epiktet war das (50–133 n. Chr.). Mit Epikur hat er nichts zu tun, lehnte sogar dessen Lehren ab (er war Stoiker), aber das tut nichts zur Sache.

In einem Punkt treffen sich beide: Wir sollen uns keine Ängste einreden, weder vor den Göttern noch vor dem Schicksal noch vor irgendwelchen anderen Mächten. Und schon gar nicht vor dem Tod.

Über den geistern die verschiedensten Meinungen umher. Er lässt uns in die Unterwelt abfahren, in die Verdammnis, in böse Höllenstrafen. Und wenn nicht das, so löscht er doch uns selber aus, löst unser ach so schönes Leben in nichts auf. „Na und?", würde Epikur fragen. Da kommt kein schauriges Gerippe mit Hippe. Mit dem Tod hört alles Bewusstsein auf, die Wahrnehmungen, die Gefühle, das Denken – aus und vorbei.

„Gewöhne dich daran zu glauben, der Tod sei nichts, was uns betrifft. Denn alles Gute und Schlimme ist nur in der Empfindung gegeben; der Tod aber ist die Vernichtung der Empfindung. Daher macht die richtige Erkenntnis – der Tod sei nichts, was uns betrifft – die Sterblichkeit des Lebens erst genussfähig, weil sie nicht eine unendliche Zeit hinzufügt, sondern die Sehnsucht nach der Unsterblichkeit von uns nimmt.“[9]

Sehr viel später hat der Kabarettist Otto Reutter die epikureische Sache auf den Punkt gebracht:

„Vor dem Tode sich fürchten hat keinen Zweck:
Man erlebt ihn ja nicht. Wenn er kommt, ist man weg!“

Anzumerken wäre, dass Epikur seine Furchtlosigkeit dem Tod gegenüber naturwissenschaftlich begründet hat. Er war Anhänger der Atomlehre, die auf Demokrit (um 460–370 v. Chr.) zurückgeht. Nach ihr besteht die Welt nur aus winzigen, unteilbaren Elementarkörpern und dem Leeren. Auch der Mensch ist nichts anderes als ein wohlorganisierter Atomkomplex; und wenn jemand stirbt, löst sich dieser Komplex auf, seine Atome bleiben jedoch erhalten, verwehen und verteilen sich im Weltganzen: Was sollte daran fürchterlich sein? Merke: Wie einer über den Tod denkt, hängt zumeist von all seinen Grundüberzeugungen ab!

Aber vielleicht hat Epikur etwas verwechselt. Mag sein, dass wir den Tod nicht zu fürchten brauchen, weil wir ihn nicht erleben – wenigstens nicht den eigenen. Was tatsächlich aufs Gemüt drückt, ist die Angst vor dem Sterben, denn das geht dem Tod voraus und kann qualvoll sein, trotz aller medizinischer Hilfen.

Die stoischen Philosophen haben über Epikur hinaus gedacht. Wir müssen das Sterben lernen, so ihr bekanntester Vertreter, der Römer Seneca (4 v. Chr.–65 n. Chr.). An seinen Freund Lucilius schrieb er:

„Es ist eine herrliche Sache, sterben zu lernen. Du hältst es vielleicht für überflüssig, zu lernen, was man nur einmal brauchen kann. Das ist es eben, warum wir uns darauf bereiten müssen. Man muss das immer lernen, wovon man zuvor nicht die Erfahrung machen kann, ob wir es auch verstehen. ›Bereite dich auf den Tod.‹ Wer dies sagt, heißt uns auf die Freiheit uns bereiten. Wer sterben gelernt hat, hat verlernt, Sklave zu sein …“[10]

Wann stirbt man? Der berühmte „letzte Seufzer“ ist kein klares Kriterium. Die Krankheit zum Tode kann schon längst begonnen haben, auch ohne Symptome. Vielleicht steckt sie von Geburt an im Menschen. Nach Seneca sogar „schon ehe ich geboren ward“.[11] Wenn aber das Sterben mit dem Leben so innig verknüpft ist, muss man sein ganzes Leben lang sterben lernen. Und wie? Durch Philosophie!

„Mit der Philosophie müssen wir uns umgeben, dieser unüberwindlichen Mauer, die das Schicksal mit noch so vielem Sturmzeug angreifen mag – doch wird es sie nie übersteigen.“[12]

Kurz gesagt: Philosophieren heißt, sterben lernen.

Seneca hat das vorgelebt, und als Kaiser Nero ihm nahe legte, sich einer drohenden Hinrichtung durch den Freitod zu entziehen, hat Seneca nicht lange gezögert. Er stieg ins Warmbad, öffnete sich die Pulsadern und starb – ähnlich wie Epikur: Sterben als Inszenierung! Der britische Philosoph Bertrand Russell hat Senecas Freitod mit einiger Ironie gewürzt:

„Sein Ende war erbaulich. Zuerst wollte er, als er den kaiserlichen Bescheid erfuhr, sein Testament machen. Da man ihm sagte, es bliebe ihm keine Zeit mehr für ein so langwieriges Geschäft, wandte er sich seiner bekümmerten Familie zu und rief: ›Sorgt euch nicht, ich hinterlasse euch etwas weit Wertvolleres als irdischen Reichtum, nämlich das Vorbild eines tugendhaften Lebens‹ oder so ähnlich. Dann schnitt er sich die Adern auf und befahl seinen Sekretären, seine letzten Worte aufzuzeichnen; nach Tacitus floss der Strom seiner Beredsamkeit bis zum letzten Augenblick.“[13]

Übrigens: Was soll die Furcht vor dem Tod und der Auflösung ins Nichts? Nicht mehr zu leben, das ist eigentlich vom Zustand des Noch-nicht-Lebens kaum zu unterscheiden, also von dem, was vor der Geburt war. Niemand denkt mit Schaudern an sein früheres Noch-nicht-Sein; warum sollte ihn dann das Nicht-mehr-Sein erschrecken? Noch einmal Seneca:

„Tot sein bedeutet, dass das, was war, nicht mehr ist. Aber was dies ist, weiß ich schon; dieses (Nichtsein) wird nach mir sein, was es vor mir war. Wenn darin ein Leiden liegt, so muss es auch darin gelegen haben, ehe wir in diese Welt eintraten: allein wir haben damals kein Ungemach empfunden.“[14]

Zwischen den Zuständen vor der Geburt und nach dem Tode besteht eigentlich ein symmetrisches Verhältnis des Nichtigen. Nur die Meinungen der Menschen stören dieses Verhältnis und schieben allein dem Gestorbensein alles Schlimme zu – ohne Logik und Vernunft.

Höchstes Ziel stoischer Ethik: sich nicht erschüttern zu lassen. Das Leben mag noch so wilde Kapriolen schlagen; der Stoiker versucht, sie zu ignorieren. Das sieht bedenklich nach Sturheit aus. Aber die stoische *ataraxía* (Unerschütterlichkeit) ist innere Freiheit dem Schicksal gegenüber. Nur was in unserer Macht steht, ist der Mühe wert, sich darum zu kümmern. Für das, was nicht verfügbar ist, halte dich an das Wort Epiktets: „Es berührt mich nicht.“[15]

Darüber hinaus gilt: Lebe dein Leben! Aber lebe es mannhaft, standfest und mit Seelengröße. Die Stoiker haben dazu etliche Handreichungen geliefert und Listen aufgestellt: für Güter und Werte. Gut ist, was irgendeinen Nutzen bringt, im materiellen oder geistigen Sinne; das ist dann ein *agathón*. Es zu verwirklichen, wäre die so genannte Tugend (*areté*), wobei dieses griechische Wort nicht unbedingt dem entspricht, was wir heute Tugend nennen. *Areté* ist eher Inbegriff des Tauglichen, aber davon später.

Um die Sache deutlicher zu machen: Der spätantike Textesammler Stobaios (5. Jh. n.Chr.) hat einen Überblick über die Werte- und Tugendlehre der Stoiker gegeben.

Von den Werten (Gütern) sind einige Tugenden, andere nicht. Zu den Tugenden gehören: Besonnenheit, Selbstbeherrschung, Mannhaftigkeit, Seelengröße, innere Festigkeit und Gerechtigkeit. Dagegen kann man Heiterkeit oder Freude wohl als schöne Güter, kaum aber als Tugenden ansehen.

Bei den Tugenden lässt sich abermals unterscheiden. Die einen kann man erlernen und einüben, zum Beispiel Besonnenheit oder Gerechtigkeit. Seelengröße oder innere Stärke aber sind Naturgaben und kaum zu trainieren.

Das Gute (bzw. die Werte) sahen die Stoiker als etwas von Natur aus Vernünftiges an. Man braucht nur seinen Geist anzustrengen, um einzusehen, was gut ist: gut für den Menschen, für den Staat oder für die Weltordnung überhaupt. Wer dann dieses Gute durch sinnvolles Verhalten in seinem Leben realisiert, der wird nicht nur gut, sondern sogar glücklich leben. Er wird dabei der Vernunft folgen und der Natur:

„Denn die Natur muss man zur Führerin haben, auf sie richtet die Vernunft ihr Augenmerk und nimmt sie zur Ratgeberin. Darum glücklich leben und naturgemäß leben ist eins.“[16]

Seneca hat mit diesem Satz nicht gemeint, man solle Körner und Müsli essen. Naturgemäß leben heißt, die Ordnungen des Naturganzen zu beachten – das mit der Weltvernunft, dem Logos, zusammenfällt. Nur in solch einem Rahmen kann der Mensch glücklich werden. Dass er es werden kann, hat die Natur ihm in die Wiege gelegt. Es tatsächlich zu werden, bedarf seiner eigenen Anstrengung.

So viel zur Stoa. Auf ihre verschiedenen Entwicklungsstufen müssen wir nicht eingehen. Es gibt die frühe (Zenon von Kition, Kleanthes u.a.), die mittlere und die späte Stoa (Epiktet, Seneca); sogar ein Kaiser war dabei: Marc Aurel. Ihren Namen hat die ganze Richtung vom griechischen Wort für eine Wandelhalle *(Stoá)* bekommen, denn als die ersten Stoiker sich zu regen begannen, fehlte ihnen das Geld, sich ein eigenes Grundstück nebst Haus zu kaufen. Sie mussten mit einem öffentlichen Gebäude vorlieb nehmen, eben der *Stoá* zu Athen.

Und wie verhalten sich die Stoiker zu den Epikureern?

Kant hat das in einem einzigen Satz zusammengefasst:

„Der Epikureer sagte: sich seiner auf Glückseligkeit führenden Maxime bewusst sein, das ist Tugend; der Stoiker: sich seiner Tugend bewusst sein, ist Glückseligkeit."[17]

2. Die großen Klassiker griechischer Philosophie

Was Epikureer und Stoiker lehrten, war Philosophie für jedermann. Man kann ohne Vorkenntnisse verstehen, warum das Glück nur durch ein vernünftiges, an der Natur orientiertes Leben zu haben ist, und deshalb sind epikureische oder stoische Lehren stets populär gewesen. Sogar in neueren Zeiten. Um nur ein Beispiel zu nennen: Im Barock schrieb Paul Fleming (1609–1640) ein Sonett:

An sich
Sei dennoch unverzagt. Gib dennoch unverloren.
Weich keinem Glücke nicht; steh höher als der Neid.
Vergnüge dich an dir und acht es für kein Leid,
Hat sich gleich wider dich Glück, Ort und Zeit verschworen.

Was dich betrübt und labt, halt alles für erkoren,
Nimm dein Verhängnis an, lass alles unbereut,
Tu, was getan sein muss, und eh man dirs gebeut.
Was du noch hoffen kannst, wird immer neu geboren.

Was klagt, was lobt man doch? Sein Unglück und sein Glücke
Ist sich ein jeder selbst. Schau alle Sachen an;
Dies alles ist in dir, lass deinen eitlen Wahn

Und eh du förder gehst, so geh in dich zurücke.
Wer sein selbst Meister ist und sich beherrschen kann,
Dem ist die weite Welt und alles untertan.[18]

Vermutlich hat Fleming seinen Seneca studiert.

Mit den großen Klassikern der griechischen Philosophie – Sokrates, Platon, Aristoteles – wird es schwieriger. Da befindet man sich auf anderem Terrain als bei Epikurs Brief an Menoikeus oder Senecas Epistel an Lucilius. Aber weil es hier nur um das Glück geht, können wir auswählen und versuchen, die wichtigsten Linien zu ziehen.

Sokrates

Sokrates (um 470–399 v. Chr.) wird im Allgemeinen als Großmeister des Philosophierens gerühmt. Absichtlich rede ich vom Philosophieren und nicht von der Philosophie, denn es ist ein Unterschied, ob man ein Fachgebiet unseres geistigen Lebens meint oder an eine Tätigkeit denkt. Sokrates hat sich nicht als Fachmann verstanden, sondern schlenderte über den Athener Markt (die *Agorá*) und stellte seinen Mitbürgern Fragen, meist lästige, was ihm den Unmut blamierter Honoratioren und schließlich einen Prozess eintrug. Er wurde wegen Jugendverführung und Leugnung der Götter angeklagt, zum Tode verurteilt und musste den berühmten Schierlingsbecher leeren.

Leider hat Sokrates nichts Schriftliches hinterlassen; er war schreibfaul wie die meisten Griechen. Erst sein Schüler Platon hat die Gespräche des Sokrates aufgezeichnet, aber dabei mischte er manche eigenen Gedanken ein, und so können wir bei diesen Dialogen nie sicher sein, ob wir Originalton Sokrates hören oder eine umdeutende Version. Aber das soll uns hier nicht weiter kümmern.

Zum ersten Mal spricht Sokrates in seiner Verteidigungsrede – der „Apologie" – über das Glücklichsein. Da unterscheidet er: Die Athener machen ihren Sportidolen Geschenke, wenn sie bei den Olympischen Spielen gesiegt haben; dann scheinen diese Super-Asse glücklich zu sein. Aber das sei eine Illusion. Er, Sokrates, biete mehr, nämlich echtes Glück.[19]

Für Glück steht dabei das griechische Wort *eudaimonía*. Die Vorsilbe *eu-* bezeichnet immer etwas Erfreuliches: Wenn wir *eu*phorisch sind, fühlen wir uns erhoben und schweben wie auf Wolken. Bei *daimonía* könnte man an Dämonen denken, aber bitte nicht an böse. Im griechischen Sinne ist *eudaímon*, wer von einem guten Geist beseelt ist, wen es froh überkommt. Die Übersetzung von *eudaimonía* mit Glückseligkeit klingt vielleicht ein bisschen altbacken, hat sich jedoch in der Philosophie eingebürgert. Lassen wir lieber das Übersetzen und bleiben beim griechischen Wort.

Wann kann – laut Sokrates – ein Mensch *eudaímon* werden? Das muss von seiner Lebensführung abhängen. Er muss danach streben, richtig zu leben, was aber nicht dasselbe ist wie richtig draufhauen, richtig loslegen und so richtig aus dem Vollen schöpfen. Das richtige Leben sollte so zu bestimmen sein wie die richtige Lösung einer Aufgabe, wie die richtige Schreibung eines Wortes, also normativ.

Nur kommt Sokrates dabei ein Problem in die Quere, durch das er fast ebenso berühmt geworden ist wie durch seinen Tod; die Einsicht: „Ich weiß, dass ich nichts weiß." Wenn ich die Lösung einer Rechenaufgabe als richtig erkenne, muss ich einiges aus der Mathematik wissen, aber wann kann ich sicher sein, richtig – im normativen Sinne „richtig“ – zu leben? Ich müsste wissen, was für mich und wohl auch für alle anderen Menschen gut ist, also das Gute kennen (das *agathón*). Dann könnte ich vielleicht gut leben, und zwar „gut“ im Sinne der *areté*, des Tauglichen. Nur rückt das alles ins Vage, so lange ich nichts weiß, nicht einmal, was das Gute ist.

Sokrates war irritiert und hat trotzdem in seiner Verteidigungsrede einen Hinweis gegeben. Er behauptet da, „dass ja eben dies das größte Gut für den Menschen ist, täglich über die *areté* Gedanken zu bilden und über die anderen Dinge, über die ihr mich Gespräche führen und mich selbst und die anderen prüfen hört; die ungeprüfte Lebensweise aber ist für den Menschen nicht lebenswert“.[20]

Also nicht einfach Meinungen in die Welt setzen, sondern Fragen stellen: Das ist echt sokratisch. Man könnte auch sagen: Das eigentliche Glück liegt für den Menschen darin, über das Gute, das Richtige und darüber nachzudenken, wozu er taugt.

Diese Behauptung war den Athenern nicht sonderlich angenehm, und so verurteilten sie ihren Querdenker. Und auch heute wird nicht jeder zustimmen, wenn man ihm als wahres Glück anbietet, über die richtige Lebensführung nachzudenken. Ganz ins Schleudern wird er geraten, wenn solch ein Nachdenken zu dem führt, was Sokrates im Gefängnis praktiziert hat. Seine Freunde boten ihm an, ins Exil zu fliehen: Ein Schiff liege bereit, die Wärter seien bestochen, er brauche nur zu verschwinden. Sokrates lehnte ab. Seine Begründung: Athen habe ihm bisher die Möglichkeit geboten, ein Leben nach seinem Geschmack zu führen; wenn sich die Gesetze der Stadt nun gegen ihn richteten, dürfe er sie nicht enttäuschen. Lieber den Schierlingsbecher trinken!

Solch eine Haltung kann man bewundern oder schlichtweg für Dummheit erklären. Aber wir haben eben nicht mehr die griechische *Polis* im Hintergrund. Sie war bis in die Zeit des Sokrates ein fester Lebensrahmen, das Fundament des Sittlichen und damit auch des Guten. Aus ihr zu fliehen oder von ihr verstoßen zu werden, hätte einen Menschen nicht nur heimat-, sondern auch bodenlos gemacht. In der Tragödie „Antigone“ von Sophokles gibt es ein großartiges Chorlied, das mit den Worten schließt:

> Wer seines Lands Satzung ehrt
> Und Götterrecht schwurgeweiht,
> gilt im Staate; doch nichtig ist, wem das Unrecht sich
> gesellt hat zu frevlem Tun.

Sitze nie an meinem Herd,
und sei im Bunde nie mit mir,
wer so handelt![21]

Kurzum: Außerhalb der Polis ist ein glückliches Leben nicht möglich.

Platon

Genauso hat Platon (427–347) gedacht. Auch bei ihm geht es immer wieder um die Frage, wie ein richtiges Leben aussehen solle, und dabei war sein größtes Ärgernis die These mancher Sophisten, am besten lebe, wer Unrecht tut und sich dabei nicht erwischen lässt. Natürlich haben solche Halunken gute Karten, manche leben sogar in Saus und Braus. Das lehrt die Erfahrung. Aber Platon lässt seinen Sokrates sagen:

„Wer rechtschaffen und gut ist, der, so behaupte ich, ist glücklich, sei es Mann oder Frau; wer aber ungerecht und böse, ist elend.“[22]

Das klingt lebensfremd; es schreit nach einer Begründung. Platon wusste das sehr wohl und betonte, Hauptsache sei, dass man einsieht, wer wirklich glücklich ist und wer nicht.[23] Wenn ein Schurke nicht bestraft wird, lebt er mit seiner geradezu vergifteten Seele in den Tag hinein und bekommt keine Chance, sie in Ordnung zu bringen: Deshalb ist er elend. Wird er aber gestellt und bestraft, so ist das wie Medizin für seine Seele.

Dahinter steckt ein Vergleich. Wie ein gesunder Körper besser ist als ein kranker, so ist eine gerechte Seele besser als eine ungerechte. Weil also das Gesunde und das Gerechte einander entsprechen, muss man sich um eine gesunde Seele bemühen:

„Der Glücklichste *(eudaimonéstatos)* ist also, der nichts Schlechtes in der Seele hat.“[24]

Nun ist allerdings nicht gesagt, dass die obige Analogie stimmt. Wäre jeder Verbrecher seelisch krank, müsste die ganze Justiz zur Seelenmassage werden, und damit wäre sie überfordert. Nicht jeder Schurke ist ein pathologischer Fall, und Strafe ist etwas anderes als Psychotherapie. Platons Vergleich steht auf wackligen Füßen.

Trotzdem ist Platon dabei geblieben. So lässt er seinen Sokrates sagen, werde er, Sokrates, von den Athenern hingerichtet, sei das kindisch, wie wenn ein Koch den Arzt belangt.[25] Der Koch mag Wohlschmeckendes liefern, aber der Arzt kümmert sich um ein höheres Gut: um die Gesundheit, und seine Pillen dürfen getrost bitter sein. Es geht um das wahrhaft Gute, und das ist die seelische Übereinstimmung mit sich selbst:

„Ich wenigstens bin der Meinung, dass besser meine Lyra verstimmt sein und misstönen möge oder ein Chor, den ich anzuführen hätte, und dass eher die meisten Menschen nicht mit mir übereinstimmen, sondern mir widersprechen mögen, als dass ich allein mit mir selbst nicht zusammenstimmen, sondern mir widersprechen müsste."[26]

Solche Übereinstimmung mit sich selbst ist nicht nur Privatsache. Sie wurde für Platon das große Projekt allgemeiner *Paideia*, der Bildung im Ganzen, der Erziehung aller zum Guten. Dann aber kann es nicht mehr beim Wissen des Nichtwissens bleiben. Die nur fragende Position des Sokrates muss überhöht werden: durch eine klare Antwort, was das Gute sei. Wenn wir an die oben erwähnten Schurken denken, geht es offenbar um Recht und Unrecht bzw. um die gerechte und die ungerechte Seele.

In Platons Dialog „Politeia" (Der Staat) diskutieren Sokrates und der Sophist Thrasymachos:

„Sokrates: Die gerechte Seele also und der gerechte Mann werden gut leben, schlecht aber der Ungerechte.

Thrasymachos: So erscheint es nach deiner Rede.

Sokrates: Wer aber gut lebt, ist selig und glücklich, wer aber nicht, das Gegenteil?

Thrasymachos: Wie denn nicht!

Sokrates: Der Gerechte also ist glücklich, der Ungerechte elend."[27]

Wenn aber das Gerechte *(to díkaion)* die Vorbedingung für Glück sein soll, muss man wissen, was gerecht ist. Wieder das gleiche Problem wie vorhin: Ohne Wissen geht es in der Bestimmung des Glücklichseins nicht weiter.[28]

Doch was nun kommt, wirkt einigermaßen befremdlich. Es ist zwar nahe liegend, dass Platon nun vom Staat – der *Polis* – redet, denn er will ja nicht nur auf das individuelle, sondern das Glück für alle hinaus. Aber er definiert nicht an erster Stelle, was Gerechtigkeit ist, um danach auf den gerechten Staat zu kommen, sondern dreht die Reihenfolge genau um: Der gerechte Staat soll als Modell für Gerechtigkeit dienen.

„Sokrates: Gerechtigkeit, sagen wir, gibt es beim einzelnen Menschen, aber auch bei einer ganzen Polis. – Dabei ist die Polis mehr als der Einzelne. – Vielleicht ist dann im Größeren mehr von der Gerechtigkeit und auch leichter zu erkennen."[29]

Platons Sokrates macht das an einem Beispiel deutlich. Wenn man kleine Buchstaben aus großer Entfernung erkennen will, kann das schwierig werden. Aber sind die Buchstaben genügend groß, kann man sie auch aus weiterem Abstand lesen. Kleine Buchstaben entsprechen demnach der Gerechtigkeit beim Einzelnen; große Buchstaben hingegen Gerechtigkeit im Staat. Der

Staat (die *Polis*) wird also zum Modell für Gerechtigkeit, wobei es doch näher läge, erst einmal zu bestimmen, was Gerechtigkeit überhaupt ist, ehe man sie auf den Staat bezieht. Als die Bürger der ehemaligen DDR zu Bundesbürgern wurden, haben sie sich manchmal beschwert: „Wir wollten Gerechtigkeit, aber bekommen haben wir den Rechtsstaat!" So ähnlich hat Platon die Gerechtigkeit vom Staat her beleuchtet.

Das Seltsame dieses Verfahrens wird ein bisschen verdeckt, weil Platon von der Natur ausging: Staatsbildung ist eine ganz natürliche Sache, weil kein Mensch für sich allein leben kann; jeder bedarf der anderen.[30] Wenn sich viele zusammentun, werden sie eine Arbeitsteilung einführen; jeder übernimmt spezielle Aufgaben, damit sich alle ergänzen. Ich will jetzt nicht die ganze Konstruktion der platonischen *Polis* nachzeichnen, mit ihren verschiedenen Schichten – den Bauern, Handwerkern, Wächtern usw. bis hinauf zu den Staatsführern. Das hat viel Anlass zur Kritik gegeben und wirkt auf uns Heutige einigermaßen skurril. Entscheidend ist das Ergebnis.

Wenn alle im Staat so zusammenwirken, dass das Ganze funktioniert, ist der Staat in Ordnung. „Ich denke, wenn unsere Stadt richtig angelegt ist, wird sie wohl vollkommen gut sein."[31] Sie ist auch gerecht, weil bei der Arbeitsteilung „jeder das Seinige tut".[32] Da hat Platon auf einmal eine Definition der Gerechtigkeit: Gerechtigkeit wird sozusagen funktional bestimmt, durch die harmonische Arbeitsteilung. Das dürfte mit unseren heutigen Vorstellungen kaum zu vereinen sein, weil wir einen anderen Hintergrund für unser Gerechtigkeitsempfinden haben. Aber Platon dachte eben als Grieche und von seiner *Polis* aus. Wenn diese *Polis* gut und gerecht ist, dann müsste sie auch glücklich sein.

Nun bedarf es nur noch der Rückkehr vom großen Ganzen zum einzelnen Menschen, und es folgt auch für ihn: Wenn seine Seele wie eine *Polis* wohlorganisiert ist, wenn all seine verschiedenen Seelenvermögen – z. B. Begehren, Fühlen, Denken – harmonisch zusammenwirken, dann ist diese Seele gerecht. Und wenn sie gerecht ist, dann ist sie auch gut und glücklich.

Platon hat seine Gedankengänge in vielen Einzelschritten entwickelt und dabei versucht, eins aus dem anderen logisch folgen zu lassen. Wenn dann Begriffe vom Gerechten, vom Guten und vom Glücklichsein herauskommen, sind das für Platon nicht bloß Meinungen, sondern echte Erkenntnisse. So fasst Sokrates im Gespräch mit seinem Partner Glaukon zusammen:

„Weise *(sophós)* scheint mir die Polis zu sein, die wir beschrieben haben, denn sie ist wohlberaten. – Und eben diese Wohlberatenheit ist offenbar eine Erkenntnis *(epistéme)*. Denn nicht durch Unwissenheit, sondern durch Erkenntnis wird man gut beraten."[33]

Erkenntnisse haben etwas Zwingendes. Gegenüber Meinungen kann man skeptisch sein, aber wo etwas sicher erkannt ist, gibt es nur noch Zustimmung – wenigstens nach Platon. Es ist also keine nur zufällige Formulierung, wenn im Dialog „Gorgias“ gefragt wird, „wie man leben muss“.[34] Das Müssen lässt keine anderen Wege offen. Wir würden vielleicht konziliantер fragen, wie man leben solle oder sollte. Aber für Platon hatte sich eine Notwendigkeit ergeben; er vertraute seinen Ideen ohne Wenn und Aber und wusste genau, wie ein gutes menschliches Leben auszusehen hat.

Karl R. Popper hat diese Gewissheit Platons zum Anlass böser Kritik genommen.[35] Er sah in dem griechischen Denker einen Widersacher der „offenen Gesellschaft“ und warf ihm vor, den idealen Staat wie eine Zwangsjacke konstruiert zu haben. Aber damit übersah er den historischen Abstand, den unsere moderne Lebenswelt von Platon hat. Einen griechischen Philosophen muss man als Griechen lesen, nicht als einen zeitgenössischen Autor. Und Griechen haben versucht, ihre Welt auf Erkenntnis und Wissen zu gründen, auch bei den praktischen Fragen des Lebens. Wenn dabei eine Art „Wissenschaft vom Glücklichsein“ entstanden ist, sollten wir zumindest versuchen, uns in deren Absichten hineinzudenken.

Aristoteles

Platons Schüler und geistiger Erbe Aristoteles (384–322) hat zwar allerlei von seinem Lehrmeister übernommen, aber mit der Schichtengesellschaft eines idealen und vollkommenen Staates wollte er nichts zu tun haben. Er vertraute mehr der praktischen Lebenserfahrung, und dabei war für ihn zwar selbstverständlich, dass alle Menschen irgendwie glücklich sein wollen. Nur das Wie musste er neu zu bestimmen versuchen.

In seiner „Nikomachischen Ethik“ – so genannt nach ihrem Herausgeber Nikómachos – enthalten die letzten Kapitel eine knappe, aber präzise Theorie der *eudaimonía.* Es geht in ihr durchaus wissenschaftlich zu, mit Definitionen und logischer Gedankenführung.

Ausgangspunkt ist der Mensch, denn nur er strebt bewusst danach, glücklich zu werden. Bei Tieren oder gar Pflanzen kann man solch ein Streben nicht voraussetzen, weil sie nur einfach leben, aber nicht gezwungen sind, ihr Leben zu führen, also planmäßig und mit Verstand zu gestalten. Wer glücklich werden will, muss dazu etwas tun, aktiv sein, und das mit wachem Bewusstsein. Im Schlaf ist unser Streben nach *eudaimonía* abgeschaltet.

Nun gibt es bei den menschlichen Tätigkeiten zwei Sorten. Die einen vollführen wir, weil wir etwas erreichen wollen. Wenn ich einkaufen gehe, habe ich zumeist ein bestimmtes Ziel vor Augen, zum Beispiel, Lebensmittel für das Mittagessen zu besorgen. Nur bei manchen mag „Shopping" Selbstzweck sein. Mit der *eudaimonía* steht es anders. Sie suchen wir nicht, um irgendetwas anderes zu erreichen, sondern um ihrer selbst willen: „Sie ist keines anderen Dinges bedürftig, sondern autark."[36] Was aber Selbstzweck ist, steht offenbar höher als ein bloßes Mittel zum Zweck.

Das gilt – so Aristoteles – auch für die Tugend, „denn das Edle und Ehrenwerte zu tun ist an sich wünschenswert".[37] Ein sittlich einwandfreies und ein glückliches Leben gehören also zusammen. Aber wie? Indem wir das Beste in uns aktivieren! Tun wir das, dürften wir wohl *teleíon eudaímon* – vollkommen glücklich – werden.[38] Was ist nun dieses Beste? Aristoteles hat eine klare Antwort: das Denken! Warum? Weil es die typische Tugend des Menschen ist.

Erinnern wir uns an die *areté*! Für die Griechen bedeutete sie Tauglichkeit: das, wozu jemand (oder etwas) taugt. Ein Tischler taugt zum Herstellen von Möbeln, ein Schuster zum Herstellen von Schuhen, ein Bäcker zum Backen von Brötchen. Jedwedes Tun hat sein Ziel, und wenn es dieses Ziel erreicht, war es ein gutes Tun. Nun unterscheiden sich allerdings die menschlichen Tätigkeiten je nach Beruf und Zweck, so dass man fragen muss: Was ist – ganz allgemein gesehen – die *areté* des Menschen überhaupt? Wozu taugen wir grundsätzlich? Aristoteles gab zur Antwort: Wir können vernünftig denken! Das unterscheidet uns von Pflanzen oder Tieren und ist unabhängig von jedem speziellen Beruf. Wir haben eben eine vernünftige Seele:

„Wenn nun die besondere Leistung des Menschen in einer Tätigkeit der Seele liegt, gemäß der Vernunft oder doch nicht ohne Vernunft, ... wenn das alles so ist, dann ist das Gute für den Menschen die Tätigkeit der Seele wegen ihrer besondern Tauglichkeit *(areté)* und wenn es mehrere solcher Tauglichkeiten gibt, nach der besten und vollkommensten. Das aber das ganze Leben lang. Denn eine Schwalbe macht noch keinen Frühling, und auch nicht ein einziger Tag; so macht auch ein einzelner Tag oder eine kurze Zeit niemanden glücklich und selig."[39]

Das Denken der vernünftigen Seele ist also Voraussetzung für die Möglichkeit, *eudaímon* zu werden. Aber nicht irgendein Denken, wie es mit praktischen Lebensfragen verbunden ist. Ich denke zum Beispiel daran, dass ich einen Brief schreiben, zur Post gehen muss usw.: Das ist Praxis. Wenn ich dagegen darüber nachdenke, warum die Winkelsumme im ebenen Dreieck 180 Grad beträgt, warum mir das Sternbild Orion am Himmel gefällt oder ob Platon ein großer Philosoph war, dann kann ich im praktischen Leben wenig damit anfangen. Das sind Fragen der Theorie, der reinen Betrachtung, und laut Aristoteles ist das theoretische Denken die beste Tätigkeit überhaupt.

„Die betrachtende Vernunft (der *nous*) ist das Beste in uns, und deren Gegenstände sind die besten im ganzen Bereich der Erkenntnis."[40]

Außerdem haben solche Gegenstände bzw. Themen Bestand, sie können den Geist auf Dauer beschäftigen, während die praktischen Fragen des Lebens sich ständig ändern. Und schließlich bereitet es einen großen Genuss, sich im Feld des reinen Betrachtens zu bewegen; das werden alle Theoretiker bestätigen. Am meisten die Philosophen! „In der Tat gewährt die Philosophie Genüsse von erstaunlicher Reinheit und Sicherheit."[41]

So läge denn die größte *eudaimonía* im Philosophieren. Die Kollegen des Aristoteles hören es gern. Aber das optimale Glück des ungestörten Nachdenkens, der stillen Muße, der geistigen Beständigkeit und freudevoller Betrachtung ist wohl nicht jedem erreichbar. Aristoteles hat daher ein wenig eingeschränkt:

„Solch ein Leben ist höher als das, was dem Menschen zukommt. Nicht sofern er ein Mensch ist, kann er solch ein Leben führen, sondern nur, sofern etwas Göttliches in ihm steckt."[42]

Ja, wenn wir nur alle Götter wären! Wir sind es nicht, und deshalb ist das vollkommene Glück – das Leben in Reich reiner Theorie – für uns unerreichbar. Die besten Chancen haben noch die Philosophen, aber sind sie besonders glücklich? Nicht unbedingt. Und all die anderen Menschen? Sie dürfen sich freuen, sofern sie wenigstens ihren Tugenden gemäß leben. Und wenn sie nicht einmal das können? Dann sind sie vielleicht gar keine richtigen Menschen, sondern zombiehafte Wesen wie jene Sklaven, denen man in der Antike das echte Menschsein und die Fähigkeit zum Glück kurzerhand abzusprechen pflegte.

Was Aristoteles anbot, war Glück für wenige, für Privilegierte: Glück für seinesgleichen. Schon die These, das Beste in uns sei das reine, betrachtende Denken, ist mehr als fragwürdig. Gibt es nicht auch ein Glück der Sinne, der Gefühle, zumal der Liebe? Das alles hat bei Aristoteles wenig Platz. Aber man muss einräumen, dass er systematisch über das Glück nachgedacht hat.

Warum habe ich die Epikureer und die Stoiker *vor* den großen Klassikern griechischer Philosophie behandelt? Weil bei ihnen die Systematik, das beharrliche Fortschreiten von einem Gedanken zum nächsten, nur sporadisch auftritt. Sie eignen sich zwar zur Vorbereitung auf die Frage nach dem Glück. Aber bei Sokrates, Platon und Aristoteles finden wir einen philosophischen Stil der Gründlichkeit, der modellhaft sein könnte, wenn wir über das Glück und das Glücklichsein nachdenken wollen.

3. Das Glück des Glaubenden

Die Antike hatte fest daran geglaubt, dass der Mensch glücklich werden könne, hier und jetzt, im irdischen Leben. Noch Kaiser Mark Aurel (121–180 n. Chr.) war überzeugt:

„Die Fähigkeit, ein glückliches Leben zu führen, ist in unserer Seele vorhanden, sie muss nur gegen gleichgültige Dinge sich echt gleichgültig verhalten."[43] Wie aber war es möglich, dass dieses Vertrauen dahinschwand, dass die Antike ein Ende nahm? Ich will jetzt nicht spekulieren, aber sicherlich hat dazu beigetragen, dass in der letzten Epoche des Altertums ein Überangebot an Heilslehren, Glücksversprechen, Religionen, Philosophien, esoterischen Kulten bestand, in dem sich der nach Orientierung Suchende verlieren musste. Außerdem büßten die ehemals sicheren Grenzen des Römischen Reiches ihre Schutzfunktion ein: Die Germanen strömten über sie hinweg.

Die Welt war in Bewegung geraten. Da half nicht einmal stoische Weisheit, denn wenn sie gelehrt hatte, glücklich sei, wer sich nicht erschüttern ließe, setzte sie voraus, dass man einen festen Boden unter den Füßen finden könne. Eben das war nun nicht mehr der Fall. Der Boden schwankte; die irdische Welt hörte auf, sichere Heimat zu sein. Im Johannes-Evangelium sagt Jesus: „In der Welt habt ihr Angst." Aber er fügt hinzu: „Seid getrost; ich habe die Welt überwunden."[44]

Weltüberwindung

Das aufkommende Christentum kann man als Antwort auf die Einbrüche der antiken Weltlichkeit verstehen. Nun richtete sich der Blick nach oben: nicht zum Olymp oder anderen Gefilden der seligen Götter. Der Himmel dieser Himmlischen hatte immer noch zur Welt gehört, zum irdischen Kosmos mit all seinen Wundern und Schönheiten. Das Oben des Christentums aber ist schlechthin anders als alle Diesseitigkeit. Als die ersten Sowjetkosmonauten in den Weltraum geflogen waren, fragte man sie nach ihrer Rückkehr, ob sie Gott getroffen hätten, irgendwo da draußen. Wahrheitsgemäß sagten sie: „Nein." Die Frage war sinnlos gewesen, denn der Himmel des biblischen Gottes ist nicht der Himmel der Sterne. Die Engländer können das gut unterscheiden; sie kennen den *sky* und den *heaven*. Über den *sky* ziehen die Wolken, da fliegen die Satelliten, und vor ihm erhebt sich die Skyline. Der *heaven* ist von anderer Art. Er ist die Welt Gottes, gehört nicht zum irdischen Kosmos, sondern ist – wie man sagt – das Jenseits.

Wenn alles irdische Glück fragwürdig, wenn es hinieden kaum erreichbar ist, richtet sich der Blick nach oben, auf das Reich Gottes. Bezeichnend dafür ist die Geschichte vom reichen Jüngling, der Jesus fragte: „Meister, was soll ich Gutes tun, damit ich das ewige Leben erlange?“ Die Antwort Jesu: „Willst du vollkommen sein, so gehe hin, verkaufe, was du hast, und gib's den Armen, so wirst du einen Schatz im Himmel haben ...“[45] Der Jüngling schritt betrübt von dannen, während Jesus ungerührt sein Gleichnis vom Kamel und dem Nadelöhr vortrug.

Und wie steht es mit der Engelsbotschaft bei Jesu Geburt, als die Himmlischen vom Frieden sangen und den Menschen ein Wohlgefallen versprachen? Ist das nicht „Freude auf Erden“? Leider nicht, denn der Engelchor richtet sich – wörtlich übersetzt – an die Menschen guten Glaubens, die *anthrópois eudokías*“. Von irdischer Freude ist auch da nicht die Rede.[46]

Es hilft also nichts: Man muss die Welt überwinden, wenn man im christlichen Sinne glücklich werden will.

Augustinus über das Glück

Vom Kirchenvater Augustinus (354–430) gibt es ein kleines Büchlein, ganz im Stil eines platonischen Dialoges geschrieben: „De beata vita“ (Vom glücklichen Leben). Da wird die Lage des Menschen in der Krisennot durcheinander geratener Zeiten so gesehen, als sei er „in diese Welt wie in ein stürmisches Meer geworfen“:

„Wie wenige können da erkennen, woran sie sich halten und auf welchem Wege sie zurückkehren müssen, verschlüge nicht irgendwann ein Sturm – den Toren scheinbar ein Unglück – die unkundigen Irrfahrer gegen Willen und Widerstand ins heiß ersehnte Land?“[47]

Ein treffliches Bild der Lage! Orkan und tosende See. Aber dann kommt ein Sturm, der die Orientierungslosen ans rettende Ufer wirft. Nicht sie bewirken ihre Rettung, sie sind keine griechischen Philosophen. Was ihnen das Glück, das „heiß ersehnte Land“, bringt, trifft sie von außen, so unvermittelt, dass sie nicht einmal erkennen, was ihnen geschieht. Gott hat gehandelt.

Für Augustinus ist Glück ein „Geschenk Gottes“ (*donum dei*).[48] Es fällt dem zu, der „Gott hat“. Allerdings: Bevor man Gott haben kann, muss man ihn suchen, und da liegt für Augustinus ein Problem. Kann ein Suchender glücklich sein? Liest man Augustins „Bekenntnisse“, wird deutlich, wie viel Mühe die Gottsuche macht. Aber andererseits dürfte es Gott gefallen, wenn ihn jemand sucht, und er wird dem Suchenden gnädig sein.

„Jeder, der Gott schon gefunden hat, hat einen gnädigen Gott und ist glücklich. Jeder aber, der Gott sucht, hat zwar einen gnädigen Gott, ist aber noch nicht glücklich. Hingegen jeder, der sich durch Fehler und Sünden von Gott entfernt hat, ist nicht nur nicht glücklich, sondern hat nicht einmal sein Leben von einem gnädigen Gott.“[49]

Glücklich kann also nur werden, wem „die Heimkehr zu Gott am Herzen liegt“; nur ihm wird die „verborgene Sonne Gottes“ ihren Glanz in sein inneres Auge senden.[50]

Aber es ist eben eine jenseitige Sonne.

Blicke ins Jenseits

Ich will mich kurz fassen. Im Mittelalter hat man viel über das Glück geredet, aber das lässt sich hier nicht alles ausbreiten. Nur ein paar Worte zu Thomas von Aquin (um 1225–1274), dem wohl bedeutendsten Kirchenlehrer jener Zeit, dessen Nachwirkung noch heute zu spüren ist. Die katholische Weltsicht eines Johannes Paul II. wäre ohne ihn nicht denkbar.

Für Thomas war das Suchen nach Gott nicht mehr so wichtig; er hatte gefunden. Abschließend konnte er in seiner „Summe der Theologie“ feststellen:

„Die letzte und vollkommene Glücksruhe kann nur in der Schau der göttlichen Wesenheit bestehen.“[51]

Im irdischen Leben gibt es bestenfalls einen Abglanz des wahren Glückes. Wir sind an einen Leib gebunden, und der macht Schwierigkeiten. Er zwickt und zwackt, wir erleiden Not, Mangel, Unruhe. Erst wenn wir das hinter uns gelassen haben, kann ungetrübtes Glück sich einstellen, in der Schau Gottes, der *visio dei*. Sie ist dann wahre Glückseligkeit, die *beatitudo*.

„Irgendeine Art von Glückseligkeit kann man in diesem Leben in Teilhabe bekommen: die vollkommene und wahre Glückgeborgenheit kann man aber in diesem Leben nicht haben.“[52]

Wenn jemand schon auf Erden so etwas wie Glückseligkeit verspürt, ist das bestenfalls dem Jenseitsglück ein wenig ähnlich. Echt wird die *beatitudo* erst vor dem Angesicht Gottes. Hier im Diesseits bleibt uns nur die Hoffnung auf ungetrübtes Glücklichsein, mehr nicht: „Und deswegen ist der eigentliche und vornehmliche Gegenstand der Hoffnung die ewige Glückseligkeit.“[53]

Dass eine solche Hoffnung sich erfüllen werde, war die Gewissheit des Thomas von Aquino, und es ist die Gewissheit vieler Christen. Aber was bleibt, wenn man etwas anderes glaubt oder ganz außerhalb der biblischen Frohbotschaft – des Evangeliums – steht? Dann müsste man eigentlich recht unglücklich sein, doch die Erfahrung zeigt, dass mancher Ungläubige sich wenig darum kümmert und sein hiesiges Glück mit Freuden genießt.

Die Hoffnung auf ewiges Glück im Jenseits kann sogar katastrophale Folgen haben. Es gibt sie nicht nur im Christentum, sondern auch im Islam; dort sogar in potenzierter Form. Es wird viel von terroristischen Selbstmordattentätern gesprochen, aber „Selbstmord" ist ein falscher Begriff. Selbstmord begeht jemand aus Verzweiflung, und sie ist das genaue Gegenteil der Freude, mit der sich ein Terrorist opfert, um als Märtyrer ins Paradies zu kommen. Dort wird ihn das vollkommene Glück erwarten, die Huris stehen schon bereit – übrigens keine Lustmädchen, sondern die „Trauben" des wahren Lebens. So heißt es im Koran:

„Da bewahrt sie Gott vor dem Unheil jenes Tages, lässt sie Anmut und Freude finden,
und vergilt ihnen, dass sie standhaft sind, mit einem Garten und mit Seide.
In ihm liegen sie auf den Ruhebetten und sehen weder Sonne noch Kälte.
Nahe über ihnen sind seine Schatten, und seine Früchte hängen tief herab.
Man macht bei ihnen die Runde mit Gefäßen aus Silber und Humpen, die Pokale sind,
Pokale aus Silber, die sie nach Maß bemessen. Ein Becher wird ihnen darin zu trinken gegeben mit einer Mischung aus Ingwer,
eine Quelle ist darin, die Salsabîl heißt. Ewig junge Männer machen bei ihnen die Runde. Wenn du sie siehst, hältst du sie für ausgestreute Perlen.
Wenn du dort hinsiehst, siehst du Glück und ein großes Königreich.
Sie haben grüne Gewänder an aus Seide und Brokat und sind geschmückt mit Reifen aus Silber. Ihr Herr gibt ihnen reinen Trank zu trinken.
Das bekommt ihr als Vergeltung, als Dank für euer Mühen."[54]

Das ist sicherlich nicht das Jenseits eines Thomas von Aquin. Es ist die ins Ewige erweiterte Welt auf Erden, eine wunderbare, glanzvolle Welt uneingeschränkten Glücks. Kein Wunder, dass Märtyrer sich dafür opfern!

Mystisches Intermezzo

Der Glaube an ein besseres Jenseits, an Glückserfüllung im Reich Gottes, setzt den Dualismus von Hier und Dort voraus. Seliges Leben? „Bei den Menschen ist's unmöglich; aber bei Gott sind alle Dinge möglich."[55]

Für das Mittelalter war dieser Dualismus gar keine Frage. Trotzdem hat es schon dort eine Gegenbewegung gegeben, aber meist außerhalb der offiziellen Theologie, außerhalb der herrschenden Scholastik, zum Beispiel der des

Thomas von Aquin. Die Mystiker versuchten, Gott in die menschliche Seele hineinzuholen oder – was fast dasselbe ist – die menschliche Seele mit Gott zu verschmelzen. Das geht aber nur, wenn man von allen irdischen Dingen innerlich Abschied nimmt. Mit den Worten des Meister Eckhart (1260–1328):

„Will daher der Mensch Gott gleich werden, soweit eine Kreatur Gleichheit mit Gott haben kann, so muss er abgeschieden sein. Und du sollst wissen: leer sein aller Kreaturen ist Gottes voll sein, und voll sein aller Kreatur ist Gottes leer sein.“[56]

Wie solch ein Zustand der Abgeschiedenheit zu erreichen ist, hat Meister Eckhart mit vielen Worten zu erklären versucht. Und das ist seltsam, denn eigentlich verschlagen mystische Zustände einem die Sprache. Trotzdem: Mystiker reden, reden und reden. Wes das Herz voll ist … Und so verkündet Meister Eckhart, wie nun die Seele selig werden soll.

Sie muss sich vollständig verlieren – was immer das heißen mag. Sie muss aus sich herausgehen, damit sie in sich zurückkehren und erkennen kann, dass sie und Gott eine einzige Seligkeit, ein einziges Reich sind. Dann wird das Jesuskind in der Seele neu geboren. Meister Eckhart in einer seiner Predigten:

„Bin ich ganz in das göttliche Wesen verwandelt, so wird Gott mein und alles was er hat. Dann habe ich rechte Freude, die nicht Leid noch Pein von mir nehmen kann, denn dann bin ich in das göttliche Wesen versetzt, wo kein Leiden Platz hat. Wenn du also dazu kommst, dass du um nichts mehr Leid noch Kummer trägst und dass dir alles eine reine Freude ist, dann ist das Kind in Wahrheit geboren. Dass uns dies widerfahre, das walte Gott. Amen.“[57]

Gelegentlich schwingt sich Meister Eckhart sogar zu Versen auf:

Dass wir uns selbst entsinken, dess freuen wir uns heute,
Und danach sollt ihr trachten immerdar, ihr Leute,
Und in das Höchste eilen, das ist die Überfreude.[58]

Ich habe Meister Eckhart hier nur als Beispiel gewählt. Es gibt viele Spielarten der Mystik, doch bei allen fällt auf, dass sie in Paradoxien schwelgen. Die leere Seele ist die volle Seele, verlieren heißt finden, der tiefste Abgrund ist die höchste Höhe. Man kann damit unerschöpfliche Sprachspiele treiben – aber ob sie wirklich etwas sagen?

Es gibt eine westliche und eine östliche Mystik, also eine abendländische und eine orientalische. Auch die im Osten zeigt viele Formen, von den indischen Veden bis hin zu Buddha. Wieder möchte ich ein Beispiel geben.

Im Zen-Buddhismus – seine Heimat ist Japan – geht es darum, in das tiefste Nichts aller Bestimmungen abzutauchen und so den höchsten Seelenzustand zu erreichen. Soll man ihn Glück oder gar Seligkeit nennen? Der Zen-Buddhist würde den Kopf schütteln und fragen: „Warum willst du das wissen? Name ist Schall und Rauch!" Es kommt auf die Erleuchtung an.

Daisetz Taitaro Suzuki (1870–1966) schrieb 1939 in den USA:

„Der Schnee ist weiß und der Rabe ist schwarz. Also reden die Menschen in ihrer Unwissenheit. Wollen wir zur wirklichen Wahrheit der Dinge gelangen, so müssen wir sie so betrachten, als sei diese Welt noch unerschaffen, als sei das Bewusstsein von Dies und Nicht-Dies noch nicht erwacht und der Geist noch erfüllt von seiner eigenen Identität, will sagen von Gelassenheit und Leere."[59]

Alles klar? Was sich in der Leere des Geistes tut, kann man nicht beschreiben. Eine Zen-Weisheit sagt:

„Wenn Du klatschst, welche Hand ist es, die das Geräusch macht?" „Beide Hände" ist nicht die richtige Antwort, denn es gibt keine richtige Antwort.

Und noch ein kleines Paradoxon aus der Lyrik des japanischen Dichters Basho:

Du machst Feuer,
und ich will dir was Schönes zeigen:
einen Ball aus Schnee![60]

Man kann den Zen-Buddhismus nicht befragen, was er eigentlich wolle. Immer wird er mit dem Gegenteil dessen kommen, was man erwartet. Ist der Zen-Buddhist glücklich? Auch da würde er vermutlich einen Haken schlagen und die Frage ad absurdum führen.

Mit Mystikern kann man nicht diskutieren. Wenn wir bei der Philosophie bleiben wollen, müssen wir andere Wege gehen. In den letzten Abschnitten habe ich versucht, in die Glückslehren der Antike und des Mittelalters zu blicken. Wenden wir uns jetzt der Neuzeit zu.

4. Glück mit Verstand

Die beginnende Neuzeit hat sich mit Fragen zum Glück zurückgehalten. Auch wenn das vermeintlich dunkle Mittelalter beendet schien: Das Leben war keineswegs leichter und lichter geworden. Dem frischen Vertrauen auf Verstand, Vernunft und Wissenschaft hielt eine lähmende Skepsis die Waage. Die Pest ging um, Kriege verheerten die Lande, Fürstenwillkür knebelte die

Untertanen. In Frankreich hatte gerade die wüste Bartholomäusnacht (1572) ihre Schrecken verbreitet, und Michel de Montaigne vermerkte:

„Es befremdet uns, wenn wir in den Kriegen, welche jetzt unser Reich beunruhigen, sehen, dass das Glück … unbeständig und abwechselnd ist.“[61]

Die neue Freiheit

Um bei Michel de Montaigne (1533–1592) zu bleiben: Trotz eines gesunden Selbstvertrauens machte er sich nichts vor.

„Der Mensch ist das elendeste und gebrechlichste unter allen Geschöpfen: und dennoch ist er das hoffärtigste. Er merkt und sieht, dass er hier in dem Schlamme und Unflate der Welt wohnt, dass er an das schlechteste, lebloseste und trägeste Teil dieses Ganzen, an das unterste und von dem Himmelsgewölbe am weitesten entlegene Stockwerk nebst den Tieren … gebunden und angenagelt ist. Nichtsdestoweniger will er sich durch seine Einbildung über den Kreis des Monds schwingen, und den Himmel unter seine Füße bringen.“[62]

Wenn es so steht – was kann dann Lebenskunst sein? Sich im Gegebenen einzurichten, nicht zu viel zu wollen:

„Die innere Größe besteht nicht darin, sich möglichst weit nach oben oder nach vorwärts zu recken, sondern darin, sich zu bescheiden und zu beschränken; die Erfüllung liegt in dem, was genug ist; die Höhe darin, die normalen Dinge den ungewöhnlichen vorzuziehen. Nichts ist so schön und so berechtigt, als gut und recht ein Mensch zu sein; und es gibt keine so schwere Kunst wie die, das Leben, das uns gegeben ist, wirklich und natürlich zu leben, und die schlimmste unserer Krankheiten ist die, keine Achtung vor unserem Wesen zu haben.“[63]

Montaigne berief sich gern und oft auf die Stoiker (Seneca, Cicero), von denen er gelernt hatte, die Ruhe des Geistes und die Selbsterkenntnis zu pflegen. Blättert man in seinen Essais, berühren die locker gefügten Gedanken, als seien sie heute gedacht. Nüchtern sind sie, ehrlich, unprätentiös. Als großen Philosophen hat Montaigne sich nicht gesehen, eher als einen, der sich mit eigenen Erfahrungen verplaudert, „denn ich stelle eben mich dar“[64]. Und von den Alten übernahm er das Motto: „Philosophieren heißt – sterben lernen.“

„Im lauten Jubel und in der stillen Freude, immer können wir einen Ton hören, der uns mahnt, was der Mensch ist; wenn wir noch so sehr genießen, immer einmal sollten wir dann doch daran denken, wie diese Fröhlichkeit rings vom Tod bedroht ist, wie leicht er da hineingreifen kann. So dachten die alten Ägypter: beim Fest, wenn es am höchsten herging, ließen sie ein Menschengerippe in den Saal tragen, als Mahnung an die Gäste. ›Denke, dass jeder Tag der letzte sein kann, der dir leuchtet; die Stunden, mit denen du nicht fest gerechnet hast, werden dir dann besonders lieb sein.‹“[65]

So spricht die Gelassenheit eines vernünftigen Menschen:

„Die sicherste Haltung unseres Verstandes, die zugleich das größte Glück verbürgt, wäre die, in der er ruhig, gerade, eindeutig, ohne Wanken und ohne Erregung sich gleich bleibt.“[66]

Ganz konkret hieß das für Montaigne:

„Ich lebe von der Hand in den Mund und bin es zufrieden, wenn ich die augenblicklichen, die normalen Bedürfnisse befriedigen kann.“[67]

Hatte Montaigne dabei an seinen Landsmann François Rabelais (1495–1553) gedacht? Der war zwar kein Philosoph gewesen, dafür aber ein begnadeter Lebenskünstler, wenigstens in seinen Erzählungen. Da gibt es die Geschichte seines Helden „Gargantua“, eines wüsten Kerls, der sein Leben mit Saufen und Fressen zubringt, Orgien feiert und keiner Rauferei aus dem Wege geht, schließlich aber ein Kloster gründet, in dem recht ungewöhnliche Regeln herrschen. Da wird nicht zu festgesetzten Zeiten gebetet, wie es sonst in allen Klöstern der Welt zugeht; vielmehr ward beschlossen, „dass da weder Uhr noch Zeiger sein sollt, sondern ein jedes Geschäft nach Schick und Gelegenheit verrichtet würde. Denn, sprach Gargantua, der einzige Zeitverlust, den er wüsst, wär das Stundenzählen. Was hätt' man davon? Und wär die größte Narrheit der Welt, sich nach dem Schall von Glocken zu richten, statt nach des Geistes Stimm und Sinn.“[68]

So ist denn den Mönchen – nebst Nonnen! – alles erlaubt:

„Ihr ganzes Leben ward nicht geführt nach Satzung, Regel noch Statuten, sondern nach eigner freier Wahl. Stunden vom Bett auf, wann ihnen gut schien; tranken, aßen, arbeiteten, schliefen, wann sie dazu das Verlangen ankam. Keiner weckt sie, keiner zwang sie, weder zum Trinken noch zum Essen noch sonst etwas. Denn also war es vom Gargantua eingerichtet. In ihrer Regel war nicht mehr als dieser einzige Fürbehalt: TU WAS DU WILLST, weil wohlgeborene, freie, wohlerzogene Leut, in guter Gemeinschaft aufgewachsen, schon von Natur einen Sporn und Anreiz, der sie beständig zum Rechttun treibt und vom Laster abhält, in sich haben, welchen sie Ehre nennen. Diese, wenn sie durch niedrigen Zwang und Gewalt unterdrückt und knechtisch behandelt werden, richten nun den edlen Trieb, aus welchem sie frei nach Tugend strebten, auf Zerbrechung und Abwertung dieses Sklavenjoches. Denn wir trachten allzeit nach dem Verbotenen, und uns gelüstet nach dem, was versagt ist. –

Aus dieser Freiheit erwuchs in ihnen ein löblicher Wettstreit, alles zu tun, wovon sie sahen, dass es Einem genehm war. Wenn Einer oder Eine sprach: Lasset uns trinken, so tranken sie alle. Sprach er: Lasset uns spielen, so spielten sie alle. Sprach er: Kommt ins Feld spazieren, so gingen alle gleich hinaus ...“[69]

Neue Sinneslust und neue Freiheit! Rabelais setzte seinem „Gargantua“ ein Motto voraus: „Lebt lustiglich!“ Dem war zwar im 16. Jahrhundert keineswegs leicht zu folgen, aber es klang wie ein Scheck für die Zukunft. Das Kloster des Gargantua: die Utopie uneingeschränkten Glücks!

Utopisches Glück

Utopien hatten im 16. und 17. Jahrhundert Hochkonjunktur. Sie entsprachen einem Zeitbedürfnis: den Widrigkeiten der Gegenwart ein von der Vernunft entworfenes Ideal besseren Lebens entgegen zu setzen. Dabei stand Platons Staat Pate, aber auch das Bild einer „Insel der Seligen“. Inseln waren seit je bevorzugte Plätze für Glücksphantasien. Platon hatte von Atlantis gemunkelt, wo die Erde alles spendete, was die Bewohner brauchten: „dies alles brachte die heilige, damals noch von der Sonne beschienene Insel schön und wunderbar und in unbegrenztem Maße hervor.“[70] Leider hat Platon nicht verraten, wo Atlantis lag; bis heute rätseln rührige Forscher daran herum. Euhemeros (4. Jh. v. Chr.) erfand eine Insel mit göttlichen Gesetzen, Iambulos (3. Jh. v. Chr.) schrieb einen Roman, in dem Reisende auf eine Inselgruppe am Äquator verschlagen werden: Dort herrschen paradiesische Zustände, in überreicher Natur leben höchst gesittete Leute in einer Art Urkommunismus, Frauen und Kinder sind Gemeineigentum, Alte und Kranke suchen selbst den Tod und erledigen so das Rentenproblem. Dergleichen hat die utopischen Entwürfe der Neuzeit inspiriert: Thomas Morus (1478–1535), Tommaso Campanella (1568–1639) und Francis Bacon (1561–1626).

Ich will das nicht alles Revue passieren lassen. Was die neuzeitlichen von den antiken Utopien unterscheidet, ist die Gründung des allgemeinen Glücks auf Wissenschaft und zentrale Verwaltung. Campanellas „Sonnenstadt“ wird von einer Mauer umgürtet, in die alle mathematischen Figuren des Euklid und des Archimedes gemeißelt sind; in Bacons „Nova Atlantis“ gibt es staatliche Wissenschaftsförderung, eine stramm organisierte Forschung und sogar Industriespionage; da läuft die Technik auf Hochtouren – U-Boote, Flugzeuge, Roboter. Die „Utopier“ des Thomas Morus sind hochgebildete Humanisten, beherrschen den Buchdruck und treiben Astronomie.

Wozu das alles? Zur Realisierung des Glücks. „Alle unsere Handlungen und darunter sogar auch die tugendhaften zielen zuletzt auf die Lust und die eigentliche Glückseligkeit."[71]

Das Wort „Utopie" kommt aus dem Griechischen und bedeutet „ortslos" (*ou*, nicht; *tópos*, Ort). Die Inseln des Glücks gehören also nicht in die Geographie, aber sie sind trotzdem Stätten im Räumlichen, sozusagen auf einem imaginären Globus. Es gibt jedoch auch die zeitlichen Utopien, die das wahre Glück des Menschen in eine ferne Zukunft verlegen. Das hat seine biblischen Ursprünge. Jesaja verkündete den Israeliten die finale Umgestaltung der Welt:

„Das Volk, das im Finstern wandelt, sieht ein großes Licht; und über die da wohnen im finstern Lande, scheint es hell. Denn uns ist ein Kind geboren, ein Sohn ist uns gegeben, und die Herrschaft ist auf seiner Schulter; und er heißt Wunderbar, Rat, Kraft, Held, Ewig-Vater, Friedefürst; auf dass seine Herrschaft groß werde und des Friedens kein Ende auf dem Stuhl Davids und in seinem Königreich, dass er's zurichte und stärke mit Gericht und Gerechtigkeit von nun an bis in Ewigkeit. Solches wird tun der Eifer des Herrn Zebaoth."[72]

Das ist zwar keine Vorbereitung auf das Kommen Jesu, sondern eine Vision von der endgültigen Erlösung des Volkes Israel, aber doch eben ein Blick in zukünftige Glückseligkeit. Es gibt andere Prophetien, ob nun bei den jüdischen Apokalyptikern oder in der Offenbarung des Johannes. Im Mittelalter hat der Mönch und Ordensgründer Joachim von Floris (oder Joachim von Fiori, 1130–1202) die Weltgeschichte in drei Abschnitte unterteilt:

1. Epoche des Vaters (Altes Testament)
2. Epoche des Sohnes (Neues Testament)
3. Epoche des Heiligen Geistes.

Die Weltgeschichte hat also ein Ziel: das absolute Pfingsten. In ihm erfüllt sich alles, was man hoffen kann. Keine Sozialutopie, kein jenseitiges Gottesreich. Die Seligkeit des Geistes wird herrschen, in einem irdischen Paradies, ohne Not und Mangel, nur voller Süße und Liebe.

Diese Vision hat im 18. Jahrhundert eine Neuauflage erfahren: bei Gotthold Ephraim Lessing. Auch er konstruierte die drei Epochen des Joachim von Floris, nun aber nicht mehr auf den Heiligen Geist hin, sondern auf die Herrschaft der Vernunft. Wenn sie kommt, kann man die Bibel weglegen:

„So wie wir zur Lehre von der Einheit Gottes nunmehr des Alten Testaments entbehren können; so wie wir allmählich zur Lehre von der Unsterblichkeit der Seele auch des Neuen Testaments entbehren zu können anfangen; könnten in diesem nicht noch mehr Wahrheiten vorgespiegelt werden, die wir als Wahrheiten so lange anstaunen sollten, bis sie die Vernunft aus ihren anderen ausgemachten Wahrheiten herleiten und mit ihnen verbinden lernen?“[73]

Die endzeitliche Welt soll vernünftig sein: Wer's glaubt, wird selig! Unsere Erfahrungen aus dem letzten Jahrhundert haben uns ernüchtert. Die drei Epochen des Joachim von Floris sollten jeweils ein Jahrtausend zählen, drei tausendjährige Reiche. Das Dritte Reich aber war schon nach zwölf Jahren zu Ende und hinterließ eine verwüstete Welt. Heilsversprechen und Visionen ewigen Glücks haben kurze Beine. Wenn sie alles in eine Utopie künftiger Vollendung verlegen, dann heißt das genauso gut: Die Gegenwart ist nur ein Übergang, sie taugt nicht viel, ihre Menschen lassen sich als Mittel zum höheren Zweck verbrauchen, denn nicht auf ihr Glück kommt es an, sondern auf das der Späteren – irgendwann am Sankt-Nimmerleins-Tag. – Wehe den jetzt Lebenden!

Die Aufklärung (17./18. Jahrhundert) hat zwar an den Sieg der Vernunft geglaubt. Aber ihr Optimismus war zwiespältig. Ob es ein ewiges Glück der Menschen werde geben können, war ihr nie so ganz ausgemacht:

„Man ist niemals so unglücklich, wie man sich einbildet, noch so glücklich, wie man erhofft hatte.“[74]

François de La Rochefoucauld (1613–1680)

„Es ist der Vernunft nicht gegeben, alle Fehler der Natur zu verbessern.“[75]

Marquis de Vauvenargues (1715–1747)

„Alles ist gleich eitel am Menschen, seine Freuden und seine Leiden, aber goldne oder himmelblaue Seifenblasen sind doch schöner als graue.“[76]

Nicolas Chamfort (1741–1794)

Mit diesen skeptischen Nackenschlägen verlassen wir das Feld der Geschichte. Sie hat kein abschließendes Wort zum Glück – oder zum Glücklichsein – auf Lager. So bleibt nur, uns auf anderem Weg dem Thema zu nähern, diesmal, so gut es geht, systematisch.

III. Nachdenken über das Glück

Wenn wir danach fragen, was Glück eigentlich sei, betreten wir den Bereich der praktischen Philosophie. Es brächte nichts, wollten wir nur abstrakt und allgemein etwas über das Glück wissen; unser Interesse richtet sich auf die Chancen, selbst glücklich zu werden. Was können wir dazu tun, was müssen wir meiden? Da wir nicht bloß leben wie Tiere oder Pflanzen, sondern gezwungen sind, unser Leben zu führen (vergleiche Aristoteles!), ist unsere Aktivität gefordert, die Initiative, und das in einer vernünftigen, überlegten Art. Vielleicht sogar so, wie ein Künstler ans Werk geht, wenn er etwas gestalten will. Da hat sich der Begriff Lebenskunst (*ars vitae*) eingebürgert, schon seit der Antike. Cicero meinte:

„Man schätzt die Kunst der Ärzte nicht um ihrer selbst willen, sondern weil sie die Gesundheit bewirkt, und die Kunst des Steuermannes wird nicht als solche, sondern wegen ihres Nutzens für die gute Schifffahrt gelobt, und so würde auch die Weisheit, die nur als die Lebenskunst anzusehen ist, nicht begehrt werden, wenn sie nichts bewirkte; man verlangt nach ihr nur, weil sie gleichsam der Werkmeister ist, der die Lust beschafft und bereitet.“[1]

Also müssten wir auch über Lust und Unlust nachdenken – was uns in den Bereich der Menschenkunde, der Anthropologie, führt. Und schließlich dürfte die Frage nach dem glücklichen Leben nicht ohne die weitere Frage zu stellen sein, welchen Sinn dieses Leben überhaupt hat.

Da liegt also viel vor uns. Gott sei Dank brauchen wir nicht alles aus dem eigenen Hut zu zaubern. Es gibt prominente Autoren genug, die sich zum Glück, zur Lebenskunst und zum Sinn des Lebens geäußert haben. Auf ihre Gedanken können wir nicht verzichten, auch wenn es unmöglich ist, sie alle anzuführen. Doch vielleicht gehört das mit zur Lebenskunst, die passende Auswahl zu treffen, mit dem gern zitierten „Mut zur Lücke“!

1. Glück haben und glücklich sein

Zunächst eine Unterscheidung: Es ist nicht dasselbe, ob jemand Glück hat oder glücklich ist. Umgekehrt muss der, der Pech hat, nicht unglücklich sein.

Der Zufallstreffer

Reden wir zunächst vom Glück- bzw. Pechhaben. Warum kommen mir dabei sofort die Glücksspiele in den Sinn? Weil sie ein Grundmodell bieten. Ob der Sechser im Lotto oder der Hauptgewinn, „Bingo“; immer spielt der Zufall sein Spiel. Wie eben die Würfel fallen!

Oder da fällt ein Ziegel vom Dach. Wenn er mich trifft und mir eine Beule in den Schädel schlägt, habe ich Pech gehabt. Fällt er ein Stückchen daneben, hatte ich Glück. Da nun der Zufall unberechenbar ist, gilt das wohl auch für Glück und Unglück.

Aber was meinen wir eigentlich, wenn wir vom Zufall reden? Der Dachziegel hatte sich nicht zufällig gelockert. Da war schon etwas vorhergegangen, der haltende Drahtbügel hatte sich verbogen, war verrostet, durch eine offene Luke konnte der Wind blasen und den Ziegel hochheben. Dann plötzlich ein Ruck: Der Ziegel fiel vom Dach und nahm seinen Weg nach Galilei – konsequent nach dessen Fallgesetz. Da können wir nirgendwo den bloßen Zufall finden. Auch nicht beim Fußgänger unten auf der Straße. Ich möchte doch annehmen, dass dieser Passant ein Ziel ansteuerte, dass er absichtlich die Straße entlangging. Er kam nicht zufällig gerade dann an den Unheilsort, als der Ziegel fiel. Wir haben es also mit zwei sich treffenden Linien zu tun: einer Linie physikalisch verknüpften Geschehens und einer zweiten Linie zielstrebiger Bewegung. Der Zufall liegt nicht in diesen Linien, sondern darin, dass sie sich treffen. Wäre ein kundiger Geist mit entsprechendem Durchblick vor Ort gewesen, hätte er voraussehen können, was passieren würde – etwa nach dem Motto: Es musste so kommen!

Auch ein rollender Würfel bewegt sich nach den Gesetzen der Physik, genauer: nach denen der Mechanik. Da gibt es keinen „Zufall“. Nur sind die vielen Momente, die zum Ergebnis führen (der Eins, der Sechs usw.), für uns viel zu unübersichtlich, als dass wir ihr Zusammenwirken berechnen könnten. Da spielt die Chaostheorie ihre Rolle. Ob wir dann die Sechs für einen glücklichen Zufall halten, hängt von unserer Einschätzung ab, von den Spielregeln und ihrer Anwendung auf den konkreten Fall.

Als vor 65 Millionen Jahren ein Meteor die Erde traf und eine Naturkatastrophe auslöste, war das Pech für die Saurier; sie starben aus. Für uns war es ein Glück, obwohl wir gar nicht an der Sache beteiligt waren. Nach dem Verschwinden der Saurier konnten sich die Säugetiere entwickeln, dann die Primaten und schließlich unsere Urahnen. Der Meteor hatte „zufällig“ die Erde gerammt, aber wir sind so frei, darin nur die positive Seite zu sehen: positiv, weil wir das himmlische Ereignis auf uns beziehen.

„Glück für ..." oder „Pech für ..." sind also keine Tatsachen an sich, sondern Relationen; es kommt auf die Bezugspunkte an. Und die können wechseln.

Der Aphoristiker La Rochefoucauld – man zählt ihn zu den französischen Moralisten – hat einmal gesagt:

„Das Ende des Glücks ist ein Unglück, und das Ende des Unglücks ist ein Glück."[2]

Das sieht nach einem Nullsummenspiel aus. Glück und Unglück scheinen sich irgendwie zu entsprechen. Bei manchen Glücksspielen mag das sogar stimmen. Einer gewinnt, der andere verliert. Aber nicht alle Glücks- oder Unglücksfälle gehören in Nullsummenspiele. Bei Verkehrskatastrophen gibt es keine Gewinner, und wenn jemand zufällig auf den richtigen Partner trifft, mit dem die große Liebe, das große Glück beginnt, kann man kaum alle die „Unglücklichen" bedauern, denen dieser Traumpartner entgangen ist.

Glück und Unglück lassen sich nicht gegeneinander aufrechnen. Vor allem: Sie kommen nicht als Fakten einher, sondern hängen davon ab, wie wir Lebensverhältnisse deuten.

Die Schriftstellerin Elisabeth Langgässer veröffentlichte nach dem Zweiten Weltkrieg eine Kurzgeschichte mit dem Titel „Glück haben". Da erzählt eine Flüchtlingsfrau von ihrem Schicksal: Ihr Sohn wurde zum Militär eingezogen, aber er hatte Glück und kam zur ungefährlichen Nachrichtentruppe. Doch dann wurde er Fallschirmjäger und fiel bei Monte Cassino. Die Tochter bekam ein uneheliches Kind, hatte aber Glück, weil ein Jagdflieger sie trotzdem heiratete; auch er fiel und hinterließ sie als Witwe. Dann nahte das Kriegsende:

„Alles ging schief, der Russe kam näher und näher, schließlich mussten wir fliehen. Es war im Winter, Hals über Kopf mussten wir alles verlassen, zwei Koffer in der Hand. Die Züge waren natürlich von Flüchtlingen überfüllt, es waren Güterzüge, Viehwagen, offene Loren; wir hatten Glück und bekamen einen geschlossenen Wagen von Dirschau bis Schneidemühl. In Schneidemühl mussten die Wagen halten, um einem Verwundetenzug und den flüchtenden Truppen Vorfahrt zu lassen, die über die Geleise kamen. Wir wurden alle herausgesetzt, die Koffer auf die Schienen geworfen, und erst als die Truppen aufgenommen und in die Wagen gepackt worden waren, durften wir mitfahren – teils auf dem Dach, auf den Puffern, den Trittbrettern, wo eben Platz war, so gut es eben ging. Meine Tochter gab mir den Kleinen zu halten und ging noch einmal auf die Geleise, um nach den Koffern zu sehen. Sie hatte auch Glück und fand ihren Koffer und reichte ihn mir auf das Dach. In diesem Augenblick fuhr der Zug los, und von der anderen Seite kam ein Gegenzug an uns vorbei. Meine Tochter wurde sofort überfahren, ich packte das Kind in die Wolldecke ein, aber am nächsten Morgen war es natürlich schon tot. (...) Endlich kamen wir nach Berlin und in ein Flüchtlingslager. Wir wurden erobert, ich hatte Glück, der Vorort wurde fast ohne Schuss den Russen übergeben, in der Nähe war ein Barackenlager mit vielen Konservendosen. Als das vorüber war und noch kein Brot gebacken werden konnte, gingen wir weiter hinaus in das verlassene Lager, wo noch Kartoffeln waren; doch als ich hinkam, hatten schon alle ihre Kartoffelsäcke gefüllt, die Mieten waren leer. Was sollte ich machen? Ich hatte Glück: In einem großen hölzernen Bottich, der mit Wasser angefüllt war, war eine riesige Menge geschälter Kartoffeln zurückgeblieben – ich krempelte meine Ärmel hoch und fischte sie heraus. Mein Rucksack war schon beinahe voll, ich fuhr noch einmal recht tief auf den Grund und hatte beide Hände voll Dreck, voll braunem, stinkendem, glitschigem Dreck; sie mussten, bevor sie das Lager verließen, in den Bottich hineingemacht haben. Jetzt war das Maß meines Unglücks voll, ich nahm meinen Sack auf den Rücken und fing zu schreien an. ›Dieses Scheißleben!‹, schrie ich ... ›Scheißleben ... Scheiß ...‹“[3]

Die Geschichte ist ein Musterbeispiel dafür, wie man sich Glück und Unglück zurechtbiegen kann, bis sie kaum noch zu unterscheiden sind. Was wir für ein Glück halten, kann mitten ins Unglück führen – und umgekehrt. Es kommt eben auf die Perspektive an. Glück an sich – oder Unglück an sich – gibt es nicht. Noch einmal ein französischer Moralist, Charles de Montesquieu (1689–1755); er wurde als Vordenker staatlicher Gewaltenteilung berühmt:

„Man müsste die Menschen vom Glück überzeugen, das sie, selbst wenn sie es genießen, nicht sehen.“[4]

Wir können den Aphorismus erweitern: Man muss Augen dafür haben, was Glück oder Unglück heißen kann. Oft gehen einem die Augen erst sehr spät auf, denn es sind die Augen der Lebenserfahrung. Denken Sie an die melodramatischen Geschichten von Leuten, die im Lotto zu Millionären wurden und dann in Verzweiflung stürzten, weil ihr glücklich erworbener Reichtum sie überforderte. Die Bild-Zeitung liefert solche Geschichten frei Haus. Aber auch das Umgekehrte kann gelten, dass jemand nicht merkt, was für ein Glück in seinem Unglück steckte. Wie denn Schopenhauer sagt:

„Eben dieserhalb trösten wir, bei widrigen Zufällen, uns auch wohl mit dem oft bewährten Sprüchlein ›Wer weiß, wozu es gut ist‹.“[5]

Es ist kein Verlass auf das Glück. Der Barockdichter Johann Christian Günther (1695–1723) schimpfte es in seinem Gedicht „Auf das Glücke“:

„Wetterhahn", „blindes Weib", „Hure", „Zauberbalg", „Blaustrumpf" und „Torheitsschwester".

Sprichwörter waren im Umlauf wie zum Beispiel: „Glück läuft dem einen ins Haus, dem andern läufts hinaus", und wer kein Glück hatte oder zu haben meinte, konnte ein Leben lang jammern. Im 17. und 18. Jahrhundert schossen Spekulationen über Glück und Unglück ins Kraut; Philosophien dazu wurden Mode. Es war eine Blütezeit der Glücksspiele, der Lotterien und Kartenjongleure. Mathematiker wie Blaise Pascal und andere entwickelten die Wahrscheinlichkeitsrechnung, und das nicht aus purem Forscherdrang, sondern in der Hoffnung, man könne das Glück kalkulieren. Der „Glückspilz" und der „Glücksritter" sind Wortschöpfungen des 18. Jahrhunderts – bei Letzterem muss man an die damals beliebten Ritterromane denken.

Zugleich wuchs die moralische Entrüstung, das Glücksspiel geriet in Verruf. Lessings Monsieur Riccaut aus der „Minna von Barnhelm" wäre ein treffliches Beispiel mit seinem „*corriger la fortune*". Im 19. Jahrhundert gab es sogar Verbote betreffs Lotto und ähnlich sittenloser Verfahren, den braven Bürger in Versuchung zu bringen. Glückes Bruder heißt Leichtsinn.

Aber eines wurde dabei leicht übersehen: dass Glück und Glücklichsein nicht dasselbe sind. Ein günstiger Zufall macht noch nicht glücklich, nicht jeder Verlust stürzt ins Unglück. Dazu kann die Sprache wertvolle Fingerzeige geben.

Wortspiele

Woher kommt unser Wort „Glück"? Das große etymologische Wörterbuch von Kluge gibt nur kümmerliche Auskunft: „Herkunft unklar". In Grimms „Deutschem Wörterbuch" steht etwas mehr. Die Vokabel „Glück" bürgerte sich erst seit dem Hochmittelalter ein (etwa seit 1160), und sie hat etwas mit „öffnen, aufschließen, erschließen, gelingen" zu tun. Das *gilukkan* wäre so viel wie „eine Lücke finden". Eine Lücke worin? Im Gesetz? Vermutlich im fest gefügten Lauf der Welt.

Der polnische Philosoph Wladyslaw Tatarkiewicz hat sich in anderen Sprachen umgesehen und etliches Material zusammengetragen.[6] Er schreibt:

„Eine Studie über Glück hat mit einer linguistischen Analyse zu beginnen. Bevor wir vernünftig über Glück reden können, müssen wir zunächst herausfinden, was das Wort 'Glück' bedeutet. Die wichtigste wissenschaftliche Forderung an die Sprache ist, dass jedes Wort nur eine Bedeutung haben sollte. Mit anderen Worten: ein Begriff sollte nur einer Vorstellung entsprechen. Diese Aufforderung jedoch wird von der Mehrzahl der Wörter in der Umgangssprache nicht erfüllt, etwa von 'Glück'. Selbst wenn es in einer psychologischen oder ethischen Theorie verwendet wird, bringt es von seiner umgangssprachlichen Verwendung die Vielzahl der Bedeutungen mit, die es im Laufe der Jahrhunderte erworben hat. Bevor wir über Glück diskutieren, müssen wir uns daher zuerst vergegenwärtigen, dass der Begriff viele Bedeutungen hat, und die verschiedenen Vorstellungen von Glück unterscheiden. Diese verschiedenen Vorstellungen haben jedoch eine Gemeinsamkeit: sie meinen alle etwas Vorteilhaftes, Kostbares, für uns Wertvolles und etwas, das ein angemessenes Lebensziel darstellt. Dennoch bestehen wichtige Unterschiede zwischen ihnen ..."

Fangen wir mit dem Griechischen an. Dort gab und gibt es das Wort *týchē*, das beides bedeuten kann: Glück und Unglück, also den Zufallstreffer, der uns im wahrsten Sinne des Wortes zu-fällt, ohne dass wir etwas dafür können. Meinten die Griechen den günstigen Zufall, so sagten sie *eu-týchē*. Seit Aristoteles bürgerte sich dann die *eudaimonía* ein, über die wir schon gesprochen haben. Sie meint nicht den günstigen Fall, sondern das Glücklichsein, was immer wir darunter verstehen wollen. Die Römer haben ins Lateinische übersetzt: *fortuna* für *týchē*, *beatitudo* für *eudaimonía*.

Mit *fortuna* war aber nichts Abstraktes gemeint, sondern eine Göttin. Man stellte sie sich als Herrin des Schicksals vor, als Dame, die über dem Kreisen des irdischen Geschehens thront, über einem Rad. Wollen Sie dieses Kreisen hören, rate ich Ihnen, Carl Orffs „Carmina burana" aufzulegen, den großartig stampfenden Anfangschor:

O Fortuna,	O Fortuna!
velut luna	Schnell wie Luna
statu variabilis,	Wechselst du dein Angesicht;
semper crescis	Licht gewonnen,
aut decrescis;	Licht zerronnen –
vita detestabilis	Leben, dem der Halt gebricht,
nunc obdurat	Kennt nur Spielen
et tunc curat	Ohne Zielen,
ludo mentis aciem,	Schlägt und heilt den klaren Sinn.
Egestatem	Not und Plage,
Potestatem	Stolze Tage
dissolvit ut glaciem.	Schwinden wie der Schnee dahin.[7]

Später stieg Fortuna von ihrem Thron über dem Rad hinab und verschmolz mit dem Rad selbst – dem Glücksrad der Lotterie.

Beatitudo ist von anderer Art. Sie bezeichnete die Glückseligkeit, das glückliche Leben, erreichbar eigentlich nur im Jenseits.

Vom Griechischen und Lateinischen wechselt Tatarkiewicz zu den modernen Sprachen. Die Göttin Fortuna lebte weiter im französischen *fortune*; Friedrich der Große wünschte sich Offiziere mit solcher „fortune", aber er meinte natürlich *bonne* und nicht *mauvaise fortune*. Bei *fortune* muss man immer mit einem Doppelgesicht rechnen; das entspricht dem Los der Lotterie – Gewinn oder Niete. Dann gibt es noch *felicité* (das lachende Glück), *hasard* (das gefährliche Glück beim Spiel), *chance* (den Glücksfall) und *bonheur* (eigentlich: die gute Stunde, tatsächlich das Glück im Allgemeinen). Auch im Englischen lebt *fortune* weiter – nur eben mit anderer Aussprache – und kann *good* oder *bad* sein; *luck* würde dem französischen *chance* entsprechen (man wünscht „good luck!"), dazu gehört in etwa *success* (Erfolg). *Happiness* dagegen ist *eudaimonía* auf Englisch, die lateinische *beatitudo* oder das französische *bonheur*.

Die verschiedenen Wortbedeutungen lassen sich nie ganz scharf voneinander trennen. In der Umgangssprache sind die Grenzen fließend, und wenn der Engländer sagt: „happy-go-lucky", meint er: Sei unbekümmert! Tatarkiewicz dazu:

„Trotz dieser Verschmelzung handelt es sich um zwei verschiedene Vorstellungen: Wer Glück und Erfolg hat, ist nicht notwendigerweise glücklich, das heißt, er hat nicht unvermeidlich eine günstige Beurteilung seines Lebens. Einige Beobachter berufen sich sogar darauf, dass großes Schicksalsglück und Erfolg Menschen nicht notwendig glücklich macht."[8]

Diese Weisheit ist uns nicht neu. Aber sie leitet zum nächsten Kapitel über, das wir dem Glücklichsein widmen wollen. Wir wünschen es mehr als zufälliges Glück, das kommt und geht. Vielleicht halten Sie es gar mit Heinrich Heine (1797–1856), der sich ein „Himmelreich auf Erden" herbeifabulierte:

Ein neues Lied, ein besseres Lied,
O Freunde, will ich euch dichten!
Wir wollen hier auf Erden schon
Das Himmelreich errichten.

Wir wollen auf Erden glücklich sein
Und wollen nicht mehr darben;
Verschlemmen soll nicht der faule Bauch,
Was fleißige Hände erwarben.

Es wächst hienieden Brot genug
Für alle Menschenkinder,
Auch Rosen und Myrten, Schönheit und Lust
Und Zuckererbsen nicht minder.

Ja, Zuckererbsen für jedermann,
Sobald die Schoten platzen!
Den Himmel überlassen wir
Den Engeln und den Spatzen.

Und wachsen uns Flügel nach dem Tod,
So wollen wir euch besuchen
Dort oben, und wir, wir essen mit euch
Die seligsten Torten und Kuchen.[9]

2. Der Glückliche im Unglück

Glücklich sein kann man in einer Welt, in der alles bestens zusammenpasst. Der große Philosoph Gottfried Wilhelm Leibniz (1646–1716) meinte, das Universum sei tatsächlich so beschaffen, weil Gott in seiner Güte gar nicht anders konnte, als „die beste aller Welten" zu schaffen.

„Daraus folget, dass je mehr man die Schönheit und Ordnung der Werke Gottes verstehe, je mehr genieße man Lust und Freude, und zwar solche, dadurch man selbst erleuchteter und vollkommener wird, und vermittelst der gegenwärtigen Freude auch die zukünftige versichert, welches bei den Lustbarkeiten und Freuden, die unsren Verstand nicht erleuchten und vielleicht anderwärts schaden können, nicht stattfindet. Ist also allein die Freude, so der Vernunft entspringet, diejenige, so zur Glückseligkeit leitet."[10]

Kurz zuvor behauptet er:

„Daraus ersiehet man nun, wie Glückseligkeit, Lust, Liebe, Vollkommenheit, Wesen, Kraft, Freiheit, Übereinstimmung, Ordnung und Schönheit aneinander verbunden, welches von wenigen recht angesehen wird."[11]

Gott hat seine Schöpfung „mit Notwendigkeit" so eingerichtet, wie sie ist. Je mehr sich seine Geschöpfe dieser Notwendigkeit annähern, „desto mehr nähern sie sich der vollkommnen Glückseligkeit".[12]

Wollen wir Leibniz beipflichten? Man muss schon sehr optimistisch gestimmt sein, will man die Welt, in der wir leben, als vollkommen ansehen. Wir könnten jetzt auf all die Schandtaten verweisen, die Menschen in der

„besten aller Welten" anrichten, aber noch mehr spricht gegen Leibniz, dass sich bereits die Natur sehr übel benehmen kann. Da gibt es Unwetter, Überschwemmungen, Vulkanausbrüche, und als im Jahre 1755 ein gewaltiges Erdbeben die Stadt Lissabon fast vernichtete, ging ein Aufschrei durch Europa: Wie konnte Gott das zulassen?

Voltaire schrieb alsbald einen Roman gegen Leibniz (1759). Da ist ein junger Mann mit dem bezeichnenden Namen „Candide" (der Glückliche). Sein Lehrmeister Pangloss wird nicht müde, ihm auf Schritt und Tritt klar zu machen, wie vollkommen die Welt sei:

„›Es ist bewiesen‹, sagte er, ›dass die Dinge nicht anders beschaffen sein können. Sintemalen nämlich alles zu einem Zweck geschaffen ist, dient alles notwendigerweise dem besten Zweck. Beachtet wohl, dass die Nasen zum Brillentragen gemacht sind; drum haben wir Brillen.

Die Beine sind sichtbarlich zum Schuheanziehen eingerichtet; und so tragen wir denn Schuh' und Strümpfe. Die Steine sind geschaffen, dass man sie schneide und daraus Schlösser baue; deshalb haben Seine Gnaden ein wunderschönes Schloss.

Der hochmögendste Baron der Provinz muss auch der sein, der am besten wohnt. Und da die Schweine geschaffen sind, um verzehrt zu werden, so essen wir Schweinefleisch das ganze Jahr durch. Folglich haben die Leute, die behauptet haben, alles sei in Ordnung, eine Dummheit gesagt; man hätte vielmehr sagen müssen, alles verhalte sich zum allerbesten.‹ Candide hörte aufmerksam zu und war unschuldig gläubig …"[13]

Dieser alles glossierende „Philosoph" ist zwar eine ziemlich müde Parodie auf Leibniz, aber Voltaires Roman zeigt dennoch höchst amüsant, dass die Welt keineswegs so prächtig eingerichtet ist, wie der Optimist meint. Drastisch geht es in bis zu höchster Vollkommenheit organisierten Kriegen zu:

„Nichts war so schön, so flink, so glanzvoll und wohlgeordnet wie die beiden Armeen. Trompeten, Pfeifen, Hoboen, Trommeln und Kanonen brachten eine Harmonie zustande, derengleichen es in der Hölle noch nie gegeben hatte. Zunächst warfen die Kanonen auf jeder Seite etwa sechstausend Mann um. Dann nahm das Musketenfeuer aus der besten der Welten so neun- bis zehntausend von den armen Schelmen hinweg, die ihre Oberfläche verunreinigten. Auch das Bajonett war die hinreichende Ursache des Todes von ein paar tausend Mann. Im ganzen mochte man so auf Stücker dreißigtausend Seelen kommen. Candide, der zitterte wie ein Philosoph, versteckte sich, so gut es gehen mochte, vor dieser heroischen Schlächterei."[14]

Dazu kommt das Leiden der Zivilbevölkerung; „Kollateralschäden" pflegt man das heute zu nennen:

„Hier sahen Greise, von Schüssen durchsiebt, ihren erdrosselten Frauen beim Sterben zu, die ihre Kinder an blutenden Brüsten hielten. Dort taten Mädchen den letzten Seufzer, denen man den Bauch aufgeschlitzt hatte, nachdem sie die natürlichen Bedürfnisse etlicher Helden befriedigt hatten. Andere, die halb verbrannt waren, schrien danach, dass man sie endlich ganz umbringe. Auf der Erde war Gehirn verspritzt, neben abgeschnittenen Armen und Beinen.“[15]

Candide stolpert durch eine Katastrophe nach der anderen und endet bei der bekümmerten Einsicht, mit der großen Welt sei nicht viel Staat zu machen; das beste bleibe wohl, bescheiden „seinen Garten zu bestellen“ *(cultiver son jardin)*.

Soll man sich nun der Meinung Theodor W. Adornos anschließen, es gebe kein richtiges Leben im falschen?[16] Das würde – pauschal gesehen – jede Glücksmöglichkeit in einer korrumpierten Welt ausschließen. So streng wollen wir nicht sein. Adorno prägte seinen Satz aus den Erfahrungen der Hitlerzeit. In einer Atmosphäre der Unmenschlichkeit wurde jedes biedere Glück obszön. Inzwischen haben sich die Gewichte verschoben. Heute ist es durchaus salonfähig geworden, über das Glücklichsein zu philosophieren, auch wenn unsere Welt keineswegs in Ordnung ist. Fast scheint sich der Bogen des Nachdenkens zurück in die Zeit der Aufklärung zu biegen, als schon einmal das Thema Glück höchst respektabel gewesen war.

3. Der Hedonist

Greifen wir ein Beispiel heraus: Christoph Martin Wieland (1733–1813). Natürlich kann man sofort einwenden: Der gehört doch gar nicht zur Aufklärung! Richtig. Wer ihn lieber zum Rokoko, zur heiter verspielten Lebewelt am Ende des 18. Jahrhunderts rechnen will, möge das tun. Aber diese Welt setzte die Mühen der Aufklärung voraus, sog ihren Nektar aus den schweren Blüten des Rationalismus, und Wieland hat das wie ein bunter Falter getan. Dabei kamen recht amüsante Dinge heraus, Schriften, die bei den Zeitgenossen hohe Anerkennung genossen. Heute ist fast alles in Vergessenheit geraten, und deshalb möchte ich erinnern:

Wieland hatte als sein Spätwerk den Roman „Aristipp“ geschrieben. Dabei ist Roman kaum das richtige Wort. Es handelt sich um eine lockere Folge von erfundenen Briefen, die Wieland auf etliche Zeitgenossen des Sokrates verteilte; Aristipp war dabei Wielands Hauptperson. Es hat einen solchen Philosophen tatsächlich gegeben, aber wir wissen wenig über ihn. Seine

Schriften sind verloren gegangen, es kursieren etliche Anekdoten über ihn (bei Diogenes Laertius), doch man weiß eigentlich nur, dass er den *Hedonismus* vertrat, eine Lehre, nach der die Lust *(hedoné)* das Fundament der Glückseligkeit *(eudaimonía)* bildet.

Dieser Aristipp (um 435–366 v. Chr.) war Wielands Aufhänger, seinen eigenen Hedonismus zu entwickeln, einen Rokoko-Hedonismus ohne großen philosophischen Tiefgang, aber mit Charme. Hier ein Auszug aus dem Brief des Antipater an Diogenes über besagten Aristipp:

„Was er unter jener, seinen Tadlern so unbillig verhassten Hedone (welche, nach ihm, das Wesen der menschlichen Glückseligkeit ausmacht) versteht, ist nicht Genuss wollüstiger Augenblicke, sondern dauernder Zustand eines angenehmen Selbstgefühls, worin Zufriedenheit und Wohlgefallen am Gegenwärtigen mit angenehmer Erinnerung des Vergangenen und heiterer Aussicht in die Zukunft ein so harmonisches Ganzes ausmacht, als das gemeine Los der Sterblichen, das Schicksal, über welches wir gar nichts – und der Zufall, über den wir nur wenig vermögen, nur immer gestatten will. Ist etwa die Eudämonie der anderen Sokratiker im Grunde etwas anders als ein solcher Zustand? Warum hält man sich, anstatt sich um Worte und Formeln zu entzweien, nicht lieber an das, worin alle übereinkommen? Wer wünscht nicht so glücklich zu sein, als nur immer möglich ist? Und, wie verschieden auch die Quellen sind, woraus die Menschen ihr Vergnügen schöpfen, ist das Vergnügen an sich selbst nicht bei allen eben dasselbe? Warum soll Aristippen nicht ebensowohl als andern erlaubt sein, Worte, die der gemeine Gebrauch unvermerkt abgewürdigt hat, wieder zu Ehren zu ziehen und z. B. die schuldlose Hedone, wiewohl sie gewöhnlich nur von den angenehmen Gefühlen der Sinne gebraucht wird, zu Bezeichnung eines Begriffs, der alle Arten zusammenfasst, zu erheben? Dass durch einen weisen Genuss alle unsrer Natur gemäße Vergnügungen, sinnliche und geistige, sich nicht nur im Begriff, sondern im Leben selbst sehr schön und harmonisch vereinigen lassen, hat Aristipp noch mehr an seinem Beispiel als durch seine Lehre dargetan. Seine Philosophie ist eine Kunst des Lebens, unter allen Umständen froh zu werden und bloß zu diesem Ende sich von Schicksal und Zufall und überhaupt von aller fremden Einwirkung so unabhängig zu machen als möglich. Nicht wer alles entbehren, sondern wer alles genießen könnte, wär' ein Gott; und nur weil die Götter das Letztere sich selbst vorbehalten, den armen Sterblichen hingegen über alle die Übel, welche sie sich selbst zuziehen, noch so viel Not und Elend von außen aufgeladen haben, als sie nur immer tragen können, nur aus diesem Grund ist es notwendig, dass der Mensch entbehren lerne, was er entweder gar nicht erreichen kann oder nur durch Aufopferung eines größern Gutes sich verschaffen könnte."[17]

Soweit Wieland über Aristipp. Der Text spricht nicht aus dem Geist der Antike, sondern dem des 18. Jahrhunderts, und wir müssen uns dazu die durch Aufklärung angstfreie, vergnügte Haltung eines Menschen vorstellen, der die Parkalleen Weimars entlangschlendert, sich von der güldenen Sonne bescheinen und von seinen Mitbürgern freundlich grüßen lässt.

Ansonsten ist der Hedonismus immer noch degoutant. Man mag ihn nicht, weil er so ruchlos auf Lüste aus ist. Ihm fehlen der moralische Ernst, die metaphysische Tiefe. Robert Spaemann, katholischer Philosoph in München, empörte sich:

„Je befangener jemand in seiner natürlichen Subjektivität, je ausgelieferter an seine Triebe oder je fixierter auf seine Interessen, je distanzloser zu sich selbst, umso weniger Würde besitzt er."[18]

Aber es gibt auch neue Freunde des Hedonismus. Der Physiker-Philosoph Bernulf Kanitscheider sucht sie zusammenzutrommeln, unter der Devise eines „aufgeklärten Hedonismus". Da heißt es gegen die Einrede jener, die die Erde für ein Jammertal halten und sich nur im Jenseits das große Glück erhoffen, wir seien schon biologisch, sozusagen leibhaftig, auf Lust und Freude vorprogrammiert:

„Man sollte seinen eigenen Körper als ein sensibles Instrument betrachten – eine Art *biologische Stradivari* – mit dem man behutsam umgeht, um lange Freude an ihm zu haben, ihn nicht um eines *momentanen Lust-Maximums* willen überfordern, sondern eher an ein über die Lebensspanne integriertes *Lust-Optimum* denken. Gerade angesichts der heutigen pharmakologischen Möglichkeiten, künstliche Luststeigerungen zu erzielen, sind die Ratschläge zum *rechten Maß*, wie sie z. B. auch Aristoteles in der *Nikomachischen Ethik* erteilt, beherzigenswert. Das Fernziel des Hedonismus ist nicht der einzelne Höhepunkt des Erlebens, sondern das gelungene, geglückte Leben."[19]

Aristipp und Epikur lassen grüßen! Kanitscheider hält den Menschen für ein im Ganzen des Universums unerhebliches Naturprodukt, das nur eine kurze Zeit zu leben hat und versuchen sollte, aus dieser Spanne das Beste zu machen. Das kann aber nur der Lustgewinn sein. Ein Heidenspaß – hat man je von einem Christenspaß gehört? Suche Freude, wo du sie finden kannst, und genieße dein Leben![20]

Man kann natürlich behaupten, eine solche Lebensphilosophie sei banal und platt. Immerhin hat sie Voraussetzungen, die mitgenannt werden müssen. Ich werde später ausführlich auf sie eingehen; zunächst nur so viel: Der

Mensch ist ein Produkt der Natur und wurde von ihr mit einem Leib sowie den dazugehörigen Sinnen ausgestattet. Er nimmt die Welt wahr, fühlt etwas dabei und kann denken. Das alles ist simple Erfahrungstatsache. Die Natur wiederum geht ihren Weg – zum Beispiel den der Evolution – ohne von irgendwelchen höheren Mächten geleitet zu werden. Wer etwas über sie erfahren will, wende sich an die Naturwissenschaften – Epikur hatte dasselbe vorgeschlagen. Den Himmel mit Göttern, Engeln und eventuell dem „lieben Gott" überlasse er Dichtern oder Theologen. Nur das Diesseits zählt. Was aber Moral und Sittengesetze betrifft, so sind sie menschliche Konstruktionen, die von der so genannten Gesellschaft ausgeheckt wurden, damit unser Zusammenleben nicht im Chaos endet. Ein höherer Anspruch kommt ihnen nicht zu, obwohl die Wächter der Moral es gern anders hätten. Sie sind die eigentlichen Feinde des Hedonismus, und man muss vor ihnen auf der Hut sein. Nichts tun sie so gern, wie andere der Unmoral zu zeihen.

Eine Kritik am Hedonismus müsste sich mit all diesen Punkten auseinandersetzen. Das erfordert viel gedanklichen Aufwand, denn mit der bloßen Behauptung, man dürfe nicht von einem so engen Menschenbild ausgehen, ist nichts getan. Wo ein absoluter Grund unseres Daseins nicht auszumachen ist, sollte man tolerant sein, etwa im Sinne des englischen Philosophen John Locke (1632–1704):

„Wir täten gut daran, wenn wir mit unserer beiderseitigen Unwissenheit Mitleid hätten und uns bemühten, sie mit allen Mitteln freundlicher und wohlwollender Belehrung zu überwinden; nicht aber sollten wir andere sofort als eigensinnig und verstockt tadeln, weil sie nicht ihre eigenen Meinungen preisgeben und die unseren, oder wenigstens diejenigen, die wir ihnen aufdrängen möchten, annehmen wollen. Ist es doch mehr als wahrscheinlich, dass wir ebenso hartnäckig manche von ihren Ansichten ablehnen."[21]

4. Der glückliche Augenblick

Es gibt wohl kaum einen Menschen, der nicht hier oder dort in seinem Leben einen glücklichen Augenblick erfahren hätte. Da ist nichts zu spekulieren; das unmittelbare Erleben lässt sich nicht wegreden, ist schlichte Tatsache. Die Griechen sprachen vom *kairós* und sahen in ihm etwas Göttliches. So weit muss man nicht gehen; dass er beschwingt und erhebt, mag genügen. Hochstimmung, Überschwang, etwa so, wie der junge Goethe von seiner Geliebten Abschied nahm, weggaloppierte – sie mit ihrem „nassen Blick" zurückließ:

Und doch, welch Glück, geliebt zu werden!
Und lieben, Götter, welch ein Glück![22]

In einem anderen Gedicht:

Trink, o Jüngling! heil'ges Glücke
Taglang aus der Liebsten Blicke;
Abends gaukl' ihr Bild dich ein.
Kein Verliebter hab' es besser;
Doch das Glück bleibt immer größer,
Fern von der Geliebten sein.[23]

Also Glück, mit ein bisschen Raffinement gewürzt! Macht man sich etwas vor, wenn man die Vor- oder Nachfreude für die größte hält? Auch was beim prall gefüllten Augenblick mitschwingt, kann glücklich machen, und es wäre töricht zu sagen: Er fühlt sich zwar glücklich, aber eigentlich ist er es nicht, weil die Geliebte gar nicht mehr anwesend ist. Was man fühlt, fühlt man – da beißt die Maus keinen Faden ab.

Liebesglück ist nicht das einzige Glück. Da sitzt ein Forscher tage- und nächtelang bei seinen Experimenten, bastelt herum, immer schlägt etwas fehl, und dann plötzlich klappt, was er sich ersehnt hatte. Das Glück, ein Ziel erreicht zu haben, gehört zu den tollsten Augenblicken, sogar beim Sportler, der die letzte Hürde nimmt. Aber Glück stellt sich nicht nur beim Ende des Ringens ein. Es gibt auch das spontane Glück, das über einen kommt, ohne dass man es erwartet hätte. Der *kairós* kann Geschenk sein, wie die hohe Stunde des Mittags, die Nietzsches „Zarathustra" erlebte:

„Still! Still! Ward die Welt nicht eben vollkommen? Was geschieht mir doch?

Wie ein zierlicher Wind, ungesehn, auf getäfeltem Meere tanzt, leicht, federleicht: so – tanzt der Schlaf auf mir.

Kein Auge drückt er mir zu, die Seele lässt er mir wach. Leicht ist er, wahrlich! federleicht.

Er überredet mich, ich weiß nicht wie?, er betupft mich innewendig mit schmeichelnder Hand, er zwingt mich. Ja, er zwingt mich, dass meine Seele sich ausstreckt:

– wie sie mir lang und müde wird, meine wunderliche Seele! Kam ihr eines siebenten Tages Abend gerade am Mittage? Wandelte sie zu lange schon selig zwischen guten und reifen Dingen?

Sie streckt sich lang aus, lang, – länger! sie liegt stille, meine wunderliche Seele. Zu viel Gutes hat sie schon geschmeckt, diese goldene Traurigkeit drückt sie, sie verzieht den Mund.

– wie solch ein Schiff, das in seine stillste Bucht einlief : – nun lehnt es sich an die Erde, der langen Reisen müde und der ungewissen Meere. Ist die Erde nicht treuer?

Wie solch ein Schiff sich dem Lande anlegt, anschmiegt: –

da genügt's, dass eine Spinne vom Lande her zu ihm ihren Faden spinnt. Keiner stärkeren Taue bedarf es da.

Wie solch ein müdes Schiff in der stillsten Bucht: so ruhe auch ich nun der Erde nahe, treu, zutrauend, wartend, mit den leisesten Fäden ihr angebunden.

Oh Glück! Oh Glück! Willst du wohl singen, oh meine Seele? Du liegst im Grase. Aber das ist die heimliche feierliche Stunde, wo kein Hirt seine Flöte bläst.

Scheue dich! Heißer Mittag schläft auf den Fluren. Singe nicht! Still! Die Welt ist vollkommen.

Singe nicht, du Gras-Geflügel, oh meine Seele! Flüstere nicht einmal! Sieh doch – still! der alte Mittag schläft, er bewegt den Mund: trinkt er nicht eben einen Tropfen Glücks –

– einen alten braunen Tropfen goldenen Glücks, goldenen Weins? Es huscht über ihn hin, sein Glück lacht. So –

lacht ein Gott. Still! –

– „Zum Glück, wie wenig genügt schon zum Glücke!" So sprach ich einst, und dünkte mich klug. Aber es war eine Lästerung: *das* lernte ich nun. Kluge Narrn reden besser.

Das Wenigste gerade, das Leiseste, Leichteste, einer Eidechse Rascheln, ein Hauch, ein Husch, ein Augen-Blick – *Wenig* macht die Art des *besten* Glücks. Still!

– Was geschah mir: Horch! Flog die Zeit wohl davon? Falle ich nicht? Fiel ich nicht – horch! in den Brunnen der Ewigkeit?

– Was geschieht mir? Still! Es sticht mich – wehe – in's Herz? In's Herz! Oh zerbrich, zerbrich, Herz, nach solchem Glücke, nach solchem Stiche!

– Wie? Ward die Welt nicht eben vollkommen? Rund und reif? Oh des goldenen runden Reifs – wohin fliegt er wohl? Laufe ich ihm nach! Husch!

Still – – (und hier dehnte sich Zarathustra und fühlte, dass er schlafe)."[24]

Das war die Feierstunde des Hirtengottes Pan, wenn die Sonne brütet, kein Hauch die Luft erregt. Hier zu stören, würde sich grausam rächen: Pan springt aus dem Dickicht, entfacht den „panischen Schrecken"!

Kurt Tucholsky hat den glücklichen Augenblick kürzer gefasst: „Wir lagen auf der Wiese und baumelten mit der Seele."[25]

Der glückliche Augenblick als Vollendung des Lebens? Da muss ich noch einmal Goethe zitieren, aus dem „Faust II". Faust hat neues Land gewonnen, festen Boden mit einem Schutzdeich gegen die Flut des Vergänglichen:

Zum Augenblicke dürft ich sagen:
„Verweile doch, du bist so schön!
Es kann die Spur von meinen Erdetagen
Nicht in Äonen untergehn.“ –
Im Vorgefühl von solchem hohen Glück
Genieß ich jetzt den höchsten Augenblick.[26]

Da schaufelten die Lemuren bereits sein Grab.

Das Glück des Augenblicks ist vergänglich; sonst wäre es eben kein Augenblicksglück. Es mag Minuten, allenfalls Stunden dauern, dann kommt wieder der Alltag. Sein ganzes Leben lang hoch gestimmt zu sein, wird keinem Menschen gelingen. Aber wir wollen doch glücklich werden, nicht nur jetzt, sondern auf Dauer. Wie das anzustellen wäre, gehört zu den Grundfragen der Philosophie. Und weil es dort höchst problematische Antworten gibt, müssen wir ein neues Kapitel aufschlagen.

IV. Menschenbilder

Was man als Glück ansieht, hängt davon ab, wie man vom Menschen denkt. Wir wollen jetzt nicht alle möglichen Menschenbilder diskutieren, sondern halten beim Grundsätzlichen Ausschau. Da kann man nun zwei Ansichten gegenüberstellen, die Modellcharakter haben. Die erste stammt aus der Antike, die zweite von Arthur Schopenhauer.

Aristoteles begann seine Ethik mit der Frage, wonach alle Menschen streben. Er brachte sie bei den „politischen Wissenschaften" unter, was wir nicht im modernen Sinne verstehen dürfen. Aristoteles meinte die Wissenschaften, die sich mit dem menschlichen Zusammenleben befassen; da geht es vor allem um Lebenspraxis, um unsere Ziele und um das, was wir gut finden:

„Da also jede Erkenntnis und jeder Entschluss nach irgendeinem Gute strebt, wonach wird nach unserer Auffassung die politische Wissenschaft streben, und welches ist das oberste aller praktischen Güter? Im Namen stimmen wohl die meisten überein. Glückseligkeit (eudaimonía) nennen es die Leute ebenso wie die Gebildeten, und sie setzen das Gut-Leben (eu zän) und das Sich-gut-Verhalten (eu prättein) gleich mit dem Glückseligsein.

Was aber die Glückseligkeit sei, darüber streiten sie, und die Leute sind nicht derselben Meinung wie die Weisen. Jene nämlich verstehen darunter etwas Selbstverständliches und Sichtbares, wie Lust, Reichtum oder Ehre, der eine dies, der andere jenes, oftmals auch einer und derselbe Verschiedenes: wenn er krank ist, meint er die Gesundheit, wenn er arm ist, den Reichtum. Da sie sich aber ihrer eigenen Unwissenheit bewusst sind, bewundern sie jene, die etwas Großes und ihr Verständnis Übersteigendes sagen. Einige meinten, es gebe neben diesen vielen Gütern ein anderes Gutes an und für sich, das auch die Ursache des Gutseins all der andern Güter wäre. Alle Ansichten zu prüfen ist wohl eher sinnlos; wir dürfen uns also auf jene beschränken, die am verbreitetsten sind oder einigermaßen begründet zu sein scheinen."[1]

Für Aristoteles stand außer Frage, dass man nach der *eudaimonía* streben könne, dass sie also ein durchaus sinnvolles Lebensziel sei. Doch da kommt Arthur Schopenhauer und ist völlig anderer Meinung. In den Nachträgen zu seiner Abhandlung über die „Nichtigkeit des Daseyns" heißt es:

„Unser Daseyn hat keinen Grund und Boden, darauf es fußte, als die dahin schwindende Gegenwart. Daher hat es wesentlich die beständige *Bewegung* zur Form, ohne Möglichkeit der von uns stets angestrebten Ruhe. Es gleicht dem Laufe eines bergab Rennenden, der, wenn er stillstehn wollte, fallen müsste und nur durch Weiterrennen sich auf den Beinen erhält; – ebenfalls der auf der Fingerspitze balancierten Stange; – wie auch dem Planeten, der in seine Sonne fallen würde, sobald er aufhörte, unaufhaltsam vorwärts zu eilen. – Also Unruhe ist der Typus des Daseins.

In einer solchen Welt, wo keine Stabilität irgendeiner Art, kein dauernder Zustand möglich, sondern Alles in rastlosem Wirbel und Wechsel begriffen ist, Alles eilt, fliegt, sich auf dem Seile durch stetes Schreiten und Bewegen aufrecht erhält – läßt Glücksäligkeit sich nicht ein Mal denken. Sie kann nicht wohnen, wo Plato's ›beständiges Werden und nie Seyn‹ allein Statt findet. Zuvörderst: Keiner ist glücklich, sondern strebt sein Leben lang nach einem vermeintlichen Glücke, welches er selten erreicht und auch dann nur, um enttäuscht zu werden: in der Regel aber läuft zuletzt Jeder schiffbrüchig und entmastet in den Hafen ein. Dann aber ist es auch einerlei, ob er glücklich oder unglücklich gewesen, in einem Leben, welches bloß aus dauerloser Gegenwart bestanden hat und jetzt zu Ende ist."[2]

Noch gegensätzlicher können die Beurteilungen menschlicher Glücksfähigkeit kaum sein. Für uns wird es jetzt schwierig. Den einen ablehnen und dem anderen zustimmen, wäre zu billig. Wir müssen versuchen, einen eigenen Denkansatz zu finden.

Noch einmal: Es kommt auf das Menschenbild an. Auf welches? Ich schlage vor, dass wir uns an die Naturwissenschaft halten, denn die scheint einigermaßen gesicherte Einsichten zu liefern. Natürlich gibt es auch da vage Theorien und umstrittene Experimente. Aber ebenso gibt es Erfahrungen, die nachprüfbar sind, die etwas Allgemeingültiges enthalten und die schließlich zu Überzeugungen führen. Dass der Mond sich um die Erde dreht, dass unser Organismus aus Zellen aufgebaut ist, in deren Kernen die Gene stecken: An solchen Erkenntnissen wird niemand ernstlich zweifeln, auch wenn die Formulierung allgemein gültiger Naturgesetze Schwierigkeiten macht.

Aber eine Warnung möchte ich gleich nachschieben. Naturwissenschaft ist nicht Philosophie. Verstehen wir Physik, Chemie, Biologie als Tatsachenwissenschaften, so bleibt doch immer noch offen, was denn eine „Tatsache" überhaupt ist und wie wir sie deuten wollen. Tatsachen fallen nicht einfach vom Himmel, sondern müssen – oft mühsam – erarbeitet werden. Und ihren Sinn erhalten sie nur durch eine Theorie, in die sie sich einbetten lassen. Ganz problematisch wird es, wenn jemand vom „Weltbild der Naturwissenschaften“ redet. Was soll das heißen? Die Naturwissenschaften sind kein geschlossener Block, sondern haben sich in unzählige spezielle Ansätze zersplittert, die schwerlich auf einen Nenner zu bringen sind. Weiß ein Verhaltensbiologe, was ein Quantenphysiker treibt? Ein „Weltbild“ wird nicht von den einzelnen Naturwissenschaften zusammengebaut, sondern von Philosophen, die sich auf naturwissenschaftliche Einsichten stützen. – Dass diese Philosophen zugleich Naturwissenschaftler sein können, steht auf einem anderen Blatt.

Außerdem droht die Gefahr des Reduktionismus.

Seine Sätze enthalten zumeist die Formulierung, etwas sei „nichts anderes als ...“. Der Mensch ist nichts anderes als eine Menge Wassermoleküle, die durch einige wenige andere, meist etwas festere Substanzen zusammengehalten werden! Solch eine Reduktion schneidet vieles und fast alles weg, was wir vom Menschen sonst noch sagen könnten und was vermutlich wichtiger ist als sein Wasserhaushalt. So wollen wir also nicht verfahren. Trotzdem kann man die Naturwissenschaften als eine Basis ansehen, auf die sich bauen lässt. Wie wir bauen, bedarf dann der höchst philosophischen Kontrolle.

1. Die naturalistische Sicht

Die Stellung des Menschen im Kosmos

Diese Überschrift stammt nicht von mir, sondern von Max Scheler, der 1928 ein Buch mit selbigem Titel herausgebracht hatte: ein philosophisches Buch, das sich aber auch an den Naturwissenschaften orientierte. Darauf müssen wir jetzt nicht eingehen; der Titel allein soll uns Wegweiser sein.

Wir Menschen leben auf der Erde. Einwände? Auch wenn sich einige Astronauten ein Stückchen ins Universum hinausgewagt haben (es war nur ein winziger Hopser!), bleibt die Erde immer noch der Boden unseres Daseins. Wir sind Erdenbürger.

Die Erde gehört zum Planetensystem und läuft auf leicht elliptischer Bahn um die Sonne. Die Sonne ist ein Fixstern wie Milliarden anderer Sonnen im Ganzen unserer Milchstraße – unserer Galaxie. Wie ein riesiges Rad dreht sich diese Milchstraße um ihr Zentrum, vielleicht um ein Schwarzes Loch – wenigstens vermuten das einige Astrophysiker.

Aber außerhalb unserer Milchstraße gibt es Milliarden weiterer Galaxien im Universum, in sehr verschiedenen Formen und Größen. Die Blicke der Astronomen richten sich heute bis in die tiefsten Tiefen des Weltalls – das berühmte Hubble-Teleskop hilft ihnen dabei –, und so geht es in Größenordnungen, die sich der Vorstellungskraft entziehen, gerade weil man Zahlen nennen kann.

Wir finden uns einigermaßen zurecht, wenn von Millimetern, Zentimetern, Metern und Kilometern die Rede ist: lauter Maße, mit denen wir leben. Aber schon die Entfernung bis zum Mond – runde 384400 km – ist schwer vorstellbar, obwohl einige Leute dort oben gewesen sind. Bis zum äußersten Planeten, dem Pluto, muss man 5906 Millionen Kilometer ansetzen, und dann geht es nur noch in Lichtjahren weiter. Ein Lichtjahr ist keine Zeitspanne, sondern die Strecke, die das Licht in einem Jahr zurücklegt: 9,463 Billionen Kilometer. Sagt Ihnen diese Zahl etwas? Bis zum nächsten Fixstern, dem Alpha Centauri, sind es 4,3 Lichtjahre, 50000 Lichtjahre bis zum Zentrum der Milchstraße, etwa anderthalb Millionen Lichtjahre bis zur nächsten Galaxie, dem Andromeda-Nebel. Bis zum äußersten Weltrand dürften es Milliarden von Lichtjahren sein. Wem da nicht schwindlig wird, dem ist nicht zu helfen.

Am besten kann man sich die Riesendimensionen des Universums mit Hilfe von Modellen klar machen. Verkleinern wir zunächst alles so, dass 1000 km in der Natur einem Millimeter im Modell entsprechen. Dann wäre die Erde ungefähr so groß wie eine Kirsche (12,7 mm Durchmesser), der Mond würde in 40 cm Abstand wie eine Erbse um die Erde kreisen; die Sonne wäre ein Riesenkürbis mit 1,4 m Durchmesser und 150 m von uns entfernt. Zum Planeten Pluto hätten wir 6 km zurückzulegen, und die Entfernung zum nächsten Fixstern, dem Alpha Centauri, betrüge 40000 km. Dieses Modell betrifft nur unsere nächste kosmische Nachbarschaft.

Wählen wir einen anderen Maßstab: 1 mm im Modell entspräche 1 Milliarde km in der Natur! Dann können wir unsere ganze Milchstraße einbeziehen. Das Planetensystem hat in diesem veränderten Modell einen Durchmesser von nur noch 6 mm (eine kleine Erbse); bis zum nächsten Fixstern wären es 40 m, die linsenförmige Milchstraße misst im Durchmesser 1000 km, ist 160 km dick, und bis zur Nachbargalaxie, dem Andromeda-Nebel, hätten wir mit 25000 km zu rechnen. Das Licht würde in einem Jahr ungefähr 10 m zurücklegen.

Und noch ein drittes, ein „intergalaktisches" Modell! Jetzt sollen hundert Lichtjahre auf einen Millimeter schrumpfen. Der Abstand von der Sonne zum nächsten Fixstern (Alpha Centauri) beträgt $^1/_{20}$ mm, der Durchmesser unserer Milchstraße: etwa 1 m; der Abstand zum Andromeda-Nebel: 25 m. Das Licht kriecht in hundert Jahren einen Millimeter weit, und der Horizont des sichtbaren Universums wäre 100 km von uns entfernt.

Andererseits führt auch der Weg ins Kleine in unzumutbare Dimensionen: Ein Staubkörnchen mag 0,05 mm Durchmesser haben, ein Virusmolekül nur noch ein hundertmillionstel Meter. Da rechnet man am besten mit negativen Hochzahlen: $^1/_{10}$ ist 10^{-1}, $^1/_{100}$ ist 10^{-2} usw. Beim Virus kämen wir auf 10^{-8} m, bei Atomen auf etwa 10^{-10} m, beim Atomkern auf 10^{-14} m, und die kleinste Länge, mit der Physiker rechnen, ist der tausendbillionste Teil eines Meters: 10^{-15} m. Darunter wird es sinnlos, überhaupt noch von Längen zu reden, weil es dort keine Geometrie üblicher Art mehr gibt.

Die Zeit stellt uns vor ähnliche Probleme. Zwei, drei oder bestenfalls vier Generationen können wir miterleben, aber was sagt uns die bisherige Dauer der Menschheit: etwa drei Millionen Jahre? Das wären etwa 100 000 Generationen. Vor mehr als 60 Millionen Jahren lebten die Saurier. Und wenn der Urknall sich vor 15 bis 20 Milliarden Jahren ereignet haben soll, so sind das nur noch Zahlen. – Geschwindigkeiten von Autos und Flugzeugen können wir einigermaßen erfassen, aber die des Lichtes nicht mehr. Wenn wir uns an die Materie halten, so haben wir im Gefühl, was Dichten und Gewichte sind. Ein Kubikzentimeter Wasser wiegt ein Gramm, ein Kubikzentimeter Gold etwa 19 Gramm. Aber was ist mit der Dichte eines Neutronensterns, bei dem die Atomkerne so eng zusammengepresst sind, dass ein Kubikzentimeter seiner Materie an die hundert Millionen Tonnen wiegt? Kann man sich das noch vorstellen? Wir müssen uns eingestehen: Die stofflichen Zustände, die wir hier auf Erden kennen, sind Raritäten im Universum, pure Ausnahme.

Es wäre vermessen, die Welt nach den Verhältnissen beurteilen zu wollen, an die wir hier auf Erden gewöhnt sind.

Gerhard Vollmer, Philosoph aus Bremen, hat eine Unterscheidung getroffen, an die wir uns halten wollen. Die Größenordnungen der Sternenwelt, der Galaxien und kosmischen Superstrukturen, bilden einen Makrokosmos; die kleinen Bereiche der Moleküle, Atome, Elementarteilchen bis hinab zu Quarks und ähnlichen Winzlingen liegen im Mikrokosmos. Dazwischen haben wir uns im hauchdünnen Scheibchen des Mesokosmos eingerichtet, in unserer Erfahrungswelt, der kognitiven Nische des Menschen. Sie ist uns mehr oder weniger gut vertraut, wir können sie überblicken und nennen sie anschaulich. Aber wir müssen uns klarmachen, dass sie nicht das Universum ist.

„Wir dürfen nicht erwarten, dass die Welt überall und durchweg dieselben Strukturen aufweist. In anderen Dimensionen können sich die Strukturen von den mesokosmischen erheblich unterscheiden. Deshalb kann unser Anschauungsvermögen dort versagen; unsere Anschauungsformen können nur annäherungsweise gelten oder gänzlich unangemessen sein. Eben dies ist es natürlich auch, was uns die moderne Wissenschaft mehrfach und mit zunehmender Klarheit gelehrt hat."[3]

Bedenken wir: Die großen Mythen der Menschheit, die von Anfang und Ende berichten, von Schöpfung und Jüngstem Gericht, haben eine Welt vor Augen, die ganz im Mesokosmos beheimatet ist. Es ist eine schöne Welt, mit Bergen, Wäldern und Meeren, mit Tieren und Pflanzen, beleuchtet von einer mesokosmischen Sonne, einem mesokosmischen Mond und mesokosmischen Sternen, die wie Lampen am mesokosmischen Himmel hängen. Aber es ist eine Welt ohne Weltall, ohne das bizarre Treiben der Elementarteilchen. Es ist eine Welt in der Sprache des Menschen, die aber zum Stammeln zerbricht, wenn die ganz anderen Dimensionen des Mikro- und Makroskopischen aufdämmern. Selbst wenn wir von Gott reden, sollten wir daran denken, dass er sich nur in unserem Mesokosmos zu Hause fühlt.

Was hat das alles mit unserer Frage nach dem Glücklichsein zu tun? Sehr viel, wie ich meine. Für was wir uns – als Menschen – halten, was wir uns zutrauen und welche Chancen wir uns geben, hängt eng damit zusammen, wie wir unsere Stellung im Ganzen der Welt sehen. Ist die Erde ein bedeutungsloses Stäubchen im Universum, werden wir anders über uns denken, als wenn wir sie für das Zentrum der Welt halten dürften. Aber den meisten Menschen fehlt es schlichtweg an Fantasie, sich in die wahren Dimensionen des Universums hineinzudenken. Sie kommen über den Tellerrand des Anschaulichen nicht hinaus, auch nicht in ihren Mythen und Religionen.

Der französische Philosoph und Mathematiker Blaise Pascal (1623–1662) hat voller Erschütterung die Bedeutung schier unendlicher kosmischer Ausmaße für den Menschen gespürt:

„Ich sehe diese entsetzlichen Weiten des Weltalls, die mich einschließen, und ich finde mich an einen Winkel dieses gewaltigen Raums gefesselt, ohne dass ich weiß, warum ich an diesen Ort und nicht vielmehr an einen anderen gestellt bin und warum diese kurze Frist, die mir zu leben gegeben ist, mir gerade zu diesem Zeitpunkt und nicht vielmehr zu einem anderen der ganzen Ewigkeit, die mir vorausgegangen, und der ganzen Ewigkeit, die auf mich folgt, bestimmt ist. Ich sehe überall nur Unendlichkeiten, die mich wie ein Atom und wie einen Schatten einschließen, der nur einen unwiederbringlichen Augenblick lang dauert. Alles, was ich erkenne, ist, dass ich bald sterben muss; doch was ich am wenigsten begreife, ist gerade dieser Tod, dem ich nicht entgehen kann."[4]

Dabei war für Pascal das Universum noch längst nicht so ausgeufert, wie es sich heute dem Blick unserer Kosmologen zeigt.

Ziele und Ursachen

Wenn der Wind ein Fenster zuschlägt, hat er das nicht gewollt. Da war der Mechanismus von Ursache und Wirkung am Werke – die so genannte Kausalität. Aber der das Fenster aufgemacht hatte, hatte bestimmt eine Absicht verfolgt, zum Beispiel, frische Luft ins Zimmer zu lassen. Wir können also zwei Arten von Abläufen unterscheiden: die kausalen und die finalen, wobei das zweite Wort vom lateinischen *finis* kommt, das Ende oder Ziel bedeutet. Finales Geschehen erfolgt zielstrebig oder zweckmäßig; Finalsätze fangen mit „um zu" oder „damit" an, Kausalsätze mit „weil" und „da". Das sollte man nicht verwechseln. Frage ich: „Warum hast du das Fenster geöffnet?", könnte die spitzfindige Antwort folgen: „Weil meine Hand den Griff umschloss und meine Muskeln den Arm bewegten." Das will natürlich niemand wissen. Richtig hätte ich fragen müssen: „Wozu hast du das Fenster geöffnet?" Dann wäre vermutlich die korrekte Antwort: „Um frische Luft hereinzulassen."

Nun kann man die Natur auf zweierlei Weise betrachten. Wer ihre Abläufe so versteht wie menschliches Handeln, ist geneigt, ihr Ziele, Absichten oder Zweckmäßigkeit zuzusprechen. Das hat schon Aristoteles getan, als er meinte, ein Stein falle zu Boden, um an seinen natürlichen Ort, nämlich nach unten, zu kommen. Der Stein benimmt sich dabei wie ein Schüler, der auch seinen „natürlichen Ort" – nämlich die Schule – aufsucht. Werden alle Naturvorgänge nach diesem Modell betrachtet, sind wir mitten im teleologischen Denken (von griech. *télos*, Ziel). Es hat seit der Antike bis weit in die Neuzeit den Ton angegeben, vor allem in der Religion. Gott handelt mit festen Absichten, und seine Schöpfung läuft auf ein Ziel zu: zu ihrem Schöpfer zurückzukehren.

Beim kausalen Denken sieht alles anders aus. Da ist kein Platz für einen planvoll geordneten Kosmos; die Dinge laufen, wie sie nun einmal laufen müssen, und der Wissenschaftler bemüht sich, bei allem, was geschieht, die natürlichen Ursachen aufzuspüren. *Francis Bacon* hatte – am Anfang der Neuzeit – diese Methode zum Grundprogramm der Wissenschaft erhoben und sein „Neues Organon" (1620) gegen das alte des Aristoteles gestellt. Seitdem gilt Ursachenforschung als wissenschaftliche Selbstverständlichkeit.

Ist nun die teleologische Betrachtung unsinnig? Keineswegs. Soll ein Techniker jemandem erklären, wie eine wahnsinnig komplizierte Maschine arbeitet, so wird er wenig ausrichten, wenn er erzählt, warum Rädchen A das Rädchen B antreibt und warum Rädchen B die Welle C bewegt. Wesentlich mehr dürfte er erreichen, wenn er sagt, wozu die Maschine gut ist. Und kein Biologe braucht sich zu schämen, wenn er erklärt, wozu Kamele ihre Höcker tragen, nämlich als Fettspeicher. Warum und wie diese Höcker gewachsen sind, steht dann auf einem anderen Blatt.

Die beiden Philosophen Robert Spaemann und Reinhard Löw haben sogar den Spieß umgedreht und die Teleologie zu retten versucht. Im täglichen Leben richtet sich alles nach Zielen und Zwecken, ob ich nun in den Laden zum Einkaufen gehe oder eine Sonde zum Mars geschickt wird. Teleologisches Denken nistet tief im Boden unserer Lebenswelt. Erst die neuzeitliche Wissenschaft hat diese Welt hinter sich gelassen und Theoriegebäude in abstrakten, zweckfreien Räumen errichtet. Also müsste sich nicht die Teleologie, sondern das Kausaldenken rechtfertigen. Es müsste begründen, warum es vom unmittelbar gelebten Leben absieht und Zwecke in der Natur leugnet. Zumindest haben Erklärungen aus Ursachen und Erklärungen aus Zwecken gleiches Recht:

„Die Antwort auf die Frage: wann *müssen* wir teleologisch denken? lautet: nie. Wir *können* immer von teleologischen Strukturen eines Phänomens absehen. (…) Bei solchem Absehen kommen wir zwar nie an ein Ende. Aber die Wissenschaft kommt sowieso nie an ein Ende. Die Ausgangsfrage lautet nun aber; wann *können* wir teleologisch denken? Die Antwort ist ganz analog: immer.“[5]

Das klingt nach einem faulen Kompromiss! Wenn wir wollen, dürfen wir davon ausgehen, dass Leoparden phantastisch laufen können, damit sie ihre Beute kriegen. Wir können aber auch anders herum argumentieren und behaupten, die Evolution habe blind und zufällig nur die Leoparden übrig gelassen, die gute Jäger sind. Die anderen sind ausgestorben. Welche Grundsätze wir in der (Natur-)Wissenschaft befolgen, hängt – nach Spaemann und Löw – nur noch davon ab, was wir wollen. Sehr befriedigend ist das nicht.

Eigentlich hat schon Immanuel Kant das richtige Wort zum Thema gesagt. Zweckmäßigkeit ist keine Eigenschaft der Natur an sich. Erst wir Menschen neigen dazu, im Naturgeschehen nach Zwecken oder Zielen zu suchen, und das kann sogar hilfreich sein.[6] Ein Forscher, der fragt, wozu den Hirschen Geweihe wachsen, obwohl sie sich damit im Wald verheddern, könnte durchaus auf eine Spur stoßen, die ihm zeigt, wo die biologischen Ursachen für Zwölfender liegen. Dann ist aber die Wozu-Frage nur von heuristischem Wert. Sie kann ein Forschungsprojekt ins Rollen bringen, aber die Forschung selbst muss bei ihrer Kausalität bleiben.

Machen wir die Probe aufs Exempel. Die meisten Pflanzen wachsen nach oben zum Licht hin. Wozu? Damit sie das Licht aufnehmen und mit seiner Hilfe ihren Energiebedarf decken können. Das wäre doch ein fabelhaftes Beispiel für natürliche Zielstrebigkeit!

Vertrauen wir also einen kleinen Samen, z. B. ein Senfkorn, dem Blumentopf an und stellen ihn aufs Fensterbrett. Alsbald wächst ein Pflänzchen aus der Erde und dreht sich dem Licht zu. An seiner Spitze bildet es das Hormon Auxin, das langsam durch die Zellen nach unten sickert und für Wachstum sorgt. Aber es wird durch Licht zersetzt, so dass an der dem Fenster zugekehrten Seite unser Pflänzchen weniger wächst als auf der anderen. Folglich beginnt sich der Stengel zu krümmen.

Was zunächst wie ein „Streben zum Licht" aussah, erweist sich als Wirkung einer einfachen Ursache. Die Pflanze will gar nichts, sondern folgt physikalisch-chemischen Gesetzen. Sie kann nicht anders.

Und wieder die Frage: Was hat das mit unserem Problem des Glücklichseins zu tun? Sehr viel! Wäre die Welt – das Universum, der Kosmos – nach dem Willen eines Gottes entstanden, hätte er nach Plänen und Absichten gehandelt, dann könnte es durchaus sein, dass er dem Menschen die Glücksfähigkeit mit auf den Weg gegeben hatte. Selbst wenn wir gar nicht vom Schöpfergott sprechen wollen, sondern nur von den Absichten der Natur, hätten wir immer noch einen komfortablen Rückhalt für unser Streben nach Glück.

Ist aber das natürliche Universum zweckfrei (nicht zwecklos!) organisiert, dann können wir uns nicht auf höhere Instanzen berufen. Dann bleiben wir uns selbst überlassen und müssen sehen, wie wir zurechtkommen.

Evolution

Das heutige Bild der Natur wird von der Evolutionstheorie beherrscht. Das ist nicht nur die Lehre Darwins (1809–1882), die sich auf die biologische Entstehung der Arten beschränkte. Inzwischen greift das Entwicklungsdenken viel weiter zurück, auch wenn dabei nicht unbedingt von „Evolution" die Rede ist. Eigentlich müssen wir mit dem Urknall beginnen, dem „Big Bang", bei dem allerdings nichts geknallt hat. Zum Knallen bedarf es eines Luftraums, und der war beim Urknall noch gar nicht vorhanden.

Physiker gehen davon aus, der Urknall habe vor etwa zwölf Milliarden Jahren stattgefunden. Was da tatsächlich passiert ist, wissen wir nicht; die Gesetze der Physik lassen sich auf die Entstehung des Universums nicht anwenden. Auch die anfänglichen Zustände der Welt sind noch längst nicht entschlüsselt, aber das braucht uns hier nicht zu kümmern. Es genügt, dass sich aus elementaren Nebeln Sterne und Galaxien zusammenballten, dass um einige Sterne Planeten zu kreisen begannen und vor circa fünf Milliarden Jahren auch unsere Erde entstand.

Sie war zunächst kein gemütlicher Aufenthaltsort. Vulkane spieen ihre Glutmassen aus, in der Atmosphäre zuckten die Blitze, der Boden schwankte, und dann begann es zu regnen. Die ersten Ozeane füllten sich, schwappten an frühe Küsten. Aber trotz dieses Höllenszenarios taten sich Moleküle zusammen, bildeten lange Ketten oder verschlungene Haufen, die Bausteine des Lebendigen kamen ins Spiel.

Was da im Einzelnen vor sich gegangen ist, müssen die Chemiker noch herauskriegen. Aber sie sind optimistisch. Das Geheimnis der Bildung von Eiweißen und DNS-Ketten muss sich entschlüsseln lassen, denn die wirkenden Kräfte sind bekannt. Da gibt es keine überirdischen Schöpfungsmächte, kein Gott streckte seinen Finger aus, um das Leben zum Leben zu erwecken. Es hat sich selbst organisiert und seinen Gang genommen: eben die (biologische) Evolution.[7]

Ihre Wege hatte Darwin im Prinzip richtig beschrieben, auch wenn die Details manchmal anders aussehen, als er sich das vorstellte. Da ist vom Wechselspiel der Mutationen und Anpassungen die Rede: Mutationen lassen neue Lebensformen entstehen, aber die können sich nur durchsetzen, wenn sie ihrer jeweiligen Umwelt entsprechen, also angepasst sind.

Wie verläuft die Evolution? Geht sie – wie Darwin gedacht hatte – stetig und langsam voran, oder gibt es plötzliche Sprünge? Offenbar werden mit einer bestimmten Mutation Tore zu vielen weiteren aufgestoßen. Möglichkeiten eröffnen sich, die vorher nicht da waren. Als die Schulterblätter einiger Saurier zu Flügeln mutierten, begann eine rasche Evolution hin zu den Vögeln, die heute den Himmel bevölkern.

Am schönen Bild eines Stammbaumes, der alle Äste des Lebendigen stetig hervorwachsen lässt, halten die meisten Forscher fest. Auch dann, wenn es Lücken zu geben scheint, wenn irgendwo keine Zwischenglieder gefunden wurden: die berüchtigten „missing links“. Manchmal tauchen sie doch irgendwann auf; ansonsten muss man bedenken, dass nicht alles erhalten blieb, was sich auf unserem Erdball getummelt hat.

Nicht jede Mutation bringt das Leben voran. Manche Folgen sind förderlich, andere erweisen sich als Nieten, beispielsweise das Kalb mit zwei Köpfen, viele sind einfach neutral und bewirken gar nichts. Von außen gesehen erscheinen Mutationen als zweckmäßig, wenn sie der Anpassung dienen, aber man sollte mit seiner Wortwahl vorsichtig sein. Von innen her ist die Entwicklung der Lebensformen nicht auf Zwecke aus, als strebe da irgendetwas irgendwohin. Sogar der Begriff „Anpassung“ ist nur mit Vorbehalt zu brauchen. Er suggeriert, die Lebewesen verhielten sich so wie Wasser in einem Topf: Das Wasser passt sich der Topfform an, aber dabei entwickelt es keine Initiative. Im Allgemeinen mag das bei Tieren oder Pflanzen ähnlich sein, aber es gibt auch die anderen Fälle, in denen die Umwelt verändert wird. Man muss dabei nicht an Biber denken, die ihre Dämme bauen. Eher schon an Elefanten- oder Bisonherden, die ganze Landschaften platt walzen. Ein besonders schönes Beispiel bieten die Blaualgen, deren Photosynthese einst die Luft so veränderte, dass sie sauerstoffhaltig wurde und späteren Organismen die Atmung erlaubte.

1970 erschien in Paris ein schmales Büchlein des Biologen Jacques Monod (1910–1976); es erregte Aufsehen. Seinen Titel „Zufall und Notwendigkeit" hatte der Autor angeblich vom griechischen Philosophen Demokrit entlehnt: „Alles, was im Weltall existiert, ist die Frucht von Zufall und Notwendigkeit." Woher Monod dieses Zitat hatte, entzieht sich meiner Kenntnis; bei Demokrit findet es sich jedenfalls nicht. Wie dem auch sei: Der Sache nach könnte sich Monod durchaus auf den Griechen berufen.

Mutationen erfolgen zufällig. Sie müssen nicht, aber sie können eintreten. Ihre Folgen richten sich dann nach Notwendigkeiten, solchen des Organismus, solchen der Umwelt. Da kann sich kein Lebewesen aussuchen, was aus ihm wird. Ein unvorhersehbarer Vorfall in der DNS entlässt ins vorgezeichnete Schicksal.

„Der Herrschaft des bloßen Zufalls entzogen, tritt er unter die Herrschaft der Notwendigkeit, der unerschütterlichen Gewissheit."[8]

Das ist eine Deutung der Evolution. Ob sie auf Dauer Bestand haben wird, weiß ich nicht. Vielleicht macht die Evolutionstheorie sogar ihrerseits eine Evolution durch. Aber ihr Grundmodell der Lebensentwicklung dürfte bleiben. Es ist ein Paradigma.

Die nächste Frage: Gibt es so etwas wie eine Tendenz der Evolution? Man hört es oft: Die ganze Entwicklung im Universum baut aus einfachen Formen immer komplexere auf, bis dann am Ende der Mensch steht, der mit seinem Großhirn das wohl komplexeste System aufweist, das die Natur je hervorgebracht hat.

Wenn das so stimmt, müsste hinter der Evolution so etwas wie ein Motor stecken, der sie antreibt, und das effektiv, vielleicht sogar zielstrebig. Der Mensch wäre dann so etwas wie die „Krone der Schöpfung".

Wer hat ihm die Krone aufgesetzt?

Den lieben Gott möchte ich nicht bemühen. Sind wir gekrönt, weil wir die Natur beherrschen? Das wird durch all jene Katastrophen widerlegt, die entweder von außen über uns hereinbrechen oder die hausgemacht sind. Oder sollen wir sagen, wir seien souverän, weil wir über uns selbst verfügen? Auch da lassen sich Zweifel anmelden.

Das Märchen von der Schöpfungskrone konnte nur aufkommen, weil bei dieser vermeintlichen Schöpfung weite Bereiche übersehen wurden, weil unser Blickwinkel meist beschränkt ist und nur das erfasst, was sinnfällig vor uns liegt. Elefanten, Löwen, Pferde, auch das Kleinvieh bis hinab zu Läusen und Flöhen. Aber das ist längst nicht alles. Wie steht es mit den Mikroben, den Bakterien, den Viren?

Ein Großteil unseres Körpers birgt Lebewesen, für die wir nur Wirt sind – Nahrungsquelle, Ruheplatz oder Jagdgebiet. Allein auf einem Quadratmeter unserer Haut tummeln sich mehr Mikroben, als es Menschen auf der Erde gibt. Wir sind besiedelt, ein Lebensraum wie ein Universum. In der Mundhöhle herrscht erbitterter Kleinkrieg: Amöben gegen Bakterien. Ohne Darmflora könnte unsere Verdauung nicht funktionieren. Im Allgemeinen befinden sich unsere Mitbewohner in einem ökologischen Gleichgewicht. Nur wenn es gestört wird, treten Problem auf: Wir werden krank.

Mit dem Mut zur Pointe ließe sich sagen, nicht unser Organismus böte von sich aus den Lebensraum für die siedlungsfreudigen Mikroben, sondern eigentlich sei es umgekehrt. Wir sind ihr Produkt! Ohne sie ist unsere Existenz gar nicht möglich, sie helfen uns, haben uns so eingerichtet, dass ihr Dasein gedeiht. Ist dann der Mensch die Krone der Schöpfung? Vielleicht sollten wir sagen, diese Krone gebühre einer Winzlingswelt.

Der amerikanische Biologe Stephen Jay Gould hat gezeigt, dass die Zunahme von Komplexität nicht der Maßstab der Evolution sein kann. Wenn man statistisch abschätzt, wo die Schwerpunkte des Lebendigen liegen, zeigt sich eindeutig: beim Primitiven! Je komplexer, desto seltener. Was uns so imponiert: die großen Tiere und Pflanzen mit ihrem kunstvollen Aufbau, das sind eigentlich Ausnahmen, Ausrutscher der Evolution, gemessen an der Zahl simpler Einzeller. Gould konstatierte:

„Einen Grund oder ein Übergewicht zugunsten einer von Natur aus guten Komplexitätszunahme, die als Triebkraft der Evolution wirken könnte, gibt es nicht.“[9]

Der Mensch schließlich erscheint nur noch als Wurmfortsatz dieser Evolution, als belanglose Nebensache. Wenn er sich trotzdem für etwas Besonderes hält, dann nur aus Überheblichkeit:

„Wir sehnen uns nach Fortschritt, weil er in einer Welt der Evolution die besten Aussichten bietet, die Arroganz beizubehalten.“[10]

Der Mensch als Gehirnwesen

Trotzdem wollen wir beim Menschen bleiben, denn es soll ja um unser Glück gehen. Welche Chancen hat es aus evolutionärer Sicht?

Dass wir Kinder der Evolution sind, versteht sich. Zwar mögen die so genannten Kreationisten anders darüber denken und sich mit unerschütterlichem Glauben an den Schöpfungsbericht der Bibel halten, aber das ist ein Kapitel für sich. Es sei hier ausgeklammert.

Ich erspare mir und dem geneigten Leser den weiten Weg von den Primaten bis zum Frühmenschen. „Primat“: das ist auch so ein Begriff, in dem die Überheblichkeit unserer Gattung steckt. Wann und wie der Übergang von affenähnlichen Vormenschen zu echten Menschen stattgefunden hat, ist weitgehend ungeklärt. Immer wieder verschieben neue Funde – zerschrammte Knochen, irgendwo ein Zahn – die Datierungen. Aber was fest steht: Die Evolution hat uns mit einer ganzen Reihe von Fähigkeiten ausgestattet, denen die Menschheit ihr bisheriges Überleben verdankt.

Da wären zum Beispiel die Sinne. Wahrnehmungen gibt es im ganzen Tierreich, vielleicht – in eingeschränkter Weise – sogar bei Pflanzen. Das simple Geißeltierchen Euglena kann seine Bewegungen am Lichteinfall orientieren und schwimmt immer in die Zonen, die hell sind. Ein Frosch reagiert auf bewegte Objekte. Sind sie klein, springt er auf sie zu. Es könnte sich ja um eine Fliege handeln! Sind sie groß, springt er weg, denn da könnte ein Storch kommen. Sinneswahrnehmungen haben also ihre nützliche Funktion und erleichtern das Überleben.

Aber sie müssen gedeutet werden. Irgendwo braucht jeder tierische Organismus eine Kontrollstelle, die von außen aufgenommene Signale auswertet und mit eigenen Reaktionen beantwortet. Ist der Organismus genügend weit entwickelt, sprechen wir vom Gehirn. Auch der Frosch hat eins, aber nur für ganz bestimmte Funktionen. Weiter entwickelte Lebewesen leisten sich den Luxus gleich mehrerer Gehirne, im Allgemeinen vier. Bleiben wir also beim Menschen.

Unsere Gehirne sind uns zugewachsen, wieder durch Evolution; nicht alle auf einmal, sondern stufenweise wie bei anderen Tieren auch. Da ist zunächst einmal der Hirnstamm. In ihm dürfen wir den ältesten Teil unserer Gehirnsubstanz sehen. Eigentlich ist er eine Art Verlängerung der Wirbelsäule, die nicht nur den Körper stützt, sondern die Stränge der Nervenleitungen zwischen Gehirn und Gliedmaßen birgt.

Aber im Hirnstamm steckt noch mehr. Als archaisches Steuerzentrum sorgt er für lebenswichtige Grundvorgänge im Organismus, für den Rhythmus der Atmung, für das Funktionieren des Kreislaufs, für die unbedingten Reflexe, mit denen der Körper auf Reize reagiert. Wenn es Sie in der Nase kitzelt und Sie niesen müssen, war Ihr Hirnstamm am Werk. Kein Wunder, dass schon einfache Wirbeltiere mit kräftig gebauten Hirnstämmen aufwarten können. Was so ein Stamm leistet, ist überlebenswichtig. Aber denken kann er nicht.

Genauso wenig wie das Kleinhirn. Es hat anderes zu tun, nämlich Bewegungsabläufe zu koordinieren. Wenn Sie gehen, laufen oder gar auf einem Bein balancieren, leistet es Schwerstarbeit. Dann muss es all die motorischen Programme abspulen, die in ihm stecken. Weil das eine Aufgabe ist, die schon von den frühesten Tieren gelöst wurde, ist auch das Kleinhirn uralt.

Im Zwischenhirn geht es ein wenig subtiler zu. Einerseits ist es eine Verbindungsstelle zwischen den Sinnesorganen und dem Großhirn – vor allem bei Säugern; andererseits aber stecken auch in ihm Programme, die den Lebensablauf steuern. Woher wissen Zugvögel, wann es Zeit ist, den Flug nach Süden anzutreten? Wann kommt ein Stichlingsweibchen in Stimmung, seine Eier abzulegen und von einem ebenfalls in Stimmung geratenen Männchen besamen zu lassen? Eine innere Uhr regiert diese Phasen, und sie tickt im Zwischenhirn. Es ist Bestandteil eines ganzen limbischen Systems, zu dem auch die Hypophyse gehört. Sie sorgt für Hormonausschüttungen, die dann mit Emotionen einhergehen, mit Gefühlen wie Angst oder Geborgenheit, Wut oder Lust, Aggressivität oder Stumpfheit. All das kommt nicht aus dem Bauch, sondern wird im Zwischenhirn erzeugt.

Warum regen sich Hunde auf, sobald der Postbote naht? Der Mann in Blau benimmt sich höchst verdächtig, tritt auf das Haus zu, wird aber von Herrchen vor der Tür abgefertigt. Also darf er nicht herein, passt in das Schema eines Feindes, den man auch nicht im Wohnzimmer haben will: Bellen und beißen sind angesagt! Im Zwischenhirn des Hundes lauert ein Verhaltensprogramm, das unerschütterlich reagiert, sobald der auslösende Reiz erfolgt. Warum kleben manche Leute Schablonen schwarzer Vögel an ihre Fensterscheiben? Weil das Räuberbild in den Zwischenhirnen unserer geliebten kleinen Sänger einen Fluchtinstinkt weckt, dem sogar ein Küken gehorcht, das noch nie einen Bussard oder Sperber gesehen hat. Programme für Flucht, Angriff, Werbung oder Abwehr sind angeboren, lassen sich nicht korrigieren und wirken, laut Konrad Lorenz, wie „unbelehrbare Lehrmeister".

Im Zwischenhirn steckt gleichsam ein „Weltbild", das arttypisch vorwegnimmt, was im Leben eine Rolle spielen kann. Es benötigt keine eigenen Erlebnisse, weil es sich auf die Erfahrungen der ganzen Art stützt. Sie sind fest gespeichert und sichern das Überleben so gut es eben geht. Sie verrammeln aber auch den Blick auf Neues.

Und wir Menschen? Unser Zwischenhirn können wir nicht abschalten; es ist uns Lust und Last zugleich. Warum geraten wir beim Anblick eines Babys, eines Kätzchens, eines Bambi-Rehs in Entzücken? Weil es unserem Kindchenschema entspricht: mit großen Kulleraugen in einem runden Kopf. Das Schema ist angeboren, und wenn es geweckt wird, löst es den Brutpflegeinstinkt aus. Zudem bilden sich im limbischen System wohltätige Hormone, Lustempfindungen kommen auf, der Reiz wird positiv bewertet, die Stimmung steigt. Schön und gut. Aber schlimm und schlecht, wenn ein Feindbild auftaucht. Unser Zwischenhirn reagiert nicht viel anders als beim Hund, der den Postboten ankläfft. Nur ist dann der Feind vielleicht ein Fremder, anders als wir selbst, ein Ausländer gar, der das Zwischenhirn in Wut bringt, der die Aggressionslust anstachelt, röhrendes Grunzen weckt und die Fäuste dazu bringt, sich zu ballen. Neonazis leben aus dem Zwischenhirn, und auch dieses Hirn kann nicht denken!

Gott sei Dank, dass da noch das Großhirn ist: stammesgeschichtlich der jüngste Teil der gesamten Hirnmasse, deshalb „Neokortex" genannt. Es wölbt sich in zwei Lappen über die älteren Partien, hüllt sie ein und umgibt sie mit all den Zentren, die letztlich für unsere Denkfähigkeit zuständig sind. Aber wir müssen für dieses Großhirn nicht Gott bemühen. Es ist ein Produkt der Evolution wie unser gesamter Organismus, auf natürliche Weise – wenngleich unter besonderen Bedingungen – entstanden und auch bei anderen Gattungen vorhanden. Sogar ein kleiner Frosch besitzt sein ihm gemäßes Großhirn. Was denkt er sich?

Das Großhirn ist nicht von den anderen Hirnen getrennt. Es spielt mit ihnen zusammen ein Konzert, in dem mal der eine, mal der andere Part die führende Stimme übernimmt. Aber während die anderen Gehirne nach festen Programmen musizieren, ist das Großhirn in der Lage, gelegentlich zu improvisieren. Dann wird es zum Solisten, der sich etwas einfallen lässt. Wir empfinden das als Freiheit.

Der Schriftsteller-Philosoph Arthur Koestler (1905–1983) hat das Zusammenwirken der Gehirnpartien nicht so positiv gesehen. Er fand, gelegentlich – vielleicht sogar prinzipiell – gerieten die verschiedenen Hirne aneinander, vor allem das archaische Zwischen- und das moderne Großhirn. Dann gäbe es Konflikte, und überhaupt sei der Mensch ein unausgeglichenes, paranoides Wesen.[11] Diktate aus dem Zwischenhirn blockieren die reine Vernunft.

Vermutlich liegt das daran, dass die geistige Entwicklung des Menschen nur im Schneckentempo erfolgte. Als mit dem Homo habilis vor etwa zwei

Millionen Jahren der Gebrauch von Werkzeugen aufkam, hat sich dieser Urahn damit begnügt, ein paar Stöcke oder Steine herzurichten, einige Faustkeile, aber das war es dann auch. Den Gebrauch des Feuers lernte er anderthalb Millionen Jahre später, immerhin, doch von einem rasanten Fortschritt in Sachen Technik kann man wirklich nicht reden.

Und trotzdem war das Großhirn bereits ausgewachsen, aufgebläht wie ein Krebsgeschwür. Wozu? Schon Darwin und sein Kollege A. R. Wallace hatten sich ängstlich gefragt, ob die Evolutionstheorie stimmen könne, wenn einem Lebewesen derart überflüssige Kräfte zuwachsen. Und der australische Hirnforscher John C. Eccles hakte nach:

„Wie kam es, dass sich mathematische Genies entwickelten, nur um in einem Dschungel zu überleben?“[12]

Vermutlich hat das menschliche Großhirn durchaus eine angemessene Funktion gehabt. Als unsere Ururahnen gezwungen wurden, die schützenden Urwälder zu verlassen und sich in Savannen umzutun, brauchten sie ein flexibles Großhirn, um auf neue Herausforderungen antworten zu können. Die Landschaft, in der sie ursprünglich zu Hause waren, hatte sich verändert. Im Gebiet des heutigen Kenia und Uganda war der afrikanische Graben aufgebrochen, tektonische Verschiebungen hatten ein Gebirge aufgetürmt, vor dem die von Westen kommenden Wolken abregneten, während im Osten der Urwald zurückging. Kein vorsorglicher Plan der Natur, sondern ein geologischer Zufall. Die Frühmenschen mussten sich nach neuen Nahrungsquellen umsehen, im Urwald hatten Früchte genügt. Sie mussten auf Jagd gehen, Fleisch heranschaffen, und dazu war das wachsende Großhirn nötig. Seitdem hat es sich nicht mehr wesentlich verändert. Ob es den Herausforderungen moderner Gesellschaftsformen, komplexer Technologien überhaupt noch gewachsen ist, lässt sich bezweifeln.

2. Lust und Unlust

Ziehen wir die Summe aus dem Bisherigen, so müssen wir folgern, dass auch die Fähigkeit etwas zu fühlen, sich mit der Evolution des Lebendigen entwickelt hat. Ein Stein fühlt nichts, eine Pflanze …? Da werden wir schon unsicher. Es gib Leute, die mit ihren Blumen reden und fest davon überzeugt sind, ein derart angesprochenes Gewächs fühle sich wohl und danke der Fürsorge durch üppige Blütenpracht. Nun ja.

Das Fremdpsychische

Gefühle setzen ein Nervensystem voraus, das die Pflanze nicht hat. Nervensysteme können sogar die Schaltzentrale eines Gehirns entwickeln. Das limbische System erwähnte ich schon. Aber wenn wir uns fragen, was ein Lurch fühlt, ein Frosch, eine Ameise, ein Fisch, ein Vogel, eine Kuh, die auf ihrer Weide wiederkäut, geraten wir ins Schleudern. Ist diese Kuh zufrieden? Freut sich der Hund, wenn Herrchen (oder Frauchen) zur Leine greift und es hinaus ins Freie geht? Tierliebhaber sind fest vom Seelenleben ihrer Hausgenossen überzeugt. Tatsächlich: Wenn Rex oder Nero oder Fiffi munter umherspringen, wild mit dem Schwanz wedeln, aufgeregt bellen, dann sieht es doch ganz so aus, als seien sie freudig erregt. Und die schnurrende Katze auf dem Sofa gibt alle Signale des Wohlbefindens von sich.

Aber wir sollten vorsichtig sein. Der amerikanische Philosoph Thomas Nagel hat einmal die schöne Frage gestellt: „Wie ist es, eine Fledermaus zu sein?“[13] Fledermäuse erleben ihre Welt ganz anders als wir Menschen. Sie orientieren sich mit Hilfe von Ultraschallsignalen, die sie ausstoßen und deren Echos sie empfangen. Ihr Gehirn wertet dann aus, ob irgendwo einem Hindernis auszuweichen oder eine fette Beute zu haschen ist. Aber: „Der Versuch ist nutzlos, sich vorzustellen, man habe Häute an seinen Armen, dank deren man in der Dämmerung umherfliegen und mit dem Mund Insekten schnappen könne; man habe nur eine sehr schwache Sehkraft und nehme die Umgebung mittels eines Systems reflektierter hochfrequenter Schallsignale wahr; und den Tag verbringe man, mit dem Kopf nach unten an den Füßen aufgehängt, auf einem Dachboden. Soweit ich mir das vorstellen kann (und sehr weit reicht die Vorstellung nicht), sagt es mir nur, wie es für *mich* wäre, wenn ich mich so benähme wie eine Fledermaus. Aber das ist nicht das, was ich wissen will. Wissen will ich, wie es für eine Fledermaus ist, eine Fledermaus zu sein. Wenn ich aber versuche, mir das vorzustellen, bin ich an die Inhalte meines eigenen Geistes gebunden, und diese Inhalte sind der Aufgabe nicht angemessen. Ich vermag die Aufgabe auch nicht dadurch zu lösen, dass ich mir vorstelle, wie ich Zusätze zu meiner vorhandenen Erfahrung mache, oder mir vorstelle, wie ich nach und nach Stücke von ihr wegnehme, oder mir irgendeine Kombination aus Zusätzen, Wegnahmen und Abänderungen vorstelle.“[14]

Auch wenn wir zugeben, dass die Gehirnfunktionen einer Fledermaus von der Evolution ähnlich gestaltet sein dürften wie die des Menschen – wir kommen alle aus demselben Stamm des Lebendigen –, muss man doch einräumen, dass so etwas wie Bewusstsein Voraussetzung für das Selbstempfinden ist, doch wie schaut es mit dem Bewusstsein von Fledermäusen aus? Sogar beim Pferd, beim Hund, beim Schimpansen können wir nicht in ihr Inneres blicken, nicht einmal bei unseren Mitmenschen. Ich kann nicht den Schmerz oder die Freude meines Nächsten empfinden, sie mir bestenfalls vorstellen, aber wer weiß schon, ob meine Vorstellungen stimmen? Am Ende ist sogar der Zugang zum eigenen, höchst persönlichen Erleben begrenzt. Weiß ich noch, wie ich mich vor einem Jahr, vor zehn Jahren, in meiner Kindheit oder als Baby gefühlt habe? Man wird sich selbst umso fremder, je tiefer man in die eigene Vergangenheit blickt.

Und wie steht es mit den Computern? Stellen wir uns einen durch raffinierte Chips gesteuerten Roboter vor, der sich wie ein Mensch benimmt. Sollen wir ihm ein Innenleben zusprechen, Empfindungen wie Lust und Liebe? Wenn er einen Schachweltmeister besiegt, fühlt er dann Triumph? Das sollten wir wohl der Science-Fiction überlassen, aber sind Sie ganz sicher, dass mit künstlicher Intelligenz keine künstlichen Emotionen einhergehen? Wie ist es, ein Computer zu sein?

Bauch, Herz und Seele

Wo sitzen die Gefühle? Der Volksmund meint, wenn jemand mächtig aufbegehre, habe er die entsprechende Wut im Bauch. Oder er trifft Entscheidungen nicht mit dem Verstand, sondern eben aus diesem Bauch heraus. Entstehen also Gefühle im Unterleib?

Sie scheinen seltsam im Organismus umherzuwandern, nomadenhaft. Für die Griechen zu Homers Zeiten war ihr vornehmlicher Sitz die *Brust*, und dort der *thymós*. Menelaos empört sich über seine schlappen Krieger: „Mächtig seufzte sein thymós.“[15] Das ist eine ganz körperliche Erregung, die Brust gerät in Wallung, hebt und senkt sich. Der *thymós* erscheint als leibliche Bewegung.

Später hat man dann das Herz zum Lieblingsplatz der Gefühle gemacht. „Geh aus, mein Herz, und suche Freud“, sang Paul Gerhardt (1607–1676). Und der junge Goethe rief:

> Herz, mein Herz, was soll das geben?
> Was bedränget dich so sehr?
> Welch ein fremdes, neues Leben!
> Ich erkenne dich nicht mehr …[16]

Das Herz erscheint da wie ein Gesprächspartner, den man fragen und anrufen kann. Später wurde daraus die Herz-Schmerz-Lyrik, machte aus dem Herzen eine Kitschfigur. Vorweggenommen hatten das die Herz-Jesu-Bilder blutseliger, süßer Frömmigkeit.

Dann wiederum wurde die Seele zum Medium der Gefühle und durfte sich sogar vom Leib trennen. Eichendorff (1788–1857) schwärmte in einer Mondnacht:

Und meine Seele spannte
Weit ihre Flügel aus,
Flog durch die stillen Lande,
Als flöge sie nach Haus.

Trotz alledem hatte schon der Pythagoreer Alkmaion aus Kroton (um 560–510 v. Chr.) erkannt, dass das Gehirn die eigentliche Basis für das Denken und Fühlen ist. Er war durch die Sektion von Tieren darauf gekommen und meinte, alle Sinnesreize würden über Kanäle zum Kopf geleitet. Später geriet seine Entdeckung wieder in Vergessenheit, aber inzwischen ist er bestens rehabilitiert. Bauch, Herz und Seele sind allenfalls lyrische Metaphern für etwas, das sich im neuronalen Netzwerk des Gehirns abspielt.

Was wird dann aus der Seele? Offenbar müssen wir lieb gewonnene Vorstellungen revidieren. Dem gesunden Menschenverstand scheint es, als seien Gefühle im Seelischen beheimatet. Diese Überzeugung hat eine lange Geschichte. Wenn die alten Griechen wissen wollten, wie sich jemand fühle, fragten sie: „*Tína psychén écheis*?" Wörtlich: „Was für eine Seele hast du?" Stimmung war eine „Ordnung der Seele" *(hä täs psychés diáthesis)*. Platon wollte die Seele ganz vom Körperlichen trennen und hielt sie für unsterblich; daran konnten die Christen anknüpfen. Aristoteles dagegen sah in der Seele „das Prinzip der Lebewesen" (die *arché tôn zôon*).[17] Solch ein Prinzip kann zwar nicht unsterblich sein, aber es ist etwas anderes als das nur Körperliche. Erst in der Neuzeit wurde die Trennung von Körper und Seele absolut gesetzt: durch Descartes, der gezeigt hatte, dass man an allem zweifeln könne, nur nicht am eigenen Ich: „Hieraus erkannte ich, dass ich eine Substanz war, deren ganze Natur oder Wesen nur im Denken besteht, und die zu ihrem Bestand weder eines Ortes noch einer körperlichen Sache bedarf; in der Weise, dass dieses Ich, d. h. die Seele, durch die ich das bin, was ich bin, vom Körper ganz verschieden und selbst leichter als dieser zu erkennen ist; ja selbst wenn dieser nicht wäre, würde die Seele nicht aufhören, das zu sein, was sie ist."[18]

Dieser Dualismus von Körper und Seele ist Allgemeingut geworden. Man kann sogar spekulieren, die Seele führe ein Eigenleben, lasse gelegentlich alles Leibliche hinter sich, um aufzusteigen in irgendwelche höheren Sphären. Das meinen zum Beispiel die Anthroposophen. Psychokulte sind Mode geworden, Psycho-Sekten sind „in". Da vagabundieren dann freie Seelen durch transzendente Welten und fühlen sich wohl.

Was nämlich zum Seelischen gehört, sind die Fähigkeiten zu Lust oder Unlust. Wie soll ein bloßer Körper sich freuen oder Leid erfahren können? Das vermag nur die Seele. Sie ist erfüllt von *passiones*, von Leidenschaften, manchmal sanft und milde, manchmal brausend und überschäumend. Ein Lieblingsthema im 17./18. Jahrhundert: Eifersucht, Habgier, Hass, Liebe und was dergleichen mehr ist. Lesen Sie die Komödien Molières!

La Rochefoucauld notierte:

„Der Mensch ist so elend, dass er unaufhörlich über seine Leidenschaften seufzt, obwohl er alles tut, um sie zu befriedigen. Er kann weder deren Gewalt ertragen noch die Gewalt, die er sich antun müsste, um sich von ihnen zu befreien; er ist ihrer überdrüssig und auch der Heilmittel gegen sie …"[19]

Am tollsten geht es zu, wo geliebt wird. Der Aufklärungsphilosoph Denis Diderot (1713–1784) wandte sich in einem Artikel seiner „Enzyklopädie" an den Leser:

„Sie, der Sie eine Seele haben, sagen Sie mir, gibt es eines unter den Dingen, die die Natur von allen Seiten unseren Wünschen anbietet, das unseres Strebens würdiger wäre, dessen Besitz und Genuss uns ebenso glücklich machen könnte wie derjenige des Wesens, das denkt und fühlt wie Sie, das dieselben Ideen hat, das dieselbe Glut, dieselbe Verzückung fühlt, das seine liebevollen und zartfühlenden Arme zu den Ihren trägt, das Sie umarmt, und dessen Liebkosungen das Leben eines Neugeborenen zur Folge haben wird, das gleich einem von Ihnen sein wird, das in seinen ersten Bewegungen Sie suchen wird, um Sie zu umarmen, das Sie an Ihrer Seite aufziehen, das Sie gemeinsam lieben werden, das Sie in Ihrem Alter beschützen, das Sie jederzeit achten wird und dessen glückliche Geburt das Band, welches Sie einte, schon verstärkt hat?"[20]

Schon Demokrit hatte sich über unsere Leidenschaften mokiert:

„Wenn die Menschen sich kratzen, haben sie ein Wohlgefühl, und es wird ihnen wie beim Liebesgenuss."[21]

Lust und Unlust sind also die Gefühle, die unser Leben beherrschen. Nicht einmal die Vernunft kann sich ihrer bemächtigen. Kant schrieb:

„Dasjenige Subjektive aber an einer Vorstellung, *was gar kein Erkenntnisstück werden kann*, ist die mit ihr verbundene *Lust* oder *Unlust*."[22]

Das limbische System

Nun schütten wir Essig in den Wein. Die Neurophysiologen haben herausgefunden: Gefühle entstehen in einem sehr alten Teil unseres Gehirns, meist wird er limbisches System genannt. Ich hatte das schon erwähnt, aber nun müssen wir näher darauf eingehen.

Als „limbisches System“ bezeichnet man eine Ansammlung komplizierter Nervenstrukturen in der Mitte des Gehirns, die den Hirnstamm wie ein Saum (lat. *limbus*) umgeben und vom Großhirn *(neokortex)* abgrenzen. Dieses System steht mit dem vegetativen und dem sensomotorischen Teil des Nervensystems in Verbindung, auch mit dem Großhirn, ist also nicht isoliert, sondern kann auf fast alle Körperfunktionen Einfluss nehmen. Das tut es außerhalb unseres Bewusstseins, wir merken nichts oder nur wenig davon. Außerdem steuern Hormone das Zusammenwirken der Systemteile. Sie regen die Neurozellen an oder hemmen sie. Und diese Zellen sind so vernetzt, dass ganze Regelkreise entstehen; das sind Schalteinheiten, bei denen ihr Ausgang so auf den Eingang zurückwirkt, dass sie sich gleichsam selbst steuern.

Gerade wegen seiner Vielseitigkeit ist es schwer, das limbische System genau abzugrenzen. Manche Fachleute haben Hemmungen, den Begriff überhaupt zu verwenden; im Lexikon „Nomina anatomica“ von 1989 wird er ausgelassen.

Trotzdem: Dass da im Zentrum unseres Gehirns eine entscheidende Schaltstelle für unser Lebensgefühl liegt, ist unbestritten.

Das limbische System ist nämlich zuständig für Gefühle und Emotionen. Wir sollten da ein wenig unterscheiden: Gefühle sind Regungen unseres Innenlebens, sozusagen auf uns selbst bezogen. Emotionen wirken nach außen, geben kund, was und wie wir fühlen. Freude wäre ein Gefühl, Lachen eine Emotion. Aber immer fängt alles im limbischen System an.

Wir lernen einen Menschen kennen, sehen ihn zum ersten Mal. Sofort regt sich eine Empfindung. Er ist uns sympathisch oder unsympathisch. Da brauchen wir gar nicht zu überlegen; das Gefühl stellt sich spontan ein und lässt sich nicht kontrollieren. Was ist geschehen? Von unseren Sinnen (Sehen, Hören, Riechen, Tasten) sind Meldungen ins limbische System gelangt, das ohne unser Zutun zu arbeiten beginnt. Eventuell ruft es Erinnerungen an ähnliche Menschentypen aus dem Gedächtnis ab und vergleicht. Vor allem: Es bewertet, und das ist entscheidend. Das System kann zustimmen oder ablehnen, ohne sich mit langen Bedenken aufzuhalten. Es bringt Lust oder Unlust hervor.

Vermutlich hat darin ein Überlebensvorteil gelegen. Das limbische System ist im Laufe der Evolution entstanden, bei den Säugetieren und vor allem bei den Primaten. Amöben, Würmer, Insekten, Reptilien konnten sich darauf verlassen, dass sie durch feste Reiz-Reaktions-Verknüpfungen vor Bedrohungen geschützt und auf Beute trainiert waren. Je weiter die Evolution ging, desto schwieriger wurden die Lebensverhältnisse. Wo das Großhirn zu denken beginnt, kann es lange dauern, ehe es zu einem Ergebnis kommt. Spontane Gefühle sind fixer; da greife zu, da laufe weg! Zumal bei Tieren, die in Gemeinschaften leben, ist schnelles Reagieren auf die Anderen, auf die Partner, wichtig. Das gilt auch für den Menschen. Das limbische System hat sinnvolle Wechselwirkungen mit einer komplexen Umwelt ermöglicht und sich dadurch bewährt. Sonst wären seine Besitzer nicht so verbreitet, sondern alsbald ausgestorben.

Zwei Instanzen, die man mit zum limbischen System rechnen kann, müssen wir besonders erwähnen: den Mandelkern (Amygdala) und den Hippokampus. Die Amygdala ist zuständig für die aktive Antwort des Gehirns auf Herausforderungen. Da wirkt irgendetwas bedrohlich, und wir bekommen Angst. Der Mandelkern hat blitzschnell reagiert, den Körper in Alarmzustand versetzt und für die Ausschüttung entsprechender Hormone gesorgt. Woher man das weiß? Menschen, deren Amygdala aus irgendeinem Grund zerstört ist, leben völlig angstfrei. Ein erstrebenswerter Zustand? Keineswegs. Ohne Angst würden wir in die schlimmsten Situationen bedenkenlos hineinrennen und vermutlich umkommen. Angstgefühle – so bedrückend sie sein mögen – helfen beim Überleben.

Der Hippokampus („Seepferdchen") ist dazu gut, Erinnerungen auf die Bedeutung aktueller Außenreize zu beziehen; er ist eine Art des emotionalen Gedächtnisses. Fällt er aus – etwa durch Verletzung oder einen zerstörenden Gehirntumor –, geht die Merkfähigkeit verloren, der Mensch büßt seine (räumliche und zeitliche) Orientierungsfähigkeit ein. Eine Katastrophe! Seien wir froh, dass wir dieses „Seepferdchen" haben.

Dabei sind die Areale des Mandelkerns und des Hippokampus eng miteinander verbunden; sie arbeiten in stiller Partnerschaft:

„Bewertungs- und Gedächtnissystem hängen untrennbar zusammen, denn Gedächtnis ist nicht ohne Bewertung möglich, und jede Bewertung geschieht aufgrund des Gedächtnisses, d.h. früherer Erfahrungen und Bewertungen."[23]

Wir können erweitern: Das gilt für das gesamte limbische System. Es ist für die gefühlsmäßige Bewertung aller Sinneserfahrungen zuständig, und in ihm entstehen unsere Stimmungen, positive wie negative. Wohlbefinden,

Unzufriedenheit, Angst, Sicherheitsgefühl, ja sogar ob wir glücklich oder unglücklich sind: Alles hat seinen Ursprung tief innen im Gehirn, im Wechselspiel seiner Nervennetzwerke und seiner Hormone. So spielt das Neuropeptid Oxytocin eine wesentliche Rolle für Lustgefühle, soziale Kontakte und sogar für die Liebe. Da sind zum Beispiel aus der Gruppe der Endorphine das Serotin und das Dopamin. Es handelt sich um so genannte Neurotransmitter, die an den Verbindungsstellen zwischen den einzelnen Nervenzellen im Gehirn wirksam sind; auch das Adrenalin gehört dazu. Ihre Ausschüttung wird durch den Mandelkern gesteuert; vor allem das Serotin hat sich einen Ruf als Glückshormon erworben. Gibt es im Körper zu wenig davon, treten depressive Zustände ein, die Lebensfreude sinkt. Aber man kann gegensteuern. Jogger kennen das: Wenn sie nur lange genug laufen, wird Serotin en masse produziert, als zwar nur kurzzeitig wirkendes Halluzinogen – es gehört zur Gruppe der Opiate –, aber es weckt Lustgefühle und bringt die Seele auf Hochtouren. Die Amygdala ist dann wie ein Belohnungszentrum. In dir kommt Freude auf, wenn du etwas geschafft hast!

Unser Gehirn arbeitet wie eine chemische Fabrik, seine Nervensysteme sind wie Transmissionsriemen zwischen unzähligen Aggregaten. Wahrnehmungen, Gefühle, Erinnerungen, Wünsche, Urteile verweben sich zu einem dichten Geflecht. Jeder Sinneseindruck schwimmt in Gefühlen, jedes Gefühl weckt Erinnerungen und jede Erinnerung ruft passende Reaktionen wach.

Sind wir nur Marionetten in diesem biologischen Menuett? Ist die Seele *nichts anderes als* ein elektrochemisches Feuerwerk? Manche sehen es so, zum Beispiel Bernulf Kanitscheider:

„Es deutet vieles darauf hin, dass die Handlungsspielräume und die Spannweite der Gefühle eines individuellen Menschen durch dessen aktuelle Hormonkonzentration begrenzt werden.“[24]

Wer hier zustimmt, setzt sich dem Verdacht aus, ein übler Materialist zu sein. Religiöser Glaube, ethische Maßstäbe, der freie Wille – alles das scheint sich in Dunst aufzulösen, als sei es nur eine Illusion. Wir sind nicht, was wir doch so gern sein wollen: souveräne Personen, die über sich selbst bestimmen. Ehe wir „Ich“ sagen können, hat unser Gehirn längst über uns entschieden. Und das tut es, weil es damit eine von der Evolution gestellte Aufgabe löst: die Chancen zum Überleben zu vergrößern. So mag ein naturwissenschaftlich eingestellter „Philosoph“ argumentieren.

Aber es gibt Gegenstimmen.

3. Die innere Welt

Stellen Sie sich vor, Sie könnten wie ein Besucher in Ihr Gehirn eintreten und schauen, was darin vor sich geht. Lauter Nervenzellen, zu fantastischen Netzwerken verbunden, und überall geistern Signale umher: elektrische, chemische Sendboten, die immer dann erscheinen, wenn das Gehirn aktiv ist. Schon Leibniz hatte sich ein ähnliches Szenario ausgedacht, allerdings „mechanistisch“:

„Nehmen wir einmal an, es gäbe eine Maschine, die so eingerichtet wäre, dass sie Gedanken, Empfindungen und Perzeptionen hervorbrächte, so würde man sich dieselbe gewiss dermaßen proportional vergrößert vorstellen können, dass man in sie hineinzutreten vermöchte wie in eine Mühle. Dies vorausgesetzt, wird man bei ihrer innerlichen Besichtigung nichts weiter finden als einzelne Stücke, die einander stoßen – und niemals etwas, woraus eine Perzeption zu erklären wäre.“[25]

„Perzeptionen“ können wir mit „Vorstellungen“ übersetzen. Und in der Tat: Keine Innenschau des Gehirns kann dessen Ideen, Vorstellungen oder Gedanken sichtbar machen. Höchstens lässt sich zeigen, wo und wann bestimmte Hirnregionen aktiv sind, wobei sie zwar nicht wie die Räder einer Mühle, sondern als neuronale Netze zusammenwirken. Doch wie kommt das zustande, was wir erleben, denken, fantasieren oder fühlen? Es erscheint weder im Räder- noch im Netzwerk, nicht einmal, wenn wir die Aktivitäten des Gehirns in einem modernen Kernspintomographen betrachten.

Ein Wechsel der Perspektive

Wir sehen zum Beispiel eine rote Rose, atmen ihren betäubenden Duft ein. Doch wo findet sich das Rot dieser Rose, wo ist das Dufterlebnis? Physiker werden uns erklären, die Farbe sei eigentlich gar nicht real. Von der Rose gehen Lichtwellen aus, elektromagnetische Schwingungen, die sich im Raum ausbreiten. Aber an ihnen ist nichts Rotes, und die Moleküle, die den Geruch der Rose übertragen, duften nicht.

Die Lichtwellen gelangen in unser Auge, reizen dort die Netzhaut. Genauer: Zellen dieser Netzhaut werden aktiviert und melden das ins Sehzentrum des Gehirns. Die Geruchsmoleküle gelangen in die Nase, und auch dort warten spezifische Sinneszellen, werden angeregt und senden Signale ins Riechzentrum. Was in den jeweiligen Nervenleitungen geschieht, ist ziemlich kompliziert und Sache der Neurophysiologie. Hier nur so viel: Es handelt sich um elektrochemische Impulse, die von Etappe zu Etappe durch die Leitungen wandern. Was besonders überrascht: Diese Impulse sind auf allen Nervenbahnen gleichartig. Immer dieselben elektrochemischen Vorgänge, so dass sich ein Signal von der Netzhaut in nichts von einem Signal aus den Sinneszellen der Nase unterscheidet. Ob wir etwas sehen, hören, tasten oder riechen, entscheidet sich erst am Ankunftsort, im jeweiligen Gehirnzentrum. Könnte man einen Reiz, der von der Netzhaut des Auges kommt, so umleiten, dass er im Geruchszentrum landet, hätten wir kein optisches, sondern eben ein Geruchserlebnis. Die Farbe der Rose, ihr Geruch, die Tastempfindung beim Anfassen eines Rosenblatts: Alles das bildet sich erst in den jeweils zuständigen Regionen des Gehirns. Was wir wahrnehmen, ist also ein Gehirnprodukt. In der Welt draußen, außerhalb des Gehirns, kommt es nicht vor.

Wenn wir etwas wahrnehmen, spielt sich das – mehr oder weniger deutlich – in unserem Bewusstsein ab. Auch dieses Bewusstsein wird durch Aktivitäten des Gehirns gebildet, aber davon merken wir nichts. Die bunte Welt der Farben, Gerüche, Töne, Tasterlebnisse ist eine Bewusstseinswelt. Ich sehe das Rot der Rose, spüre ihren Duft, fühle die spitzen Stacheln. Die Bewusstseinsforscher sprechen von „Qualia", manchmal auch von „mentalen Phänomenen". Niemand könnte zu einem anderen sagen: „Ich habe jetzt auf meiner Zunge, wie dir Vanille schmeckt." Und das heißt zugleich: Man kann über den Geschmack nicht streiten. Jeder hat seinen eigenen, und wer ohne Geschmackssinn geboren wurde, könnte auch aus den lebhaftesten Schilderungen nie entnehmen, wie Vanille schmeckt. Genauso wenig lässt sich einem Farbenblinden der Unterschied zwischen Rot und Grün klar machen.

Qualia können sogar erlebt werden, ohne dass ihnen etwas in der so genannten Außenwelt entspricht. Amputierte leiden manchmal an Phantomschmerzen: Ihnen tut ein Fuß weh, den sie gar nicht mehr haben. Und wer in ein grellgrünes Blitzlicht schaut, sieht hinterher ein rotes Nachbild. Was er da erlebt, unterscheidet sich zwar nicht von üblichen Rot-Wahrnehmungen, aber es war kein roter Gegenstand da.

Es gibt also eine Schnittstelle zwischen der physikalischen Realität draußen und den Erlebnissen, die wir in uns haben. Was erfolgt an dieser Schnittstelle? Sie ist der rätselhafte Umschlagsplatz zwischen dem, was ohne uns ist, wie es ist, und dem, was unser Wahrnehmen, Empfinden, Fühlen und Denken erfüllt. Wie funktioniert dieses Übersetzen aus der physischen Welt in die Welt des Erlebens? Schon im 19. Jahrhundert hatte der Physiologe Du Bois-Reymond verzweifelt gerufen: „Ignoramus – ignorabimus!" („Wir wissen es nicht, und wir werden es nie wissen!").

Das Bewusstsein ist nicht aus materiellen Bedingungen zu erklären. Der amerikanische Philosoph Robert van Gulick schreibt dazu:

„Es wird manchmal behauptet, dass wir nicht einmal wüssten, welche Form eine solche Erklärung annehmen könnte; wir sehen uns einfach auf eine kahle Wand starren, ohne eine wirkliche Idee zu haben, wie man eine Erklärung zuwege bringen könnte."[26]

Bewusstsein bleibt uns nah und fern zugleich.

Wenn wir aus dem, was außer uns ist – also aus der physikalischen Realität, zu der auch unser Gehirn gehört –, in die Innerlichkeit des Bewusstseins wechseln, brauchen wir eine andere Sichtweise. Es ist die Perspektive der ersten Person, die sich nie in andere Perspektiven auflösen lässt. Für die physische Welt draußen sind die Naturwissenschaften zuständig, für die innere Welt eine Wissenschaft von den Erscheinungen des Bewusstseins. Meist nennt man sie Phänomenologie.

Lebenswelt und Kultur

Eines können wir schon jetzt sagen: Wenn wir über das Glück reden wollen, kann das nur aus der Perspektive der ersten Person erfolgen. Das Glücklichsein spielt sich im Bewussten ab, und demnach muss eine Philosophie dieses Seins als Phänomenologie des Glücks auftreten. Wer sich am schwierigen Fremdwort stößt, möge von den Erscheinungsweisen des Glückes sprechen. Es ist natürlich wichtig, über die Vorgänge im limbischen System, im Mandelkern und im Hippokampus Bescheid zu wissen. Was dort geschieht, ist die physische Voraussetzung für seelische Vorgänge. Aber es wäre eine böse Verwechslung, wollte man reduktionistisch behaupten, Glücksgefühle seien nichts anderes als Hormonausschüttungen. Dann tut man so, als sei nur die Perspektive der dritten Person maßgebend – der Blick von außen auf ein physisches „Es".

Bewusstsein ist zunächst menschliches Bewusstsein. Dass es bereits im Tierreich auftreten kann, will ich gar nicht bestreiten. Die Verhaltensbiologen haben mit Recht darauf hingewiesen, wie ein Schimpanse sich ganz bewusst einen Stock heranholt, um die hochhängende Banane vom Baum zu schlagen – die berühmten Köhler'schen Affenversuche. Aber genau genommen geht es nicht um Bewusstsein überhaupt, sondern um Selbstbewusstsein. Fühlt der Schimpanse sich glücklich, weiß er von sich als einem Glücklichen, wenn er die Banane erwischt hat und genussvoll verspeist? Da möchte ich Zweifel anmelden. Wenn überhaupt, dann wäre das Selbstbewusstsein unseres Affen wohl bestenfalls rudimentär.

Auch Biologen betonen die Sonderstellung des Menschen im Tierreich. Mit dem aufrechten Gang mag angefangen haben, dass wir uns von unseren nächsten Verwandten entfernten, und nun ist es dahin gekommen, dass wir nicht einfach Naturwesen geblieben, sondern Kulturwesen geworden sind. Die Grenze ist nicht ganz scharf zu ziehen, es gibt ein Übergangsfeld. Wenn Schimpansenkinder von ihren Eltern lernen, wie man eine Nuss aufschlägt, und sich geradezu eine Tradition des Nüsseknackens entwickelt – bei den Bonobos in Zentralafrika –, dann ließe sich von einer Kulturleistung reden. Aber das ist Definitionssache. Arnold Gehlen, Vordenker moderner Anthropologie, hatte behauptet, gerade die Mängel in seiner Natur hätten den Menschen gezwungen, Kultur zu entwickeln. Sie sei ein Zeichen dafür, dass er nicht an seine vorgegebene Umwelt gebunden, sondern weltoffen ist. Offen für welche Welt? Für seine Lebenswelt.

Dieser Begriff stammt von Edmund Husserl (1859–1938). Er hatte die moderne philosophische Phänomenologie entwickelt, auf die wir hier nicht eingehen müssen, und sich in seinen späten Schriften auf eine Kritik der naturwissenschaftlichen Methode verlegt. Was Galilei, Descartes und all die anderen Ahnherrn der Neuzeit entwickelt hätten, sei ein theoretisches Konstrukt vermeintlicher Realität gewesen, eine idealisierte und mathematisierte Welt. Tatsächlich aber leben wir nicht in diesem Konstrukt, sondern in unserer alltäglichen Wirklichkeit:

„Jeder von uns hat seine eigenen Erfahrungsvorstellungen, aber in der normalen Gewissheit, dass jeder Anwesende dieselben Dinge erfährt und im … Gang seines Erfahrens dieselben ähnlichen Eigenschaften kennen lernen kann. Das betrifft also die alltägliche Gemeinwelt, in welcher unser normales praktisches Leben sich ganz abspielt.“[27]

Da ist dann die Rose zunächst einmal rot und strömt ihren süßen Duft aus, ehe jemand kommt und uns erklärt, hinter der Röte stünden elektromagnetische Schwingungen einer bestimmten Wellenlänge und der Duft werde durch eigentlich geruchlose Moleküle übertragen. Husserl wünschte sich also den „rechten Rückgang zur Naivität des Lebens“ und damit zum Alltäglichen.[28] Wenn wir dem folgen, dürfen wir – neben anderem – auch ganz einfach glücklich sein, ohne nach den Aktivitäten im limbischen System zu fragen.

Was Husserl nicht mehr ausführte: Die Lebenswelt ist nicht einfach naturgegeben, sondern wird durch Geschichte aufgebaut. Gerade weil der Mensch sich aus dem Spielraum der Natur entfernt und einen Sonderweg eingeschlagen hat, wurde er zum historisch handelnden Wesen. Er musste sich seine Welt aufbauen und von Generation zu Generation weitergeben: Es entstanden Riten, Bräuche, Sitten und eben Traditionen. In ihnen steckt, was wir „Kultur“ nennen. Die Natur hat keine Geschichte; sie folgt der Evolution. Geschichte geht vom handelnden Menschen aus. Wenn irgendwo die Erde bebt, mag das ein gewaltiges Naturereignis sein. Aber da handelt niemand. Es sei denn, Sie wollen den Gott Seismos für die Katastrophe verantwortlich machen. Geschichtliche Ereignisse haben eine andere Struktur.

In ihnen wirkt einzig und allein der Mensch, und deshalb kann man ihn – wenigstens grundsätzlich – zur Verantwortung ziehen. Auch das gehört zur Kultur.

Wer sich nur am biologisch-chemischen Geschehen orientiert, lässt den Faktor Kultur gern außer Acht. Ihm genügt das limbische System, der Rest interessiert nicht. Wäre er tatsächlich unwichtig, könnte man kaum verstehen, warum Menschen unter gleichen Voraussetzungen oft sehr verschieden reagieren. Der Philosoph Hans Lenk hat den Finger auf die entscheidende Rolle kulturell-geschichtlicher Prägung gelegt und geht dabei von einer Geschichte aus, die ein anderer Autor erzählt:

„Dieter Ulich (1985, 153f.) bringt hierzu ein schönes Beispiel. Er geht in Neapel über die Straße und sieht, dass ein älterer Mann, der keineswegs einen grausamen oder seltsamen Eindruck macht, einen ihm nicht gehorchenden Hund fürchterlich schlägt und tritt. Er findet das ›entsetzlich‹, aber kein Mensch unter den Umherstehenden regt sich auf, während am nächsten Tag die Bemühung einer Mutter, ihr weinendes Kind zu trösten, ungeheure Aufmerksamkeit bei den Umstehenden erregt. Es ist nun nach Ulich keineswegs das Urteil zu fällen, dass die Südländer, die Italiener, die Neapolitaner etwa, besonders wenig sensitiv seien, weil sie z.B. bei der Behandlung von Tieren nun nicht so einfühlsam und rücksichtsvoll reagieren wie bei der Behandlung von kleinen Kindern. Hier liegen offenbar kulturelle Unterschiede und kulturelle Besonderheiten, die in verschiedenen Gesellschaften durchaus unterschiedlich ausgeprägt sein können. (...) Aus solchen Beispielen lässt sich folgern: Es gibt offenbar gewisse Schwierigkeiten mit einer bloß ungeschichtlichen, nicht kulturell geprägten Theorie der Emotionen.“[29]

Wir können das auf eine Theorie des Glücklichseins übertragen. Sie muss damit rechnen, dass verschiedene Zeiten, verschiedene Regionen sehr weit voneinander entfernte Vorstellungen darüber entwickeln können, wann und wie jemand glücklich ist. Es wäre fürchterlich naiv, wollten wir unsere heutigen, von der westlichen Kultur geformten Ansichten einfach verallgemeinern und allen anderen Epochen oder Regionen überstülpen. So etwas kann nicht gut gehen. Schon den Begriff „Lebensqualität“ müssen wir differenzieren. Lebensqualität für uns ist nicht gleich Lebensqualität für alle anderen.

Jede Kultur hat ihre Traditionen, also ihre besonderen geschichtlichen Quellen und Formen der Lebensweise. Dadurch werden wir nicht nur bereichert, sondern auch entlastet. Wer in einer Kultur lebt, und das tun wir alle, muss nicht jederzeit neu entscheiden, was in bestimmten Situationen zu tun, das heißt angemessen ist. Kultur kann sogar das Leben verschönen; sie hat immer eine ästhetische Seite. Aber sie kann auch zur Last werden.

Beispiel: Homoerotik
Dass Menschen sich ineinander verlieben, sich sexuell angezogen fühlen und in ihrer Vereinigung höchstes Glück genießen, mag aus Naturgegebenheiten folgen. Die Evolution hat schon vor circa zwei Milliarden Jahren den Trick entdeckt, wie sich die Vielfalt des Lebendigen steigern lässt: durch geschlechtliche Vermehrung. Bis dahin hatte simple Zellteilung den Fortbestand des Lebendigen gesichert; mit der Mischung von Genen war aber ein neues Prinzip aufgekommen. Erbanlagen zweier verschiedener Individuen konnten verschmelzen und etwas Neues hervorbringen, ein Plus an Varianten.

Empfinden zwei sich begattende Weichtiere Lust bei ihrem Tun? Leider kann man sie nicht fragen. Dass aber bei „höheren" Tieren diese Lust sehr erheblich sein muss, lehrt die Beobachtung. Die Lust kann sogar zum Selbstzweck werden und sich von der Aufgabe, Nachkommen zu zeugen, gänzlich trennen. Ein sexuell erregter Rüde bespringt ohne Skrupel seinen Geschlechtsgenossen, auch wenn die Sache wenig Erfolg bringt. Oder er leckt genussvoll seinen Penis. Auch Affen sind wenig zimperlich, wenn sie der Kitzel ankommt. Die Behauptung, sexuelle Lust diene in der Natur einzig und allein der Fortpflanzung, ignoriert die Tatsachen.

Und beim Menschen? Da gibt es beides, Masturbation und Homoerotik, womit die Probleme beginnen. Nicht mit dem biblischen Onan. Der sollte das Weib seines verstorbenen Bruders zur Ehe nehmen, „damit er seinem Bruder Samen erwecke", das heißt: Kinder zeuge.

„Aber da Onan wusste, dass der Same nicht sein eigen sein sollte, wenn er einging zu seines Bruders Weib, ließ er's auf die Erde fallen und verderbte es, auf dass er seinem Bruder nicht Samen gäbe."[30]

Onan wird also fälschlicherweise der Onanie bezichtigt. Er hatte sich nicht selbst befriedigt, sondern nur die Erbfolge seines Bruders verhindern wollen. Aber gottgefällig war die Sache offenbar nicht, und so wurde das Masturbieren in biblischer Tradition zur Sünde erklärt. Noch vor gar nicht langer Zeit gab es Leute, die ihren Kindern einbläuten, wer Hand an sich lege, werde schwach, krank oder sogar blind. Welcher Aufschrei der Moralapostel, als

Gunnel Lindblom in Ingmar Bergmans Film „Das Schweigen" (1963) ihre Finger zwischen die Beine gleiten ließ!

Der alte Diogenes von Sinope (412–323 v.Chr.) lebte sehr viel unbefangener. Als er einst mitten auf dem Athener Markt onanierte, soll er gesagt haben: „Könnte man doch den Bauch auch ebenso reiben, um den Hunger loszuwerden."[31] Er war eben ein „Hundephilosoph", ein Zyniker.[32]

Für Homoerotik hatten die Griechen einiges übrig. Die Liebe zwischen Männern wurde nicht nur geduldet, sondern gelegentlich sogar hochstilisiert. Da waren zum Beispiel Achilleus und Patroklos; laut Homer engste Freunde auch ohne Erotik. Der Tragödiendichter Aischylos (um 525–456 v.Chr.) hat ihnen dann ein leidenschaftliches Liebesverhältnis angedichtet. In einem nur fragmentarisch überlieferten Werk lässt er Achill vor der Leiche des Patroklos rufen:

„Der Schenkel Bund, den heiligen, hast du nicht gescheut,
O du, undankbar für so viel Liebkosungen!"

Gleich danach:

„Ach! Und deiner Schenkel gottgefälliger Verkehr!"[33]

Also waren auch die Götter der Homoerotik nicht abgeneigt. *Zeus* raubte den jungen Ganymed und ließ sich von ihm in jeder Hinsicht bedienen. Zwei in Liebe verbundene Helden brachten es sogar zu politischem Ruhm: die Tyrannenmörder Aristogeiton und Hermodios.

Eine Doppelskulptur (um 477 v.Chr.) hat sie festgehalten. Der junge Hermodios stürmt mit erhobenem Schwert voran, der ältere Aristogeiton hält schützend den Arm vor seinen Geliebten.

Platon hat dann der Knabenliebe ein besonderes Denkmal gesetzt. In seinem Dialog vom Gastmahl (*Symposion*) lässt er einen gewissen Pausanias schwärmen:

„So ist bei uns die Sitte: Wenn jemand einem andern ergeben sein will, weil er glaubt, besser durch ihn zu werden, es sei in irgendeiner Einsicht oder in einem andern Teile der Tugend, dann ist ein solch freiwilliger Dienst weder schändlich noch zu tadeln. Man muss zwei Satzungen zusammenbringen, jene über die Knabenliebe (paiderasteía) und diese über die Philosophie und die Tugend, wenn es sich fügen soll, dass etwas Schönes entsteht, indem ein Liebling seinem Liebhaber gefällig wird. Denn wenn beide zusammentreffen, Liebhaber und Liebling, dass jeder seine Meinung hegt, jener die, dass er recht daran tue, dem Liebling, der ihm gefällig geworden, jeglichen Dienst zu erzeigen, dieser aber die, dass es recht sei, dem, der ihn weise und gut macht, was es auch immer sei zu erweisen, und dann jener auch wirklich vermag, zur Weisheit und Tugend behilflich zu sein, dieser aber begehrt, zur

Bildung und zu jeglicher Art der Weisheit Hilfe zu erlangen, – dann also, wenn diese beiden Satzungen in eins zusammenkommen, da allein trifft es auch zu, dass es schön ist für den Liebling, dem Liebhaber gefällig zu sein, sonst aber nirgends …“[34]

Sogar Sokrates soll seinem Freund und Schüler Alkibiades in heißer Liebe beigewohnt haben – „wie ein Vater oder älterer Bruder“ (Platon). Entscheidend, dass der Jüngere vom Älteren lernt, dass also Knabenliebe immer auch eine Form der *Paideia*, der Erziehung ist. Das hat diese Art der Liebe bei den Griechen geadelt und gesellschaftlich akzeptabel gemacht. Bei den Spartanern wurde sie geradezu ein Ideal.

Für griechische Damen sah es nicht viel anders aus. Die berühmte Dichterin Sappho (um 600 v. Chr.) hatte auf der Insel Lesbos eine ganze Schar junger Mädchen um sich – deshalb „lesbische Liebe“. Eigentlich ein Internat zu Bildungszwecken, aber zugleich eine Stätte stürmischer Erotik und wilder Eifersuchtsszenen. Da muss Sappho zusehen, wie ihre Geliebte sich plötzlich einem jungen Mann zuwendet:

> Kaum erschaut mein Blick dich, erstickt die Stimme
> Mir in der Kehle,
> Meine Zunge ist wie gelähmt, ein feines
> Feuer rieselt unter der Haut, es sehen
> Nichts mehr meine Augen, ein Brausen schwillt mir
> Schrill in den Ohren.
> Schweiß bedeckt mich, fröstelnd erbeben alle
> Glieder, ich bin fahler noch als ein Grashalm,
> Wenig fehlt, so gleiche ich einer, die dem
> Tode verfallen …[35]

Wenn so gewaltig die Erschütterung durch enttäuschte, wie groß muss dann das Glück durch erfüllte Liebe gewesen sein! Übrigens gehören die Gedichte der Sappho zu den frühesten Zeugnissen einer ganz subjektiven Empfindung. Da wird vom Ich geredet, wie es vorher – etwa bei Homer – überhaupt noch nicht möglich gewesen war.

Nun darf jedoch nicht der Eindruck entstehen, als habe man im alten Griechenland nur homoerotisch geliebt. Natürlich nicht. Es gab die eheliche Liebe; Aristoteles hat sie gerühmt, weil sie zum Weiterleben der Polis unbedingt nötig sei, und er sprach sich mit Nachdruck gegen die Päderastie aus. Auf jeden Fall aber: Den Griechen war klar, dass sich sexuelle Lust von der Fortpflanzung trennen lässt.

Dieser kleine Rückblick in die Antike mag zeigen, wie stark das Liebesglück von kulturellen Bedingungen abhängt. Jede Zeit hat ihre eigenen Vorstellungen von wahrer Liebe, ob da nun die Rittersleut des Mittelalters von „hoher Minne" schwärmten oder im Bürgertum das Eheglück vor allem der Vorsorge diente, reichliche Nachkommenschaft, Arbeitsteilung im Haushalt, Absicherung der Frauen. Erst die Romantik hat die heutigen Vorstellungen von erfülltem Liebesglück geprägt, wie denn Novalis sein „Söphchen" andichtete:

Du hast in mir den edeln Trieb erregt
Tief ins Gemüt der weiten Welt zu schauen;
Mit deiner Hand ergriff mich ein Vertrauen,
Das sicher mich durch alle Stürme trägt.

Mit Ahndungen hast du das Kind gepflegt,
Und zogst mit ihm durch fabelhafte Auen;
Hast, als das Urbild zartgesinnter Frauen,
Des Jünglings Herz zum höchsten Schwung bewegt.
Was fesselt mich an irdische Beschwerden?
Ist nicht mein Herz und Leben ewig Dein?
Und schirmt mich Deine Liebe nicht auf Erden?

Ich darf für Dich der edlen Kunst mich weihn,
Denn du, Geliebte, willst die Muse werden,
Und stiller Schutzgeist meiner Dichtung sein.[36]

Aber zurück zum Thema Homoerotik! Flächendeckend kam sie in Verruf, als das Christentum sich ausbreitete und Paulus gegen sie wetterte.[37] Seitdem galt sie als Unzucht, und nicht einmal die Aufklärung des 18. Jahrhunderts kam dagegen an. Wenn sich heute in einem Akt zweiter Aufklärung etwas ändert, hat das den wütenden Prostest der katholischen Kirche nur verstärkt. Sie steckt in ihrer Tradition und kann da nicht heraus. So hat im Juli 2003 die „Kongregation für die Glaubenslehre" in Rom (Nachfolgebehörde der Heiligen Inquisition, Leitung: Kardinal Ratzinger) eine Verlautbarung zur Homo-Ehe herausgebracht, die sich aber viel allgemeiner gegen die Homosexualität überhaupt richtet. Da heißt es dann, homosexuelle Handlungen verstießen gegen das „natürliche Sittengesetz" – ein Gesetz, das sich aus „allgemeiner Vernunft" ergebe und nicht einmal besonderer theologischer Gründe bedarf.[38] Die natürliche Ordnung der Welt hat vorgesehen, dass die menschliche Sexualität der Fortpflanzung diene; folglich können andere Praktiken nur sündig, also unmoralisch sein.

Der „Spiegel" schrieb dazu:

„Selbst nach den Regeln der Theologie schießt Ratzinger ein Eigentor. Gemäß katholischer Lehre ist der Mensch die Krone der Schöpfung Gottes. Auch dem Vatikan ist klar, dass Homosexualität eine Veranlagung ist – mithin von Gott geschaffen. Und wenn es dem Höchsten gefallen hat, einige Menschen so zu polen, die Kirche aber Homosexualität für etwas Widernatürliches hält – dann unterstellt sie ihrem Gott eine ziemliche Schlamperei. Und noch schlimmer: Dass der Chef Böses schafft, widerspricht katholischer Auffassung. Was also?"[39]

Lassen wir einmal den hämischen Ton dieser Zeilen. Auch ohne ihn bleibt, dass sich aus der Natur kein Sittengesetz folgern lässt. Die Natur ist, wie sie ist; da steckt kein Sollen darin. Meint man das trotzdem, erliegt man einem „naturalistischen Fehlschluss", wie schon David Hume (1711–1776) gezeigt hat.[40] Was sein soll oder nicht sein soll, ergibt sich aus anderen Quellen.

Da sind vor allem Sitten, Bräuche und Traditionen. Sie mögen zumeist guten Zwecken dienen, aber sie können eben auch belasten. Das hatte ich schon angemerkt, als ich vorhin von der Kultur sprach. Die Tradition der katholischen Kirche ist eine besondere Last geworden, und das bekommen Homosexuelle zu spüren. Man kann nun wütend protestieren und sagen: „Wenn die Theologie sich im Besonderen gegen die gleichgeschlechtliche Sexualität wendet, dann offenbart sie eben definitiv ihre Lustfeindlichkeit."[41]

So Bettina Dessau und Bernulf Kanitscheider in ihrem Buch über Lust und Freude. Was dann als Gegenposition kommt, ist aber auch nicht befriedigend. Da wird die ganze Tradition weggeräumt, bis nur noch die natürliche Lust als Weg zum Glücklichsein übrig bleibt, also der nackte Hedonismus. Erlaubt ist, was gefällt. Dass wir Menschen nicht nur Natur-, sondern außerdem Kulturwesen sind, bleibt außen vor. Aber es gibt nicht nur Lust als biologische Funktion – da könnten wir beim Belohnungszentrum im Gehirn bleiben –, sondern immer auch Lüste, die in kulturelle Begleittexte eingebettet sind. Und diese Lüste sind wohl die wichtigsten. Entsprechend schwimmen unsere Vorstellungen vom Glücklichsein im Strom kultureller Traditionen.

Beispiel: Der Weg ins Nirwana

Versuchen wir einen Sprung in den Fernen Osten. Er ist uns neuerdings näher gerückt – durch New Age und allerlei orientfreundliche Sektiererei. Da scheinen neue Glücksversprechen aufzudämmern; den Göttersspross Avatar und seine üppige Seligkeit hatte ich eingangs erwähnt. Aber was sich da einschmeichelt, bedarf doch besonderer Kontrolle, denn die „Wohltat der Vedas", so Schopenhauer, tut nicht jedermann gut.[42]

Zunächst: Glücklich zu werden, ist gar nicht das erste Ziel ostasiatischer Weisheit. Bleiben wir im Bannkreis Indiens.

Da gibt es die alte Literatur der „Veden“, die schon um 1500 v. Chr. begonnen haben mag. Ursprünglich beschäftigten sich diese Veden (Weisheitsbücher) mit allerlei mystischen Ritualen, aber in ihren Anhangswerken, den Upanishaden, finden sich auch allgemeine Lehren über das Sein und das Werden, über die Welt im Ganzen und ihr inneres Selbst.

Das braucht uns hier nicht zu interessieren. Wichtig ist nur, was zum Weg des Menschen gesagt wird, und dieser Weg ist steinig.

Dass die ganze Wirklichkeit nur eine Täuschung sei, ein riesig angelegter Schwindel, ist ein Gedanke, der sich wie ein roter Faden durch das indische Denken zieht. Nun kann man die Behauptung, alles sei Schein, mit der Nonchalance eines Skeptikers hinstreuen und ansonsten zur Tagesordnung übergehen. Man wird trotzdem frühstücken, seinen Beruf ausüben, die Zeitung lesen und eine Frau umarmen. Es bedarf schon einer besonderen Einstellung, wenn die Täuschungsidee nicht nur Gedankenspiel, sondern tiefe innere Wahrheit sein soll. Wir Europäer mit unserem geschärften Sinn für Tatsachen werden stets Mühe haben, in diese „Wahrheit“ hineinzufinden. Vielleicht wollen wir das gar nicht, und wenn wir es doch tun, wirkt das wie eine Flucht: Flucht vor harter Realität. Traumtanz.

In der indischen Lebenswelt liegen die Dinge anders. Das Bewusstsein, alles Wirkliche sei nur Schein, ist dort so tief verwurzelt, dass wir diese Tiefe kaum je begreifen werden. Selbst wenn wir uns einreden wollten, ihr in einem seelischen Kraftakt nahe zu kommen, müssen wir die Möglichkeit einkalkulieren, uns zu irren. Wie die Inder denken könnten wir nur, wenn wir Inder würden. Doch erstens ist das ausgeschlossen, und zweitens sind die Inder von heute längst nicht mehr so wie zu Zeiten der Veden. Als blumenselige Hippies einst an die Ufer des Ganges zogen, um dort ihr Heil zu finden, wurden sie als lästige Psycho-Touristen von den Einheimischen verprügelt. Auch wenn wir die alten Texte übersetzen und zu verstehen glauben, heißt das nicht, dass wir ihren Hintergrund, ihren Boden, erreicht haben.

Alles, was ist, wird vom Schleier der Maya umhüllt. Das Sanskritwort *mâyâ* kann vielerlei bedeuten. Etymologisch hängt es mit „Magie“ zusammen, und häufig üben die Dämonen *mâyâ* aus, als Zaubergewalt und -kunst. Aber das ist nur eine vorläufige Bedeutung. Dahinter steht die Grundüberzeugung, dass die sichtbare Welt wie ein Teppich gewebt ist. Was unter dem Teppich liegt, wird vom Gekräusel der Oberfläche nicht erreicht. Es bleibt, was es ist.

Aber was liegt darunter? Die Upanishaden kreisen um diese Frage wie Bienen um ihren Honig. Sie geben mancherlei Antworten, nennen es manchmal das Göttliche *(brahman)* und manchmal das Selbst *(âtman)*. Was tatsächlich gemeint ist, lässt sich kaum definieren. Aber es gibt Geschichten dazu, und eine möchte ich zitieren.

Ein Weisheitsschüler (Svetaketu) fragte seinen Guru, wie er sich das *brahman* vorstellen solle. Der Guru gibt ihm statt der Antwort einen Auftrag, jagt ihn auf einen Baum:

„Hol eine Frucht des Feigenbaumes!“

„Hier, Ehrwürdiger.“

„Zerteile sie!“

„Ich habe sie zerteilt, Ehrwürdiger.“

„Was siehst du darin?“

„Ganz winzige Körner, Ehrwürdiger.“

„Zerteile eines von ihnen, mein Lieber!“

„Ich habe es zerteilt, Ehrwürdiger.“

„Was siehst du darin?“

„Gar nichts, Ehrwürdiger.“

Und nun kommt die eigentliche Belehrung:

„Diese Feinheit, die du nicht wahrnimmst, mein Lieber, aus dieser Feinheit fürwahr ist der große Feigenbaum entstanden. Glaube, mein Lieber: was diese Feinheit ist, das ist das Selbst des Universums. Das ist die Wirklichkeit. Das ist das (individuelle) Selbst. Das bist du, Svetaketu.“[43]

Eine wunderbare Einsicht! Wo gar nichts mehr zu greifen ist, beginnt das wahre Selbst der Dinge. Im mikroskopischen Brei eines Feigenkerns verschmelzen Ich und Universum. Das ist die „große Formel“ vedischer Weisheit: „*Tat tvam asi!* – Das bist du!“

Man kann sich solche Zusammenhänge vielleicht rational klar machen, aber das bedeutet noch längst nicht, in sie eingedrungen zu sein. Indische Weisheiten lassen sich nicht von heute auf morgen verinnerlichen. Die Geschichte vom Feigenkern ist nicht einmal „Lehre“ in unserem Sinne. Sie wird mit kleinen Handlungsanweisungen verknüpft. Der Schüler muss etwas tun, und erst aus dem Tun erwächst die Einsicht. Theorie und Praxis gehören zusammen, und selbst dieser Zusammenhang bereitet nur den Einstieg in das vor, was unbedingt zu folgen hat: die ins Geheimnis des Selbst versinkende Meditation.

Und noch etwas. „*Tat tvam asi!*“ Das riecht nach Selbsterkenntnis. Am Tempelportal zu Delphi hatte der berühmte Spruch gestanden: „Erkenne dich selbst!“ Sokrates hatte ihn zitiert und gefordert, man müsse die eigenen Möglichkeiten und Grenzen zu begreifen suchen. Die vedische

Weisheit sieht anders aus. Sie kreist um das Rätsel des Selbst, ohne es zu lösen. Sie verzichtet sogar auf Lösungsversuche. Ihr geht es nicht um Erkenntnis, sondern um Erlösung: Lösung von den Täuschungen der *mâyâ*. Die Veden nennen den Zustand, den der wahrhaft Weise zu erreichen sucht, *moksha*. Und sie geben Hinweise, wie ein auf *moksha* zielendes Leben auszusehen hat.

Es ist in vier Phasen eingeteilt. Zunächst geht es um den jungen Menschen und seine Erziehung. Als Schüler ist er verpflichtet, die Lehren der Erzieher vorbehaltlos anzunehmen und sich in Disziplin zu üben. Kritisches Denken, Neugier und Wissensdrang stehen nicht im Programm. Gefordert wird gläubiges Vertrauen in die überlieferten Veda-Lehren, die zumeist auswendig gelernt werden mussten. – Der Erwachsene tritt nach Beendigung seiner Lehrzeit in das zweite Stadium ein, ergreift einen ihm angemessenen Beruf, gründet eine Familie und darf ein tätiges Leben führen, sogar Reichtümer erwerben. – Aber sobald seine Söhne erwachsen sind, muss er diesem Leben entsagen, Eremit werden und sich in den Wald zurückziehen. „Wald" ist nicht unbedingt die betreffende Naturkulisse, sondern in übertragenem Sinne gemeint: Einsamkeit, Meditation, asketische Prüfung. – Das vierte und letzte Stadium ist schließlich das Leben des Büßers, des *sannyasi*, der sogar auf die Annehmlichkeiten des Eremitendaseins verzichtet und – frei von allen Bindungen an die Sinnenwelt – sich über jedes Verlangen hinwegsetzt. Er hat nichts mehr und ist nichts mehr, und dabei hat er doch alles und ist er selbst geworden. Erst in den beiden letzten Lebensstadien ist *moksha* das verbindliche Ziel. Spielten sich die beiden ersten noch im „Dorf" ab, so führt der Weg schließlich in die völlige Entsagung. – „Moksha winkt nicht am Ende der Dorfstraße, sondern über den Sternen", so der Indologe Heinrich Zimmer.[44]

Ob ein Europäer je so hoch steigen kann, wage ich zu bezweifeln. Der Westen hat seine Sache auf anderes gestellt, und nur Phantasten können meinen, der Weg zu den Quellen des Ganges sei auch für uns gangbar. Vor allem dürfen wir nicht *moksha* (Erlösung) mit Glück verwechseln. Eine Lehre vom Glücklichsein oder vom Glücklichwerden, wie wir sie im Westen suchen, hat im indischen Denken keinen Boden.

Das zeigt sich auch im Buddhismus, der bei mystisch gestimmten „Morgenlandfahrern" (Hermann Hesse) Hochkonjunktur hat. Doch dieser Buddhismus ist keine Sache, die man einfach verpflanzen kann. Er hat seinen indischen Boden und ist auf dem Humus der Veden gewachsen.

Leidgeprüfte Europäer finden es faszinierend, wie freundliche Mönche in stillem Selbstgenügen ihren Frieden mit der Welt gemacht haben: ohne komplizierte Theorien, ohne eifernden Bekehrungsdrang. Hinter abgeschiedenen

Klostermauern seelische Einkehr zu halten, das wäre doch etwas! Buddhismus ist „in“.

Natürlich genügt es nicht, sich eine Buddhafigur auf den Kamin zu stellen. Da mag sie zwar im Lotussitz thronen und mit selbstverlorenem Lächeln die Hände über den feisten Bauch legen. Aber was es mit ihr auf sich hat, ergibt sich erst aus den Reden Buddhas an seine Jünger, und aus ihnen möchte ich wenigstens eine kleine Kostprobe geben.

Versetzen wir uns in die Zeit um 500 v. Chr. Ein schattiger Garten, irgendwo in Nordindien. Buddha hockt unter den weiten Zweigen eines Baumes; vor ihm, auf die Erde gelagert, eine Schar von Mönchen, die in stiller Ergebung ihrem Meister lauschen.

Die Rede klingt gleichmäßig, fast ein wenig schläfrig. Buddha ist bei seinem Lieblingsthema, dem Leiden in der Welt. Schwierig, vom Leiden zu reden, wenn man so schön im Schatten sitzt! Buddha weiß das, und so versucht er ein Bild:

„Es ist mühsam, aus großer Entfernung einen Pfeil nach dem anderen durch ein enges Schlüsselloch zu schießen. Es ist mühsamer, mit der Spitze eines hundertfach gespaltenen Haares ein ebenso oft gespaltenes Haar zu treffen und zu durchbohren. Es ist aber noch weit mühsamer, zu der Erkenntnis durchzudringen, dass alles Leben Leiden ist.“

Ob ihn die Mönche verstanden haben? Buddha muss nachhaken und seiner ersten Wahrheit eine zweite folgen lassen:

„Dies ist die Wahrheit von der Entstehung des Leidens: es ist der Durst, der zur Wiedergeburt führt, samt Freude und Begier: der Lüstedurst, der Werdedurst, der Vergänglichkeitsdurst.“

Kein Mönch zuckt mit der Wimper. Gleichgültigkeit oder Einverständnis? Buddha fährt fort:

„Fürwahr, ihr Mönche, dies ist die edle Wahrheit von dem Vergehen des Leidens: Jenes Vergehen durch das rastlose Aufheben der Leidenschaft; die Entsagung, das Verlassen, das Freiwerden, das sich Abwenden von dem Durst.“

Und mit einem Aufatmen fügt Buddha die vierte seiner „edlen Wahrheiten“ hinzu:

„Dies wahrlich, ihr Mönche, ist die edle Wahrheit vom Wege, der zur Vernichtung des Leids führt. Es ist der edle achtteilige Pfad, der da heißt: Rechte Anschauung, rechte Gesinnung, rechte Rede, rechte Tat, rechtes Leben, rechtes Streben, rechtes Überdenken, rechtes Sichversenken.“[45]

Die Mönche murmeln so etwas wie Beifall. Zufrieden lauschen sie einem Vogel, der im Baume zwitschert.

Ob Buddha wirklich alles so gesagt hat, wie es hier steht, wissen wir nicht. Wie Sokrates hat er nichts aufgeschrieben. Der Kanon seiner Reden wurde später verfasst, nicht im Sanskrit der Brahmanen, sondern in der Volkssprache Pali. Aber wir dürfen den Überlieferungen trauen. Die Lehre von den vier edlen Wahrheiten ist wohl echter Buddha-Text.

Alles Leben ist Leiden. Wie kam Buddha darauf? Einer Universalbehauptung kann man glauben oder nicht. Wenn es einem schlecht geht, so richtig schlecht, mag alles in trübem Licht erscheinen und die ganze Welt ein Jammertal sein. Aber dann gibt es wieder Lichtblicke – nicht gleich den Sechser im Lotto. Ein kleiner Seufzer der Erleichterung wird möglich, der berühmte Silberstreif erglänzt am Horizont.

Andererseits lässt sich von der eigenen Lage absehen; schließlich ist man nicht der Nabel der Welt. Unstreitig gibt es das: Hunger, Elend, Krankheiten, Kriege, Bestialitäten. Nein, der Mensch ist nicht gut, und die Natur ist brutal. Bestätigung liefert die Tagesschau. Und dann genügt ein ganz kleiner, feiner, kaum spürbarer innerer Ruck, und die große Wahrheit brandet auf: Das Dasein ist eine totale Katastrophe, leben ist leiden.

Nun haben Erleuchtungen über die persönliche Bedeutung hinaus wenig Wert. Sie mögen einen Menschen umkrempeln, aber das ist seine Privatsache. Beweisen tun sie nichts; sie können niemanden verpflichten, von ihrem Inhalt überzeugt zu sein. Buddha hat den Satz, alles Leben sei Leiden, zu einem Axiom gemacht; er ging eben davon aus. Wenn ihm Gleichgesinnte folgten, so war das auch ihre Privatsache, und nur die zu Buddhas Zeit in Indien herrschende Stimmung hat ihm seine große Anhängerzahl verschafft. Später ist diese Stimmung wieder verflogen; heute gibt es kaum noch indische Buddhisten, und die Lehre des Gautama vagabundiert durch Japan, die USA und unseren europäischen Kontinent. Manchmal wird behauptet, es handele sich um eine „Weltreligion", was nicht nur arg übertrieben ist, sondern ein grundsätzliches Missverständnis enthält. Buddha verkündete weder Götter noch göttliche Offenbarung, sondern versuchte, so etwas wie Lebensorientierung zu geben. Also Philosophie? Auch das stimmt nicht, denn obwohl in den Reden Buddhas kräftig argumentiert wird, sind sie doch aus anderem Holz geschnitzt als das, was wir im Westen unter Philosophie verstehen. Wenn es am Ende darum geht, alles Wollen und Streben, den „Durst", austrocknen zu lassen, um in den Zustand des *nirwâna* zu gelangen, dann hört auch das Fragen auf. Philosophie aber lebt vom Fragen. Für Buddha wäre sie schon wieder eine Art Durst, also ein Übel. Sie müsste sich selbst entbehrlich machen, und das wollen wir ihr nicht zumuten.

Wer das Nirwana erreichen will, möge es versuchen. Es ist kein Jenseits, weder Paradies noch Hölle; es ist – gar nichts. Die Nachfolgenden haben Buddha ob seiner Erleuchtung verehrt, ihm Tempel und Bilder errichtet. Gelegentlich wurde er im Lotussitz unter dem Bo-Baum dargestellt; gelegentlich aber haben die indischen Künstler seinen Stuhl unter dem Baum leer gelassen. Das sollte dann heißen: Nicht einmal auf den Buddha kommt es an, wenn jemand in den Nirwana-Zustand gelangt. Und weil das nicht ganz einfach zu verstehen ist, haben die späteren Buddhisten Theorien entwickelt, aus schlichten Reden ein System gemacht. Inzwischen gibt es nicht mehr den Buddhismus, sondern etliche buddhistische Richtungen, die oft weit auseinander laufen. Aber angesichts des Nirwana ist das wohl nicht weiter wichtig.

Vom Glück kann im Buddhismus nicht die Rede sein, jedenfalls nicht vom Glück, wie wir es im Westen verstehen. Ins Nirwana einzugehen, eröffnet keine *eudaimonía.* Buddha und die Seinen empfahlen als Erlösungsweg den völligen Verzicht auf alles Streben und Sich-Bemühen. Selbst der Versuch, den Zustand totaler Gleichgültigkeit zu erreichen, ist bereits von Interessen geleitet. All dem soll man abschwören. Ist das überhaupt möglich? Ich strebe danach, nach nichts zu streben! Da löst sich das Nirwana in Paradoxien auf, in einen Selbstwiderspruch. Tatsächlich haben Mâhâyana- und Zen-Buddhismus[46] dergleichen zum Grundmodell einer idealen Lebensform gemacht:

„Der Erleuchtete schifft sich in das Große Fahrzeug ein; aber da gibt es nichts, von wo er ausschifft. Er fährt ab von der Welt, aber in Wahrheit reist er nirgendwo ab. Sein Schiff ist mit allen Vollkommenheiten bemannt, und es ist von niemanden bemannt. Seine Stütze wird auf nichts beruhen, und er wird eine Stütze finden im Zustand des Allwissens, das ihm als Nicht-Stütze dienen wird. Ja, es ist sogar so, dass niemals einer mit dem Großen Fahrzeug ausgefahren ist; dass niemals einer mit ihm je ausfahren wird und dass keiner gegenwärtig auf ihm ausfährt. Und warum? Weil weder der Ausfahrende noch das Ziel, zu dem er ausfährt, gefunden werden kann; wer also sollte denn ausfahren und wohin?“[47]

Für einen normal ausgestatteten Mitteleuropäer dürfte so etwas kaum nachvollziehbar sein. Die totale Askese – und sogar die Askese von der Askese – ist unzumutbar.

Auch China bringt uns nicht weiter. Konfuzius (551–479 v. Chr.) hat zwar eine sehr humane Gesellschaftslehre entwickelt, aber da ist mehr von Pflichten als vom Glück die Rede. Es geht um den wohl geordneten Staat, um Eintracht und Ruhe, und im Taoismus des Laotse gar um die allgemeine Ordnung des Seins:

Wahrlich:
Groß ist der Weg, groß der Himmel,
Groß die Erde, groß der König!
Vier Große gibt es in den Grenzen des Alls.
Der Mensch ist einer von ihnen.

Der Mensch nimmt zum Gesetz die Erde;
Die Erde zum Gesetz den Himmel;
Der Himmel zum Gesetz den *Weg*;
Der *Weg* nimmt zum Gesetz das eigene Weben.[48]

Dieser Weg ist eben das „Tao", aber was das Tao selbst ist – darüber schweigt sich der Taoismus aus. Als Maßstab für ein glückliches Leben entzieht sich das Tao. Was soll man tun, um glücklich zu werden? Ein Taoist, der Dichter Chuang-Tzu (oder Dschuang-Dsi, um 369–286 v.Chr.), schrieb:

„Ich halte das Nicht-Handeln für wahres Glück, also gerade das, was die Welt für die größte Bitternis hält. Darum heißt es: Höchstes Glück ist Abwesenheit des Glücks, höchster Ruhm ist Abwesenheit des Ruhms. ... Höchstes Glück und Wahrung des Lebens ist nur durch Nicht-Handeln zu erhoffen."[49]

Jemandem, der in der altchinesischen Kultur lebt und webt, mag das etwas sagen. Aber uns? Wir können dem Bild vom Menschen als einem handelnden Wesen nicht einfach abschwören.

Trotzdem: Der Zauber des Fernen Ostens schlägt Besucher immer wieder in den Bann, selbst solche, denen man kritische Distanz zutrauen sollte. Zum Beispiel dem Physiker Carl Friedrich von Weizsäcker. Er bereiste Indien (1969), wurde vor das Grab eines bedeutenden Weisen geführt – und war hin!

„Als ich die Schuhe ausgezogen hatte und im Ashram vor das Grab des *Maharshi* trat, wusste ich im Blitz: ›Ja, das ist es.‹ Eigentlich waren schon alle Fragen beantwortet. Wir erhielten im freundlichen Kreis auf grünen großen Blättern ein wohlschmeckendes Mittagessen. Danach saß ich neben dem Grab auf dem Steinboden. Das Wissen war da, und in einer halben Stunde war alles geschehen. Ich nahm die Umwelt noch wahr, den harten Sitz, die surrenden Moskitos, das Licht auf den Steinen. Aber im Flug waren die Schichten, die Zwiebelschalen durchstoßen, die durch Worte nur anzudeuten sind: ›Du‹ – ›Ich‹ – ›Ja‹. Tränen der Seligkeit. Seligkeit ohne Tränen."[50]

Bei allem Respekt: Dieses private Glückserlebnis wirkt so unmotiviert, dass es einem Außenstehenden nur Kopfschütteln abnötigen kann. Für den Autor war es völlig real, aber nachvollziehbar ist es kaum. Das „Mysterium tremendum" ist nicht übertragbar.

Carl Friedrich v. Weizsäcker erzählt die Geschichte von seinem Indienbesuch in einem Buch mit dem schönen Titel „Der Garten des Menschlichen". Solch einen Garten hätten wir gern. Aber halt! Da gibt es doch die wunderschönen japanischen Anlagen, bestimmt übertreffen sie Epikurs *Képos*. In ihnen lässt es sich hübsch an plätschernden Brunnen und auf geschwungenen Brücken, unter malerischen Torbögen meditieren! Im Teich maulen die Koi-Karpfen, Kirschblüten leuchten. Manche Europäer und Amerikaner haben in solchen Idyllen ihr Glück gesucht und gemeint, mit allem in Einklang zu sein. Natürlich mit der Natur.

Aber sie haben dann keinen Zen-Garten gesehen. Seine Kunst besteht im Weglassen, am konsequentesten dann, wenn gar kein Grünzeug mehr wächst, kein Wässerchen sprudelt, sondern nur noch eine täglich geharkte Kiesfläche sagt: Das Nichts ist Alles! Wer sein Glück in der Naturidylle sucht, wird es nicht finden. Der leere Garten ist der vollste.

Ein Experte für den Buddhismus des Fernen Ostens, der Karlsruher Professor Gregor Paul, ruft ins Gedächtnis:

„Die Floskel von der in Japan – womöglich seit jeher – feststellbaren Einheit von Natur und Mensch trifft weder die historische Wirklichkeit noch normatives Denken. Stets galten im sinojapanischen Raum Kulturheroen und Ingenieure – Brückenbauer wie buddhistische Gelehrte der Nara-Zeit – als Vorbilder. Der nackte, natürliche Mensch war dem Heian-zeitlichen Hof ein Gräuel. Frauen verschwanden unter mehrschichtigen, langen Gewändern, dicker Schminke und Parfüm. Japanische Gärten verraten das Interesse an einer Zivilisierung der Natur. Im gegebenen Zusammenhang relevanter ist jedoch, dass auch die Norm von der Einheit von Natur und Mensch – wiewohl keine Identitätsbehauptung – Inhumanität begünstigen kann. Es war und ist nämlich die Erkenntnis, dass der Mensch in gewisser Hinsicht von der Natur unabhängig und deshalb eigener Herr seines Schicksals ist, die Angst vor den Strafen undurchsichtiger Mächte beseitigte und zum eigenen Gestalten motivierte."[51]

Es bleibt also dabei: Was wir als Glücklichsein verstehen, hat in fremden Kulturen kaum ein völlig passendes, entsprechendes Gegenstück. Man muss nicht gleich vom „Kampf der Kulturen" sprechen, denn dann ist zumeist die islamische Welt gemeint. Aber wir sollten doch festhalten, dass nicht alle so denken wie wir.

4. Der westliche Mensch

Die großen philosophischen Systeme Chinas waren in wild bewegten Zeiten entstanden. Im Jahr 771 v. Chr. brach die alte Zhou-Dynastie zusammen; es begann die „Periode der streitenden Reiche", die bis ins 3. Jahrhundert v. Chr. andauerte. Alles geriet durcheinander: „Die Regeln, Vorschriften und Riten der Zhou-Zeit wurden vollständig außer Kraft gesetzt, die Moralität ignoriert. Der Untertan tötete seinen Fürsten, der Sohn tötete seinen Vater. Um den eigenen Zweck zu erreichen, scheuten die Fürsten kein Mittel. Mit einem Wort: Diese neue Zeit zeichnet sich dadurch aus, dass überall Chaos herrschte."[52]

Konfuzius, Laotse und die anderen Großen chinesischer Weisheitslehren kamen gerade recht. Sie blickten zurück und sahen goldene Zeiten, in denen die Welt noch in Ordnung gewesen war. Dieser Ordnung galt all ihr Sinnen und Trachten: „Ich schaffe nicht neu, ich überliefere, ich glaube an das Altertum und liebe es", so Konfuzius.[53]

Sicherung der Tradition – und daraus entstand etwas Bleibendes. Wie die große Mauer das Reich der Mitte vor seinen äußeren Feinden schützen sollte, umgaben die großen Denker ihr geistiges Erbe mit einem Wall von Weisheiten, die seitdem unverändert die Kultur Chinas prägten. Erst mit Mao wurde das anders.

Als Leibniz von diesem „klassischen" China hörte, notierte er überrascht, das sei ja ein „Anti-Europa". Alles dort im Fernen Osten schien genau spiegelverkehrt zu den abendländischen Gepflogenheiten zu sein. Unsere Trauerfarbe ist schwarz; die chinesische weiß. Wir setzen den zu ehrenden Gast auf den Stuhl rechts neben uns; die Chinesen machen den linken Platz frei. Das mag man für kleine Absonderlichkeiten halten, aber hinter ihnen steckt ein tiefer Unterschied in den Grundstimmungen beider Kulturen. Auch wenn heute vieles anders geworden ist: Abendland und Morgenland – China hier nur als Beispiel – sind immer noch Antipoden.

Am deutlichsten wird das beim Vergleich der Sprachen, aber dem können wir hier nicht nachgehen. Ein anderer Hinweis mag genügen. Das östliche Denken hat nie ein besonderes Verhältnis zum Geschichtlichen entwickelt. Die Zeit scheint auf der Stelle zu treten. Im Abendland aber ist die Geschichte Schau- und Richtplatz des Lebens geworden. Wir können ihr nicht entgehen.

Zeitwenden

Für die Antike hatte es das Lebensideal der *kalokagathía* gegeben: die „Schöngutheit". In ihr gipfelte alles Streben des Menschen. Fahren Sie nach Delphi, sehen Sie sich im dortigen Museum das Standbild des Wagenlenkers an! In seinem Antlitz, in seiner Haltung ist alles versammelt: die Besonnenheit, die Selbstbeherrschung, die Gelassenheit, die innere Ruhe, der sittliche Ernst; und vor allem, er ist schön. So müsste man sein! Die Antike hatte ihr festes Bild vom Menschen.

Dann kam der Umbruch. Zeit der Völkerwanderung, Verunsicherung, die Welt geriet aus den Fugen.

Augustinus sah auf einmal das ganz Andere: Der Mensch ist angefochten, ausgesetzt aller Not, ein Wesen, das nicht einmal sich selber trauen kann.

„Im Unglück ersehne ich das Glück, im Glück bin ich vor Unglück in Furcht. Wo ist dazwischen die goldene Mitte, wo das Menschenleben nicht Versuchung (temptatio) wäre? Weh dem Glück dieser Welt! Weh und aber Wehe, weil diese Furcht ist vor dem Unglück und weil Verderben (corruptio) lauert in der Freude. Weh dem Unglück dieser Welt, zweimal, dreimal Wehe, weil dieses Sehnen ist nach Glück und weil das Unglück hart zu tragen und die Kraft so bald zerbricht. ›Ist des Menschen Leben auf der Erde nicht Versuchung‹ ohne Unterlass?"[54]

Der Mensch ist im tiefsten Wesen korrupt, seiner selbst nicht mächtig, und nur die Hoffnung auf Gottes Gnade kann ihn trösten.

Das Mittelalter hat versucht, dem Menschen durch großartige Glaubenssysteme Rückendeckung zu geben – die „Summen" der Hochscholastik. Aber als die Neuzeit begann, begannen auch die Religionskriege, ebenfalls eine „Periode der streitenden Reiche", und Andreas Gryphius (1616–1664) schrieb verzweifelt vom „menschlichen Elende":

> Was sind wir Menschen doch? Ein Wohnhauß grimmer Schmertzen
> Ein Ball des falschen Glücks / Ein Irrlicht dieser Zeit.
> Ein Schauplatz herber Angst / besetzt mit scharffem Leid /
> Ein bald verschmeltzter Schnee und abgebrannte Kertzen.
> Diß Leben fleucht davon wie ein Geschwätz und Schertzen.
> Die vor uns abgelegt des schwachen Leibes Kleid
> Und in das Todten-Buch der großen Sterblichkeit
> Längst eingeschrieben sind / sind uns aus Sinn und Hertzen.
> Gleich wie ein eitel Traum leicht aus der Acht hinfällt /
> Und wie ein Strom verscheußt / den keine Macht aufhält:

So muß auch unser Nahm / lob / Ehr und Ruhm verschwinden /
Was itzund Athem holt / muß mit der Lufft entfliehn /
Was nach uns kommen wird / wird uns ins Grab nachziehn.
Was sag ich? wir vergehn wie Rauch von starcken Winden.[55]

Das vor dem Hintergrund des Dreißigjährigen Krieges. Trotz der allenthalben mahnenden Todesbilder, der vom Hochaltar höhnisch herabgrinsenden Skelette mit ihren geschwungenen Sensen: Die Zeit war schizophren genug, um das kurze Leben in Saus und Braus zu genießen. Selten hat es in Europa einen derart unverbrämten Hedonismus gegeben wie im Barock. Nur zur Erinnerung ein paar Sätze aus dem „Simplicissimus" des Grimmelshausen, eine Bankettszene mit ihren Lüstlingen:

„Ich sah ja, dass diese Gäste die Trachten fraßen wie die Säue, darauf soffen wie die Kühe, sich dabei stellten wie die Esel und endlich kotzten wie die Gerberhunde. Den edlen Hochheimer, Bacheracher und Klingenberger gossen sie mit kübelmäßigen Gläsern in Magen hinunter, welche ihre Wirkungen gleich oben im Kopf verspüren ließen …"[56]

Ist der Mensch ein Vieh und nur glücklich im tierischen Genuss? Oder steckt doch ein Fünkchen Vernunft in ihm, seine Begierden zu zügeln? Die kartesianische Formel vom *animal rationale* – dem vernunftbegabten Lebewesen – schien beides zu enthalten: oben hui und unten pfui. Aber so griffig sie ist, so wenig sagt sie aus.

Rettung durch Vernunft oder Rückkehr zur Natur? Das war eine Grundfrage im 18. Jahrhundert. Französischer Park oder englischer Garten? Rousseau (1712–1778) hatte sich für die Natur entschieden, und seinen Zeitgenossen rief er zu:

„O Mensch, suche dein wahres Glück in dir selbst, und du wirst dich nicht mehr elend fühlen! Halte an dem Platz aus, den dir die Natur in der Kette anweist, dann wird nichts dich aus demselben zu entfernen vermögen."[57]

Dahinter steckte zweierlei: erstens das Bild vom „edlen Wilden", das damals durch Europas gebildete Zirkel geisterte, und zweitens Empörung über die Fesseln der Gesellschaft. Chamfort, zwar ähnlich wie Rousseau gesonnen, ließ aber Skepsis einfließen:

„Das Elend des Menschen liegt darin, dass er in der Gesellschaft Trost suchen muss gegen die Leiden, die die Natur ihm zufügt, und in der Natur Trost gegen die Leiden der Gesellschaft. Wie viele haben weder hier noch dort eine Erleichterung ihrer Schmerzen gefunden!"[58]

Patentrezepte gegen die Leiden des Menschen und für den Weg zum Glücklichsein hat auch die Aufklärung nicht gefunden.

Kant vermerkte über den Menschen: „Wie kann man aber erwarten, dass aus so krummen Holze etwas völlig Gerades gezimmert werde?“[59]

Vielleicht war Kant zu pessimistisch. Mag ja sein, dass die Natur des Menschen nicht darauf angelegt ist, ihm sein Glück in den Schoß fallen zu lassen. Aber gerade weil sie ihn, wie Herder einst sagte, „stiefmütterlich“ behandelt hatte, war er als Handelnder aus ihr hervorgegangen:

„Wenn der Mensch Vorstellungskräfte hat, die nicht auf den Bau einer Honigzelle und eines Spinngewebes bezirkt sind und also auch den Kunstfähigkeiten der Tiere in diesem Kreis nachstehen, so bekommen sie eben damit weitere Aussicht. Er hat kein einziges Werk, bei dem er nicht auch unverbesserlich handle; aber er hat freien Raum, sich an vielem zu üben, mithin sich immer zu verbessern. Jeder Gedanke ist nicht ein unmittelbares Werk der Natur, aber eben damit kann's sein eigen Werk werden.“[60]

Das ist ein zentraler Punkt. Die europäische Neuzeit hat sich auf die unerschöpfliche Aktivität des Menschen versteift. Er war zum Entdecker und Erfinder geworden. Francis Bacons nie vollendetes Hauptwerk, die „Magna instauratio imperii humani in naturam“ („Die große Erneuerung der menschlichen Herrschaft über die Natur“) war mit einem Titelblatt geschmückt, das ein Segelschiff darstellt. Es steuert zwischen den Säulen des Herkules hinaus auf den weiten Ozean, überwindet also alle Grenzen, die dem alten Kosmos gesetzt waren. Leonardo da Vinci (1452–1519) konstruierte die abenteuerlichsten Maschinen, um neue Welten zu schaffen: „Unser Leib ist dem Himmel unterworfen und der Himmel unterworfen dem Geiste.“[61] Schließlich entdeckte René Descartes im Ich den sicheren Punkt, von dem alles Denken ausgehen müsse.

Dieser abendländische Aktivismus ist dem Fernen Osten stets fremd geblieben. Wozu Neues schaffen? Dschuang-Dsi (oder Tschuang-Tse) mokierte sich über die Weltverbesserer, die es wohl auch in China gegeben haben mag:

„Ich weiß nur, dass man die Welt leben und gedeihen lassen soll, aber ich weiß nichts davon, dass man die Welt erst noch in Ordnung bringen müsse.“[62]

Einen Johann Gottlieb Fichte (1762–1814) hätte Dschuang-Dsi für komplett verrückt halten müssen. Denn dieses philosophische „Kraftgenie“ trieb den Aktivismus in seiner „Wissenschaftslehre“ auf die Spitze. Alles, was ist, ist nur von Gnaden des Ich. Und woher kommt dieses Ich? Aus sich selbst! Es „setzt“ sich:

„Also das Setzen des Ich durch sich selbst ist die reine Thätigkeit desselben. – Das Ich setzt sich selbst, und es ist, vermöge dieses blossen Setzens durch sich selbst; und umgekehrt: das Ich ist, und es setzt sein Seyn, vermöge seines blossen Seyns. – Es ist zugleich das Handelnde, und das Product der Handlung; das Thätige, und das, was durch die Thätigkeit hervorgebracht wird; Handlung und That sind Eins und ebendasselbe; und daher ist das: Ich bin, Ausdruck einer Thathandlung; aber auch der einzig-möglichen, wie sich aus der ganzen Wissenschaftslehre ergeben muss."[63]

Das klingt kurios. Descartes hatte das Ich als eine feste Instanz gedacht, die einfach da ist. Fichte löste es in eine „Thathandlung" auf, eine spontane Aktion vor allem Selbstbewusstsein. Wenn ich etwas von mir weiß kommt das immer erst, nachdem ich mich schon „gesetzt" habe. Wer „Ich" sagt, ist ein Selfmademan. Und das sich selbst produzierende Ich hört nicht auf, aktiv zu sein. Es modelt die ganze Welt nach seinem Bilde, ist unablässig kreativ:

„Das Einige, woran mir gelegen seyn kann, ist der Fortgang der Vernunft und Sittlichkeit im Reiche der vernünftigen Wesen; und zwar lediglich um sein selbst, um des Fortganges willen. Ob ich das Werkzeug dazu bin, oder ein anderer; ob es Meine That ist, die da gelingt, oder gehindert wird, oder, ob die eines anderen, gilt mir ganz gleich. Ich betrachte mich überall nur als eins der Werkzeuge des Vernunftzweckes, und achte und liebe mich, und nehme Antheil an mir nur als solches, und wünsche das Gelingen meiner That nur, inwiefern sie auf diesen Zweck gilt. Ich betrachte daher alle Weltbegebenheiten ganz auf die gleiche Weise nur in Rücksicht auf diesen einigen Zweck; ob sie nun von mir ausgehen, oder von anderen, unmittelbar auf mich sich beziehen, oder auf andere."[64]

Dass Fichte in seinem Spätwerk versucht hat, unter dem Ich noch zum tieferen Grund eines setzenden Gottes vorzustoßen, braucht uns hier nicht zu kümmern. Entscheidend ist der unermüdliche Tatendrang, der Fichtes Denken vorantrieb und die neuzeitlich-abendländische Grundhaltung auf ihren letzten, deutlichsten Punkt brachte.

Zwar hat Fichte keine Philosophie des Glückes entworfen – sie war ihm ziemlich gleichgültig. Aber wenn wir seinen Gedanken von der unbedingten Produktivität des Ichs auf das Thema Glück anwenden wollen, so kommt der berühmte Spruch heraus:

„Jeder ist seines Glückes Schmied!"

In ihm steckt das ganze Selbstvertrauen, das die Neuzeit durchzieht – ihren Individualismus, ihre Lust am Schaffen, ihre Erfolgsseligkeit. Ob immer zu ihrem Heil und Besten, steht auf einem anderen Blatte.

Die Gesellschaft

Natürlich ist niemand ein Ich allein für sich. Da sind noch die anderen „Ichs", manchmal erfreulich, manchmal nicht auszustehen. Wir leben in Gesellschaften, und dass der Mensch ein *zóon politikón* ist, wusste schon Aristoteles. Aber erst für die Neuzeit stellte sich die Aufgabe, das allgemeine Glück zu organisieren.

Wie kann das geschehen? Wenn der Mensch als Naturwesen bloß darauf angelegt ist, sein eigenes Wohlergehen zu suchen, hilft nur eins: Man muss ihn erziehen. Die Pädagogik wurde im 18. Jahrhundert zur Spielwiese all derer, die zu wissen meinten, was ein ordentlicher Mensch sei, und die glaubten, auch all jene Mittel in der Hand zu haben, andere zu ihren Idealen hinzuleiten. Mittel in der Hand – zum Beispiel den Stock. Preußen wurde durch ihn berühmt, und Kant sagte, worauf es bei der Erziehung ankommt: auf „Zucht und Unterweisung".

„Disziplin oder Zucht ändert die Tierheit in die Menschheit um."[65]

Nun hat Erziehung nur dann einen Sinn, wenn sie das Leben der Menschen verbessern kann. Bezeichnend, dass im 18. Jahrhundert ein Motto aufkam, von dem bis heute alle elterlichen Mühen zehren: „Unsere Kinder sollen es einmal besser haben als wir!" So etwas setzt eine Gesellschaftsordnung mit offenen Grenzen voraus. Wenn Standesschranken, Handwerksordnungen, Zünfte und dergleichen Sicherungssysteme das Vorankommen des Einzelnen fast unmöglich machen, ist gesellschaftlicher Fortschritt eine Illusion.

Das wurde in Zeiten der Aufklärung anders. Das Lernen entpuppte sich als breiter Weg in eine bessere Zukunft und konnte eben darum Glücksgefühle besonderer Art wecken. Fast schon vergessen ist der Roman von Karl Philipp Moritz (1756–1793), der den Aufstieg eines Knaben aus der Enge einer miesen Kleinbürgerwelt in die Freiheit des Geistes schildert: der „Anton Reiser". Da bietet bereits die Lateinschule ungeahnte Genüsse:

„Das große Feld der Wissenschaften lag vor ihm – sein künftiger Fleiß, die nützlichste Anwendung jeder Stunde bei seinem künftigen Studieren war den ganzen Tag über sein einziger Gedanke, und die Wonne, die er darin finden, und die erstaunlichen Fortschritte, die er nun tun und sich Ruhm und Beifall dadurch erwerben würde: mit diesen süßen Vorstellungen stand er auf und ging damit zu Bette …"[66]

Lernen zu können, lernen zu dürfen: ein Glück, das nur der wirklich ermessen kann, der davon ausgeschlossen ist – wie zahllose Kinder der so genannten „Dritten Welt". Bei Anton Reiser freilich führt dieses Glück nicht in die weiten Regionen des Geistes. Am Ende des Romans landet er beim Theater, bei einer Schmierenbühne.

Der Gedanke, man müsse alles daransetzen, das allgemeine Glück zu optimieren, stammt von dem schottischen Philosophen Francis Hutcheson (1694–1746). Der hatte als Maß vorgegeben, das größtmögliche Glück für die größte Anzahl zu schaffen („the greatest happiness of the greatest number"). Das war ein klares, menschenfreundliches Ziel. Zwar mag es den Einzelnen in seinem Wollen und Handeln einschränken, aber im Ganzen ist es doch eine feine Sache!

Wo liegt der Boden für allgemeines Glück? Für Hutcheson und seine Nachfolger im Wohlstand. Man muss sich klar machen, dass da ein Philosoph aus Großbritannien gesprochen hatte. Die Briten waren schon im 17. Jahrhundert dabei gewesen, ihr Weltreich zu erobern und ihre Kassen zu füllen. Was man hat, muss man schützen, also den Privatbesitz. John Locke (1632–1704) verkündete:

„Das große und hauptsächliche Ziel, zu dem sich Menschen in Staatswesen zusammenschließen und sich unter eine Regierung stellen, ist die Erhaltung ihres Eigentums."[67]

Das war gut englisch gesagt. Das Besitzbürgertum liefert am ehesten den Rahmen, in dem man glücklich werden kann.

So erklärte Adam Smith (1723–1790), was die Gesellschaft zusammenhalte seien Tauschgeschäfte und Arbeitsteilung, also wirtschaftliche Praktiken, und außerdem sei es gar nicht so übel, wenn im sozialen Leben eine gute Portion Egoismus wirke. Er fördert – gleichsam von hinten herum – das Allgemeinwohl.

Dann kam Jeremy Bentham (1748–1832) und machte eine einfache Rechnung auf. Einerseits gibt es Unheil, Leid und Böses, andererseits Gewinn, Freude, Gutes oder Glück. Geht man zunächst nur von einem einzelnen Menschen – zum Beispiel von sich selbst – aus, kann man zusammenstellen, was ihm Freuden und was ihm Unheil bringen dürfte. Alle Handlungen werden in dieser Hinsicht bewertet und dann bilanziert.

„Man addiere die Werte aller *Freuden* auf der einen und die aller *Leiden* auf der anderen Seite. Wenn die Seite der Freude überwiegt, ist die Tendenz der Handlung im Hinblick auf die Interessen dieser *einzelnen* Person insgesamt *gut*, überwiegt die Seite des Leids, ist ihre Tendenz insgesamt *schlecht*."[68]

Entsprechend geht es zu, wenn Wohl und Wehe einer ganzen Personengruppe auf dem Spiel stehen:

„Man bestimme die *Anzahl* der Personen, deren Interessen anscheinend betroffen sind, und wiederhole das oben genannte Verfahren im Hinblick auf jede von ihnen. Man *addiere* die Zahlen, die den Grad der *guten* Tendenz ausdrücken, die die Handlung hat – und zwar in Bezug auf jedes Individuum, für das die Tendenz insgesamt *gut* ist; das Gleiche tue man in Bezug auf jedes Individuum, für das die Tendenz insgesamt *schlecht* ist. Man ziehe die *Bilanz*; befindet sich das Übergewicht auf der Seite der *Freude*, so ergibt sich daraus für die betroffene Gesamtzahl oder Gemeinschaft von Individuen eine allgemein *gute Tendenz* der Handlung; befindet es sich auf der Seite des *Leids*, ergibt sich daraus für die gleiche Gemeinschaft eine allgemein *schlechte Tendenz*."[69]

Was der guten Tendenz dient, ist demnach gut; was die schlechte Tendenz fördert, wäre verwerflich. Moral als Geschäft für Buchhalter!

Wie aber soll man es anstellen, Zahlenwerte für Freude und Leid, für das Förderliche und Schädliche zu finden? Jeder messbare Wert setzt eine Einheit voraus, wie zum Beispiel eine Temperatur in Grad gemessen wird. Kennen Sie Einheiten für das Maß an Freude, an Leid? Ich nicht!

Bentham hatte eine exakte Ethik vor Augen, exakt wie eine Naturwissenschaft, aber dieser Anspruch ist unerfüllbar. Man kann zwar sagen, Handlung A stifte mehr Freude als Handlung B, aber wie viel dieses „Mehr" in Zahlen ausmacht, lässt sich nicht berechnen. Dabei handelt es sich nur um einen Komparativ („*mehr als*"). Den zugehörigen Superlativ übernahm Bentham von seinem Vorgänger Hutcheson.

Die ganze Denkart nennt man Utilitarismus (von lat. *utilis*, nützlich). Sie erfreut sich bis heute zahlreicher Anhänger, vor allem in angelsächsischen Ländern. Dass nicht nur Quantitäten für die Erreichung größtmöglichen Glücks maßgebend sind, sondern auch Qualitäten, zeigte John Stuart Mill (1806–1873) in seinem Hauptwerk „Utilitarianism" (1871); es wurde ein Bestseller.

Bentham hatte noch gesagt, wenn Kegeln und Dichten gleich lustvoll seien, seien sie auch gleich gut: „Quantity of pleasure being equal, pushpin is as good as poetry." Mill unterschied: Glück *(happyness)* und Lust *(pleasure)* sind nicht dasselbe. Es ist besser, ein unzufriedener Mensch zu sein, als ein zufriedenes Schwein. Besser ein unzufriedener Sokrates als ein zufriedener Narr.

„Ein höher begabtes Wesen verlangt mehr zu seinem Glück, ist wohl auch größeren Leidens fähig und ihm sicherlich in höherem Maße ausgesetzt als ein niedrigeres Wesen; aber trotz dieser Gefährdungen wird es niemals in jene Daseinsweise absinken wollen, die es als niedriger empfindet."[70]

Es kommt also darauf an, nach Höherem zu streben, und in diesem Sinne geht es um ein Glück, das der Würde des Menschen entspricht.

Mill war davon überzeugt, dass solch ein Glück realisierbar sei. Im Tonfall ungebrochenen Fortschrittsdenkens schrieb er:

„In einer Welt, in der es so viel gibt, das Interesse erregt, so viel, das Freude macht, so viel auch, das es richtig zu stellen und zu verbessern gilt, ist jeder, der die bescheidenen charakterlichen und intellektuellen Anforderungen erfüllt, eines Daseins fähig, das beneidenswert genannt werden darf; und falls einem solchen Menschen nicht durch schlechte Gesetze oder durch Bevormundung die Freiheit vorenthalten wird, die Quellen des Glücks, die in seinem Umkreis liegen, zu erschließen, wird er dieses beneidenswerte Dasein sicher nicht verfehlen, vorausgesetzt, daß er von den größten Übeln des Lebens, den Hauptursachen körperlichen und seelischen Leids, von Not, Krankheit und der Herzlosigkeit, Unwürdigkeit und dem vorzeitigen Verlust derer, die wir lieben, verschont bleibt. Die schwierigste Seite des Problems ist deshalb der Kampf mit diesen unheilvollen Mächten, denen man nur mit großem Glück gänzlich entgeht und die unter den gegenwärtigen Umständen nicht beseitigt und oft sogar nicht wesentlich gemildert werden können. Doch niemand, dessen Meinung auch nur einen Moment lang Beachtung verdient, wird daran zweifeln können, daß die wirklich großen Übel in der Welt prinzipiell ausrottbar sind und daß sie bei einer weiteren Besserung der menschlichen Verhältnisse schließlich in engen Grenzen gehalten werden können. Armut, insoweit sie Leiden bedeutet, kann durch kluge Vorkehrungen seitens der Gesellschaft sowie durch Voraussicht und Vernunft seitens der Individuen gänzlich aus der Welt geschafft werden. Selbst jener hartnäckigste Widersacher, die Krankheit, läßt sich durch körperliche und geistige Erziehung und durch Maßnahmen zur Bekämpfung schädlicher Einwirkungen auf ein Minimum reduzieren; und das Fortschreiten der Wissenschaften verspricht für die Zukunft einen noch eindeutigeren Sieg über diesen schrecklichen Feind.“[71]

Das ist so ganz der Duft des 19. Jahrhunderts. Es geht voran! Man muss nur die erforderlichen Wissenschaften organisieren: die Nationalökonomie (Volkswirtschaftslehre), die Soziologie (Gesellschaftswissenschaft); und all diese Unternehmungen zu dem Zweck, dem allgemeinen Glück einen zuverlässigen Boden zu bereiten. Die benötigten Kräfte standen zur Verfügung, wenigstens in Europa.

Mit der ersten industriellen Revolution begannen die Schlote zu rauchen, der Warenausstoß stieg fulminant an, die Dampfmaschine wurde zum Symbol der Zeit. Leider entstanden neue Probleme. Die Gesellschaft begann sich aufzuspalten. Hier die Besitzenden, dort die Habenichtse. Nach Karl Marx: eine Klassengesellschaft aus Kapitalisten und Proletariern.

Seine Diagnose nebst Prophetie: Ist die Verelendung der Arbeiterklasse nur genügend weit vorangeschritten, dann wird die Revolution des Proletariats wie von selbst kommen und eine goldene Zukunft eröffnen. Abschaffung aller Klassen, Überwindung der Arbeitsteilung und dann die wahre kommunistische Gesellschaft, „... wo jeder nicht einen ausschließlichen Kreis der Tätigkeit hat, sondern sich in jedem beliebigen Zweige ausbilden kann, die Gesellschaft die allgemeine Produktion regelt und mir eben dadurch möglich macht, heute dies, morgen jenes zu tun, morgens zu jagen, nachmittags zu fischen, abends Viehzucht zu treiben, auch das Essen zu kritisieren, ohne je Jäger, Fischer oder Hirt oder Kritiker zu werden, wie ich gerade Lust habe."[72]

Sprach da Rousseau? Es scheint so. Rückkehr in den Naturzustand als Vollendung der Welt – eine hübsche Verheißung! Wie man weiß, ist es anders gekommen. Die Geschichte des „real existierenden Sozialismus" führte nicht in neue Paradiese, sondern zu Diktaturen, Gulags und zu Ulbrichts Mauerbau. Das ist eben das Schicksal von Utopien. Sie wollen das universale Glück schaffen und enden in Menschenverachtung. Schon bei den Utopisten Morus, Campanella und Francis Bacon war das vorgezeichnet.

Alle begannen sie mit den schönsten Hoffnungen, aber dann auf einmal braucht die Wirklichkeit ein Korsett, weil nichts aus der Reihe tanzen darf. Herrschaft einiger – zum Beispiel der Parteisekretäre – über alle. Wenn das die Formel zur Herstellung allgemeinen Glückes ist, sind die Katastrophen vorgezeichnet. Man muss die Menschen zu ihrem Glück zwingen! So lautet die Devise, unter der Humanität vor die Hunde geht.

Inzwischen greifen die Gesellschaftstheorien des 19. Jahrhunderts nicht mehr. Marxens Kapitalisten und Proletarier? Dass diese Polarisierung nicht stimmt, pfeifen alle Spatzen von den Dächern. Der Arbeiter mit Eigenheim, Auto und Urlaubsreise ist alles andere als ein Prolet. Soziologen haben den Klassenbegriff aufgegeben und reden lieber von Schichten: Ober-, Mittel- und Unterschicht. Aber woran soll sich das orientieren? Am Einkommen, am Bildungsstand, an der gesellschaftlichen Funktion? Wohin gehören der stellungslose Akademiker, der promovierte Taxifahrer? Zu welcher Schicht zählen Abgeordnete, Gewerkschaftsfunktionäre? Wo bleibt der Bildungsbürger in einer Leistungsgesellschaft? Ein Buch zu lesen, ein Theater zu besuchen, ist wenig effektiv. Wenn man genauer hinsieht, zerfasern die Schichten in immer weitere Unterteilungen oder Relativierungen. Die Gesellschaft erscheint wie Gelee. Ein Wackelpudding.

Klassische Bilder vom Zusammenleben zerbröseln. Nationalstaaten als souveräne Subjekte der Politik – wo bleibt ihre Handlungsfreiheit, wenn anonyme Wirtschaftsimperien, Großbanken, Medienkonzerne überall ihre Finger im Spiel haben? Was ein „Volk“ ist, lässt sich kaum noch bestimmen. Gehören Türken mit deutschem Pass zum deutschen Volk? Sie geraten zwischen die Kulturen und sind weder ganz in Berlin noch ganz in Anatolien zu Hause. Heimatgefühl: eine abgegriffene Münze. Angst vor Überfremdung: Sie holt den Knüppel aus ihrem Sack. Einst galt die Familie als gesellschaftliche Grundeinheit. Ihr Begriff ist zur Worthülse politischer Sonntagsreden geworden. Heute beherrschen Singles die Szene: Leben im Patchwork. Generationenvertrag, Altersfürsorge, Grundrente – das alles riecht nach ungedeckten Schecks, ohne recht Vertrauen zu erwecken.

Und die Natur? Geschunden, ausgepowert, zum Wirtschaftsartikel geworden. Gelegentlich schlägt sie zurück: Waldsterben, Klimaveränderungen, die Gletscher schmelzen ab, Ölteppiche auf dem Meer, Fische treiben kieloben den Rhein hinunter. Vergiften wir uns durch unsere Nahrungsmittel?

Das 20. Jahrhundert war zum Jahrhundert der Weltkriege geworden. Statt Klassenkampf Kampf der Ideologien. Erleichtert atmeten wir auf, als der Kalte Krieg ein Ende nahm. Aber das neue Jahrhundert, das 21., brachte keinen ewigen Frieden. Der 11. September 2001 hat das Erschrecken in eine neue Richtung gelenkt. Nur die Form des Krieges ändert sich, nicht seine Realität. Inzwischen ist er tückischer geworden als je zuvor. Er kann jeden treffen. Je größer die möglichen Katastrophen, desto geringer das, was man „Versicherung“ nennt. Der unwahrscheinlichste Fall wird zum Fall mit den verheerendsten Folgen. „Restrisiko“ nennt man das.

Ich will keine Horrorszenarien malen. Aber dass das Zusammenleben der Menschen trotz Fernsehen und Internet, trotz der viel berufenen und dennoch kümmerlichen „Globalisierung“ nicht einfacher geworden ist, ist kein Geheimnis. Hölderlins Spruch: „Wo aber Gefahr ist, wächst das Rettende auch“[73], beruhigt nicht, wirkt wie Gesundbeterei. Einzig die Flimmerwelt der *Werbung* liefert uns Bilder des schönen Lebens, mit Jugendfrische und Stromliniendesign. Aber wer traut dem schon?

Ulrich Beck, Soziologieprofessor in München, hat von der „Risikogesellschaft“ gesprochen. Er formulierte drei Thesen:

„1. In den hoch entwickelten Gesellschaften tobt so etwas wie ein Individualisierungsprozess. Die Formen sozialer Integration, in denen wir bisher ›Industriegesellschaft‹ und ›industriegesellschaftliche Moderne‹ gedacht haben, nämlich Kleinfamilie, Geschlechterrollen, Klasse, Schicht, sozialmoralische Milieus, werden auf- und abgelöst durch Biografieformen, in denen die Einzelnen unter institutionellen Vorgaben, die für sie häufig schwer zu durchschauen sind, ihre Biografie selbst zusammenschustern, zusammenflicken müssen.

2. Die Risikogesellschaft ist, verkürzt gesagt, die versicherungslose Gesellschaft. Der Versicherungsschutz nimmt in unserer hoch entwickelten Industriegesellschaft mit der Größe der Gefahr ab.

3. Die ökologische Krise verlängert nicht, wie es häufig in der öffentlichen Diskussion den Anschein hat, die allgemeine Sinnleere und Zukunftsangst, sondern sie ist auch eine Quelle für Demoralisierung, für Politisierung der Gesellschaft, und auch eine Quelle für Hysterien und Neurosen.“[74]

Das Risiko der Risikogesellschaft erfährt also nicht nur der Einzelne beim Versuch, sein Leben irgendwie zusammenzubasteln. Die Großtechnologien selbst sind riskant geworden, und wenn sie ihre Folgen zu bändigen versuchen, ist das – in Becks Worten – sozusagen „Fahrrad-bremsen am Interkontinentalflugzeug“. Angesichts allgegenwärtiger Gefahren ist die Industriegesellschaft zu einer „Gesellschaft des schlechten Gewissens“ geworden. Kassandra als Beruf.

Allerdings regt sich das schlechte Gewissen nur in den westlichen Industrienationen. China sonnt sich noch in der Glorie seines Fortschritts. Die so genannten Entwicklungsländer haben Sorgen, die uns kaum begreiflich sind. Eine Weltgesellschaft lässt sich vorerst nicht ausfindig machen: auch ein Faktum, das die Soziologen beunruhigt. Wir dürfen nicht von uns auf andere schließen, im naiven Reden von Globalisierung. Die Welt ist nun einmal pluralistisch und lässt sich nicht auf einen Nenner bringen.

Welche Chancen hat unter solchen Umständen das Glück? Nicht das zufällige Glück als isolierter Treffer, sondern das Glück im Allgemeinen, im übergreifenden Sinne. Man kann es nicht abstrakt definieren, unabhängig von unserer konkreten Lebenswelt. Wir müssen die Verfassung des Menschen ernst nehmen, seine heutige Verfassung, und dazu ein paar Worte, die nicht gar zu glücklich klingen.

Anthropologie der Sorge

Wenn ich das Heute betone, scheint es unpassend, ausgerechnet Goethe zu zitieren. Ein Klassiker, verstaubt, nur noch gut, Schulstunden mit Langeweile zu füllen? Vielleicht doch nicht, wenigstens nicht, wenn man im „Faust II“ liest und dort diesen alten Heros des ewigen Strebens in einer hoffnungslosen Situation findet. Er steht in seinem Palast, vier „graue Weiber“ tauchen auf. Drei von ihnen können Faust nichts anhaben: der Mangel, die Schuld, die Not. Aber:

„Die Sorge schleicht sich durchs Schlüsselloch ein.“[75]

Eine unheimliche Szene! Faust muss erkennen, dass die Sorge trotz aller Triumphe bleibt. Sie kennt ihre Macht:

> Wen ich einmal mir besitze,
> Dem ist alle Welt nichts nütze,
> Ewiges Düstre steigt herunter,
> Sonne geht nicht auf noch unter,
> Bei vollkommnen äußern Sinnen
> Wohnen Finsternisse drinnen,
> Und er weiß von allen Schätzen
> Sich nicht in Besitz zu setzen.
> Glück und Unglück wird zur Grille,
> Er verhungert in der Fülle,
> Sei es Wonne, sei es Plage,
> Schiebt ers zu dem andern Tage,
> Ist der Zukunft nur gewärtig,
> Und so wird er niemals fertig.[76]

Nur Poesie? Erst hundert Jahre nach Vollendung des „Faust II" hat ein Philosoph das Thema wieder aufgegriffen: Martin Heidegger in „Sein und Zeit" (1927). Da wird die Sorge zum eigentlichen Sein unseres Daseins.

Natürlich kann jetzt keine große Heidegger-Interpretation folgen; das wäre zu viel verlangt. Nur ein paar Anmerkungen. Die Sorge ist für Heidegger nicht ein Gefühl unter anderen Gefühlen. Sie ist überhaupt kein Gefühl, sondern etwas, das allen Gefühlen vorausgeht. Auch wenn wir noch so fröhlich in die Welt hinausschreiten, haben wir immer etwas zu be-sorgen. Das muss nicht mit düster umwölkter Stirn geschehen, denn wenn jemand Besorgungen macht, kann ihm das viel Spaß bereiten. Die Sorge gehört zum täglichen Leben, als die Grundeinstellung, aus der wir leben. „Die Sorge liegt als ursprüngliche Strukturganzheit existenzial-apriorisch ›vor‹ jeder, d.h. immer schon in jeder faktischen ›Verhaltung‹ und ›Lage‹ des Daseins."[77]

Das klingt ziemlich kraus. „Existenzial" ist die Sorge, weil sie Grundzug unseres Existierens ist. Und „apriorisch" ist sie, weil sie nicht erst durch irgendwelche Erfahrungen bekannt wird, sondern allen Erfahrungen vorausgeht. Erfahrungen sammelt, wer darauf aus ist, sie zu machen, und dieses „Auf-etwas-aus-sein" enthält bereits das wesentliche Moment der Sorge. Ich bin zum Beispiel darauf aus, einen Brief zu schreiben. Noch ist der Brief nicht vorhanden; ich stelle mir vor, wie ich ihn schreiben werde, an wen er sich richten, was darin stehen soll; ich lege mir ein Stück Papier zurecht, greife zum Kugelschreiber, ordne meine Gedanken. Alles das gehört zur augenblicklichen Situation und führt zugleich über sie hinaus. Ich bin bei der Sache und zugleich bei ihren Möglichkeiten. Ich bin eben „in Sorge".

Nach Heidegger: Der Mensch hat keine Sorgen, er macht sie sich nicht; er ist Sorge, von Grund auf. In dem der Sorge gewidmeten Kapitel von „Sein und Zeit" zitiert Heidegger den spätantiken Sagenerzähler Hyginus (2. Jh. n. Chr.), und zwar eine von dessen Fabeln:

Die Sorge
„Als die Sorge (cura) einst einen Fluss durchschritt, erblickte sie eine kreideartige Lehmmasse, hob sie nachdenklich auf und machte sich daran, den Menschen zu bilden. Während sie noch über ihr Gebilde bei sich nachdachte, kam Iupiter dazu; die Sorge bat ihn, ihm den Lebenshauch zu geben, was er gern gewährte. Als sie ihm dann ihren Namen geben wollte, verwehrte es der Gott und erklärte, *sein* Name müsse ihm gegeben werden. Sie stritten noch um den Namen, da erhob sich Mutter Erde und verlangte, das Gebilde müsse *ihren* Namen bekommen, habe sie doch ihren Leib dafür hergegeben. Sie nahmen Saturnus als Schiedsrichter. Dieser überlegte bei sich und entschied dann: ›Du, Iupiter, hast ihm den Lebenshauch gegeben; so nimm die Seele nach seinem Tode zurück! Mutter Erde hat ihm den Körper verliehen, so soll sie auch den Körper zurückerhalten. Nachdem aber die Sorge ihn einmal gebildet hat, mag sie ihn besitzen, solange er lebt! Aber da ihr euch um den Namen streitet: *Menschenbild* (homo) möge er genannt werden, da er aus Lehm (humus) gebildet ist.‹"[78]

Goethes Szene aus dem „Faust II" war offenbar durch diese Geschichte inspiriert; übrigens der einzigen echt lateinischen Fabel. Ihre Pointe, das Wortspiel homo/humus, ist nur im Lateinischen möglich; mit der biblischen Schöpfungsgeschichte – der Mensch als Lehmgestalt – hat es nichts zu tun.

Gibt es ein Gehirnzentrum für Sorgen? Heidegger hätte bei dieser Frage angewidert die Nase gerümpft. Das biologistische Denken sieht den Menschen nur von außen wie ein beliebiges Objekt. Um ihn wirklich zu begreifen, muss man den Blick umwenden und phänomenologisch denken, das heißt die unmittelbare Erfahrung ernst nehmen. Erst sie erschließt, was es mit dem Menschen auf sich hat, mit seiner Lebenswelt. Es kommt darauf an, wie Sorgen unser Bewusstsein prägen, und dazu kann die Gehirnforschung nichts sagen.

Wenn Sorge der Grundzug unseres Daseins ist, heißt das: Wir schauen ständig in die Zukunft. Wenn wir etwas zu tun haben, richten wir uns auf das, was gleich kommen wird. Oder wir planen etwas – keine großen Projekte, vielleicht nur das Nächstliegende. Aber auch dann geht der Blick voraus, wir leben in Entwürfen, und dadurch enthüllt sich die Zeitlichkeit unseres Daseins. Sie steckt nicht in unseren Uhren. Sie hat nichts – oder nur wenig – mit der gemessenen Zeit zu tun. Sie ist einfach ein Grundzug unseres Menschseins, Form unseres Handelns, des Existierens. Es liegt in unserer Eigenart, immer über uns hinaus zu sein, das Gegebene zu überschreiten. „Existieren" kommt von lat. *ex-sistere*, herausstehen. „Zeitlichkeit enthüllt sich als der Sinn der eigentlichen Sorge", heißt es bei Heidegger.

Oder: „Die ursprüngliche Einheit der Sorgestruktur liegt in der Zeitlichkeit."[79]

Das betrifft vor allem die Weise, wie wir zu uns selbst stehen. Wer meint, ein fertiges Ich zu sein, sozusagen ein fest gestanztes Subjekt, verkennt die Eigenart des Existierens.

Wir sind nie mit uns fertig oder – wie der Philosoph Ernst Bloch sagte: „Wir sind nicht ganz dicht!"[80] Ein Fels, eine Pflanze, ein Tier ruhen in sich und ihrer Umgebung. Der Mensch aber ist ruhelos, immer unterwegs. Bei Heidegger: Nur der Mensch *ex-sistiert*. Felsen, Pflanzen, Tiere sind lediglich vorhanden.[81]

Heideggers Untersuchung zur Sorge ist doppeldeutig. Zunächst scheint sie ganz allgemein zu gelten: Die Sorge hat den Menschen geschaffen, der Mensch ist Sorge. Heidegger schrieb in der Epoche zwischen den beiden Weltkriegen, und da waren Sorgen angebracht. Das Thema hat seinen geschichtlichen Hintergrund, auch wenn Heidegger das nicht zugeben wollte – den Plural „die Sorgen" hat er nie gebraucht. Inzwischen stecken wir, laut Beck, in der Risikogesellschaft; und sie hat die Sorgen verdichtet. Der düstere Tonfall Heideggers stimmt mehr denn je zur Zeit.

Kann es dort, wo der Mensch ganz und gar Sorge ist, Glück geben? Das scheint ausgeschlossen zu sein. Wer sich sorgt, steht dem Unglück nahe. Will er trotzdem das Glück retten, muss er eine Volte schlagen.

Genau das hat Albert Camus getan. 1942 erschien bei Gallimard in Paris sein schmales Bändchen „Der Mythos von Sisyphos" und wurde zum Bestseller – allerdings erst in der Nachkriegszeit. Da ist zwar nicht mehr von der Sorge die Rede, aber die Geschichte des Titanen, der im Hades immerfort seinen Stein einen Berg emporwälzen muss, dem kurz vor dem Ziel dieser Stein entgleitet, abwärts rollt, so dass die Mühsal von vorne anfängt – diese Geschichte scheint wie geschaffen für unsere Risikogesellschaft. Sisyphos, der das Absurde wagt.

„Darin besteht die ganze verschwiegene Freude des Sisyphos. Sein Schicksal gehört ihm. Sein Fels ist seine Sache. Ebenso lässt der absurde Mensch, wenn er seine Qual bedenkt, alle Götzenbilder schweigen. Im Universum, das plötzlich wieder seinem Schweigen anheim gegeben ist, werden die tausend kleinen, höchst verwunderten Stimmen der Erde laut. Unbewusste, heimliche Rufe, Aufforderungen aller Gesichter bilden die unerlässliche Kehrseite und den Preis des Sieges. Ohne Schatten gibt es kein Licht; man muss auch die Nacht kennen lernen. Der absurde Mensch sagt Ja, und seine Mühsal hat kein Ende mehr. Wenn es ein persönliches Geschick gibt, dann gibt es kein übergeordnetes Schicksal oder zumindest nur eines, das er unheilvoll und verächtlich findet. Darüber hinaus weiß er sich als Herr seiner Zeit. Gerade in diesem Augenblick, in dem der Mensch sich wieder seinem Leben zuwendet (ein Sisyphos, der zu seinem Stein zurückkehrt), bei dieser leichten Drehung betrachtet er die Reihe unzusammenhängender Taten, die sein Schicksal werden, seine ureigene Schöpfung, die in seiner Erinnerung geeint ist und durch den Tod alsbald besiegelt wird. Überzeugt von dem rein menschlichen Ursprung alles Menschlichen, ist er also immer unterwegs – ein Blinder, der sehen möchte und weiß, dass die Nacht kein Ende hat. Der Stein rollt wieder.

Ich verlasse Sisyphos am Fuße des Berges! Seine Last findet man immer wieder. Nur lehrt Sisyphos uns die größere Treue, die die Götter leugnet und die Steine wälzt. Auch er findet, dass alles gut ist. Dieses Universum, das nun keinen Herrn mehr kennt, kommt ihm weder unfruchtbar noch wertlos vor. Jedes Gran dieses Steins, jeder Splitter dieses durchnächtigten Berges bedeutet allein für ihn eine ganze Welt. Der Kampf gegen Gipfel vermag ein Menschenherz auszufüllen. Wir müssen uns Sisyphos als einen glücklichen Menschen vorstellen."[82]

Der Schlusssatz ist berühmt geworden. Er gehört in einen heroischen Nihilismus, der sich selbst genießt. „Der absurde Mensch kann nur alles ausschöpfen und sich selber erschöpfen", hatte Camus gesagt.[83] Passt das zu unserer Risikogesellschaft? Wäre es der anthropologische Schlüssel zum Thema Glück?

Inzwischen ist der Essay von Sisyphos gut ein halbes Jahrhundert alt. Mehr Sinn hat die Welt seitdem kaum gewonnen, schon gar nicht mehr Tiefsinn; und auch um den Menschen steht es nicht besser. Nur haben sich die Akzente verschoben. Das Absurde liegt nicht im Zustand der Welt oder gar dem des Universums; es wäre vergebens, es zwischen Atomen und Galaxien suchen zu wollen. Nein, nicht das Universum ist absurd; die Vokabel passt nicht auf seine Dimensionen. Absurditäten sind hausgemacht. Sie müssen von unserer Gattung getragen und verantwortet werden – sofern Letzteres überhaupt möglich ist. Wenn der moderne Sisyphos seinen Stein wälzt, ist das kein von Göttern verhängtes Schicksal. Der letzte Satz bei Camus ist ein *schlimmer* Satz. Ein Mensch, der das selbst gefertigte Elend genießt, ist nicht glücklich, sondern dumm.

Da halte ich es doch lieber mit Gottfried Benn (1886–1956):

> Wo alles sich durch Glück beweist
> Und tauscht den Blick und tauscht die Ringe
> Im Weingeruch, im Rausch der Dinge:
> Dienst du dem Gegenglück, dem Geist.[84]

V. Lebenskunst

Die Lage ist hoffnungslos …

Die Zeit nach 1945 bot die ideale Stimmung für eine Philosophie der Sorge. Deutschland lag in Trümmern, die Städte zerbombt, Flüchtlingsströme zogen hoffnungslos von Ort zu Ort, es wurde gehungert, gefroren, geweint und gebangt. In düsteren Kellerkneipen hockten Studenten, schwarze Pullover, schwarze Hosen, schwarze Gemüter und schwarze Gedanken. Heidegger raunte im Schwarzwald von der Angst und dem Nichts; Sartre schickte aus Frankreich den Existenzialismus über die Grenzen, füllte mit seinen Stücken die Theater: „Wir sind zur Freiheit verurteilt!"

Vom Glück wagte niemand zu reden, es schickte sich nicht. Die Philosophie übte sich bis zu den 60er-Jahren in düster gestimmter Enthaltsamkeit. Nur das galt, was auf das Existenzielle getrimmt war, was dem Menschen ans Herz greift, ihn durchschüttert, ihn ins Nichts hält. Wir steckten „im Strudel des Nihilismus"[1].

… aber nicht ernst.

Erst in der Unruhezeit der 68er schlug die Stimmung um. Auf einmal schienen die Schatten zu schwinden, neue Töne kamen auf. Herbert Marcuse wagte es, ganz unverblümt von Triebfreiheit und Lust zu sprechen.[2] Statt Existenzialismus auf einmal Hedonismus. Die jungen Leute waren wie losgelassen. Nackte Körper, ausgelebte Sexualität: „Wer zweimal mit derselben pennt, gehört schon zum Establishment!" Was gut ist, ist geil.

Dann etablierte sich die Spaßgesellschaft. Trotz ökologischer Bedrohung, trotz verseuchter Meere, Ozonloch und Reaktorkatastrophen (Tschernobyl 1986), trotz des fortwährenden Kalten Krieges: Positives Denken war angesagt. „Sorge dich nicht – lebe!"[3] Allerdings wurde es ein Leben aus zweiter Hand – der des Fernsehens. Es liefert die Bilderwelt, nach deren Maßgabe wir denken, fühlen und handeln. Es unterhält uns im wahrsten Sinne des Wortes: als Boden, auf dem wir tanzen. Neil Postman registrierte: „Wir amüsieren uns zu Tode".[4]

Man darf wieder nach dem Glück fragen. Seit den 80er-Jahren überschwemmen entsprechende Buchtitel den Markt, und auch die Philosophen merken auf. Sie zücken die Feder – beziehungsweise ihren Laptop – und schreiben über das Glück und die Lebenskunst. Meist werden es ziemlich dicke Bücher, und ihr staubtrockener akademischer Stil lässt vermuten, dass es mit der Lebenskunst dieser Autoren nicht weit her ist. Aber sie füllen eine Marktlücke – wie vermutlich auch dieses Buch.

Die Krisen der heutigen Welt sind nicht weniger bedrohlich als jene zuvor. Aber es kommt auf die Perspektive an. Ob Glück ein Thema sein kann oder nicht, hängt vom Blickwinkel ab: die uralte Sache mit dem Bierglas. Der Pessimist sagt, es sei halb leer, der Optimist, es sei halb voll. Man kann sich dunkle Gedanken einreden oder heitere. Sie entstehen im Kopf, nicht in der Realität. Die bleibt, wie sie ist. Aber wenn ich sie freundlich ansehe, kann es mir sinnvoll erscheinen, nach den Möglichkeiten des Glückes zu fragen. Und wenn ich düster schaue, kann ich sagen: Glück – das gibt es nicht.

1. Formen des Glücks

Glücksempfinden

Wir haben schon früher unterschieden: Es gibt das momentane Glückserleben, das über uns hereinbricht wie ein Geschenk, und es gibt ein Glücklichsein auf Dauer. Nietzsches Zarathustra zur Mittagsstunde – das war solch ein wundersam erfüllter Augenblick, in dem sich das ganze Dasein zusammenballte und die Seele streckte. „Zum Augenblicke dürft ich sagen: Verweile doch, du bist so schön ..." Aber er verweilt eben nicht. Er bleibt Episode.

Zudem ist es nicht jedem gegeben, ein episodisches Glück zu genießen. Den einen mag ein glutroter Sonnenuntergang am Meeresstrand hinreißen und erheben, den anderen lässt er kalt. Glück zu empfinden, setzt Empfänglichkeit voraus. Und diese Empfänglichkeit ist nicht in die Wiege gelegt, sondern bedarf einer gewissen Schulung, einer „Éducation sentimentale", so Flaubert 1869. Die wiederum ist kulturabhängig. Es gab einmal im westlichen Europa ein ganzes „Zeitalter der Empfindsamkeit", wo junge Damen reihenweise in Ohnmacht fielen, wenn im Konzertsaal die Musik vom lyrischen Adagio ins stürmische Forte wechselte. Heute wirkt diese Musik – die Mannheimer Schule des 18. Jahrhunderts – allenfalls unterhaltsam und nett, aber Leidenschaften und ein glückliches Rasen des Herzens wird sie kaum noch wecken. Wir sind stärkeren Tobak gewöhnt.

Glück in der Liebe – Glück im Spiel. Da scheint alles davon abzuhängen, ob man ans Ziel kommt. Der entscheidende Schuss ins Tor: Die Tribüne tobt, Fahnen flattern, der Spieler reißt die Arme hoch, trommelt auf seine

Brust wie Tarzan im Urwald, während der Fußballmuffel müde den Fernseher abschaltet. Jeder mag etwas haben, das ihn glücklich stimmt; es gibt nicht dasselbe Glück für alle.

Wünschen und wollen

Wir hegen Wünsche, offene und geheime. Macht es uns glücklich, wenn sie in Erfüllung gehen? Das kommt darauf an. Worauf? Ob wir stark gewünscht haben oder nur so nebenher. Das Erreichen eines Zieles kann sehr verschieden empfunden werden. Manche haken ab, was ihnen gelungen ist, andere fühlen sich wunschlos glücklich, als könnten die Wünsche je ein Ende nehmen. Können sie nicht. Wer zu Geld gekommen ist, wünscht sich wenigstens, dass es ihm nicht wieder entschwinde. Und wer gesund ist, wünscht sich, dass es so bleibt.

Wie groß kann Glück sein? Das Kind füllt seinen Wunschzettel aus, und wenn dann zu Weihnachten die neue Puppe oder das Computerspiel unter dem Tannenbaum liegt, ist sein Glück groß – wie im Weihnachtsgedicht von Arno Holz:

In den offenen Mäulerchen ihre Finger,
Stehn um den Tisch die kleinen Dinger,
Und um die Wette mit den Kerzen
Puppern vor Freuden ihre Herzen.
Ihre großen, blauen Augen leuchten,
Indes die unsern sich leise feuchten.
Wir sind ja leider schon längst ›erwachsen‹,
Uns dreht sich die Welt um andre Achsen …
Und ein altes Lied fällt uns wieder ein:
O selig, o selig, ein Kind noch zu sein![5]

Unermessliches Kinderglück! Aber der Erwachsene, der sich endlich den lange ersehnten Ferrari hat leisten können, ist der nicht glücklicher? Was zählt schon die Kinderpuppe gegen einen Straßenkreuzer? Das sind törichte Fragen, denn Glückszustände lassen sich nicht auf die Waage legen, nicht einmal, wenn man den Dopamin-Ausstoß messen wollte. Was wir empfinden, ist nicht quantifizierbar. Nur eines ließe sich sagen: Wünschenswert wäre ein Leben, in dem möglichst viele Wünsche in Erfüllung gehen oder – noch ein wenig allgemeiner – in dem die Zahl glücklicher Augenblicke optimal ist.

Wir müssen unterscheiden: Wünschen und wollen ist nicht dasselbe. Die Umgangssprache geht mit den beiden Wörtern ziemlich lasch um, aber ein

Beispiel mag zeigen, wo der Unterschied liegt. Ich will morgen mit meiner Familie einen Ausflug machen und wünsche mir dazu gutes Wetter. Ob nun tatsächlich die Sonne scheinen wird, liegt außerhalb meiner Macht, ich kann sie nicht hinter den Wolken hervorzwingen. Wenn gar ein Unwetter aufzieht, werde ich vermutlich umschalten und zu Hause bleiben wollen. Was im Bereich des Willens liegt, ist an konkrete Möglichkeiten geknüpft und kann Wünschen sogar zuwiderlaufen.

Mag sein, dass bei besagtem Ausflug alles für gutes Wetter spricht. Aber ich will trotzdem den Regenschirm mitnehmen. Dahinter steckt dann nicht der Wunsch nach Sonnenschein, schon gar nicht der nach Regen. Ich wünsche nur, nicht nass zu werden. Das Wollen muss sich nach den Umständen richten; das Wünschen kann frei herumvagabundieren.

Selten hat man nur einen Wunsch; Wünsche neigen zum Plural. Neben dem guten Ausflugswetter wünsche ich mir, in eine schöne Gegend zu kommen, Erfreuliches zu erleben und gute Laune ringsum zu spüren. Manchmal lassen sich Wünsche sogar zu einer Pyramide gruppieren: unten die fundamentalen Wünsche, zum Beispiel in Richtung auf Gesundheit, Auskommen mit dem Einkommen, Familienfrieden. Darüber die spezielleren Wünsche: ein Häuschen mit Garten, eine interessante Arbeit, viel Urlaub und Freizeit, und so mag es weitergehen. An der Spitze ein oberster Wunsch? Vielleicht, ein stets glückliches Leben zu führen? Aber wäre das nicht der Basiswunsch für die ganze Hierarchie? Vermutlich war die Idee, Wünsche zur Pyramide zu ordnen, doch nicht so gut!

Aber eines dürfen wir voraussetzen. Wünsche sollten nicht gar zu sehr in verschiedene Richtungen laufen, weil sie sich dann am Ende widersprechen können. Wenn ich mir ein Essen wünsche, das nicht dick macht und trotzdem ordentlich fett sein soll, dürfte das kaum unter einen Hut passen. Wohl dem, dessen Wünsche insgesamt harmonieren! Er dürfte ein potenzieller Glückspilz sein.

Gehen seine Wünsche sogar in Erfüllung, könnte eintreten, was die klassischen Philosophen den Zustand der Glückseligkeit nannten.

Aber das ist nun leider ein Ideal auf schwankendem Boden, denn schon Kant hatte eingewandt, wir könnten uns etwas vormachen:

„Allein es ist ein Unglück, dass der Begriff der Glückseligkeit ein so unbestimmter Begriff ist, dass, obgleich jeder Mensch zu dieser zu gelangen wünscht, er doch niemals bestimmt und mit sich selbst einstimmig sagen kann, was er eigentlich wünsche und wolle. Die Ursache davon ist: dass alle Elemente, die zum Begriff der Glückseligkeit gehören, insgesamt empirisch sind, d. i. aus der Erfahrung müssen entlehnt werden, dass gleichwohl zur

Idee der Glückseligkeit ein absolutes Ganze, ein Maximum des Wohlbefindens, in meinem gegenwärtigen und jedem zukünftigen Zustande erforderlich ist …“[6]

Aus der Erfahrung können wir also nur einzelne Elemente der Glückseligkeit entnehmen, aber nie alles. Außerdem – so Kant – wird unser Wohlbefinden immer wieder eingeschränkt. Wer im Reichtum schwimmt, zieht sich Neider und allerlei Sorgen auf den Hals, wer nach großer Einsicht strebt, wird entdecken, was es für Unheil in der Welt gibt. Will er ein langes Leben, könnte ihm langes Elend ins Haus stehen und so weiter.

„Kurz, er ist nicht vermögend, nach irgendeinem Grundsatze, mit völliger Gewissheit zu bestimmen, was ihn wahrhaftig glücklich machen werde, darum, weil hiezu Allwissenheit erforderlich sein würde. Man kann also nicht nach bestimmten Prinzipien handeln, um glücklich zu sein, sondern nur nach empirischen Ratschlägen, z. B. der Diät, der Sparsamkeit, der Höflichkeit, der Zurückhaltung usw., von welchen die Erfahrung lehrt, dass sie das Wohlbefinden im Durchschnitt am meisten befördern.“[7]

Kann man total glücklich sein?

Völliges Glücklichsein – geht das? Nach Kant überfordern wir uns selbst, wenn wir danach suchen. Zweierlei müsste über uns kommen: erstens ein Rundumbefinden auf höchstem Niveau, Lust total. Für einen Augenblick mag das möglich sein, aber nur hier und jetzt. Sobald wir weitergehen, müssen wir relativieren. Zum Beispiel kann jemand einen Erfolg genießen, glücklich sein, wenn er eine bestimmte Sprosse der Karriereleiter endlich erreicht hat. Aber dem könnte Pech in der Liebe entgegenstehen, Ärger mit seinen Nachbarn, Schwierigkeiten mit der Verdauung, eine Krankheit. Alle Lebensbereiche lassen sich nie auf einen Nenner bringen, irgendwo ist immer der Wurm drin.

Und zweitens die zeitliche Perspektive. Da hatte nun das tolle Geschenk unter dem Weihnachtsbaum gelockt, das heiß ersehnte Computerspiel. Mit strahlenden Augen legte Hänschen los, spielte einmal, zweimal, zehnmal. Doch irgendwann hört der Reiz des Neuen auf. Die Leidenschaft erschöpft sich, wird dünn und dünner, bis schließlich nichts mehr übrig ist. Das Spiel landet in einer Ecke, wird kaum noch angeschaut, wird vergessen.

„Wronskijs Problem“ hat der Glücksphilosoph Martin Seel diese ach so natürliche Entwicklung genannt.[8] Er zitiert da eine Stelle aus Leo Tolstois Roman „Anna Karenina“.

Der Graf Wronskij hat endlich die Gunst der schönen Anna errungen, aber mit der Zeit kühlt die heiße Liebe wieder ab:

„Indessen war Wronskij, obgleich nun alles erfüllt war, was er so lange gewünscht hatte, nicht ganz glücklich. Er merkte bald, dass die Erfüllung seiner Wünsche ihm nur ein Sandkorn von dem Berge von Glück, nach dem er verlangt hatte, geschenkt hatte. Diese Erfüllung deckte ihm den ewigen Fehler auf, dem die Menschen verfallen, wenn sie sich das Glück als Erfüllung der Wünsche denken. In der ersten Zeit, nachdem er sich mit ihr vereinigt und die Uniform abgelegt hatte, empfand er die ganze Herrlichkeit der Freiheit überhaupt, die er bisher nicht gekannt hatte, und der Freiheit der Liebe im Besonderen, und er war zufrieden. Aber das dauerte nicht lange. Er fühlte bald, dass in seiner Seele der Wunsch lebendig wurde, wieder etwas wünschen zu können, das heißt: er langweilte sich."[9]

„Sic transit gloria mundi", sagten die Lateiner. So vergehen weltliche Glücksgefühle, wollen wir übersetzen. Gefühle sind eben nicht auf Dauer angelegt. Es gehört zu ihrer Natur, dass sie kommen und gehen. Deshalb macht besagter Philosoph Martin Seel den Vorschlag, man möge seinen Glückshaushalt so organisieren, dass nicht alles auf eine Karte gesetzt wird:

„Wünsche so, dass dir in der Erfüllung wesentlicher Wünsche immer noch transzendierende Wünsche (‹neue Herausforderungen›) offen stehen."[10]

Wenn das nur immer so einfach ginge! Wir sind nicht unbedingt die Herren unserer Wünsche! Manchmal überfallen sie uns aus dem Hinterhalt, ohne dass wir das wollen.

Es bleibt dabei: Wenn uns etwas gelingt, dürfen wir uns freuen. Aber die totale Glückseligkeit ist ein Traumbild, weitab von der Wirklichkeit.

Das bürgerliche Glück

Kant hatte gelehrt: All unsere Glück-Wünsche zehren von den Erfahrungen, die wir gemacht haben. Solche Erfahrungen sind immer auf einzelne Situationen oder Sachverhalte bezogen, auf unsere Lebenswelt mit ihren vielen Aspekten. Sich ein vollkommenes Glück zu wünschen, ist demnach unrealistisch oder gar sinnlos.

Wir müssen kleinere Brötchen backen. Kant hat umschrieben, was dazu gehört: „Beständiges Wohlergehen, vergnügtes Leben, völlige Zufriedenheit mit seinem Zustande" und dass einem „*alles* und *immer* nach Wunsch und Willen gehe".[11] Schon das ist reichlich viel verlangt, aber man kann es sich immerhin wünschen.

Die Wortwahl Kants ist allerdings bezeichnend. Wie stellen Sie sich einen Menschen vor, dem es wohl ergeht, der vergnügt lebt und zufrieden ist? Ich sehe jemanden vor mir, der es gemütlich hat, der die kleinen und großen Freuden des Alltags genießt und nicht danach verlangt, in himmlische Höhen aufzusteigen – kurz: eine bürgerliche Existenz. Das meine ich keineswegs negativ. Das bürgerliche Leben hat seine Meriten, vor allem seine Sicherheit, wenigstens prinzipiell. Was aber steckt hinter dem Stichwort „Zufriedenheit"?

Zunächst einmal eine Absage. Wenn man sich zufrieden gibt, will man nicht weiter. Der Zufriedene bleibt stehen. Er will nicht mehr haben, als er hat, und das kann mit der Idee des richtigen Maßes zusammenhängen. In der frühen Antike gab es die „Sieben Weisen" mit so schönen Sprüchen wie unter anderem: „Nichts im Übermaß" (Solon), „Maßhalten ist das Beste" (Kleobulos), „Im Glück sei mäßig, im Unglück besonnen" (Periander). Später hat Aristoteles das mittlere Maß zum Angelpunkt seiner Ethik gemacht und behauptet, die Tugend liege darin, das Zuviel und das Zuwenig zu meiden, „da nämlich Übermaß und Mangel das Geglückte zerstören, das Mittelmaß es dagegen bewahrt"[12]. Wohlgemerkt: Er hat nicht von Mittelmäßigkeit gesprochen, sondern von einer echten *areté* (Tugend) zwischen den Extremen. Dahinter steht der berühmte delphische Spruch: „Erkenne dich selbst!" Er meint keinen Psychotrip, sondern die Einsicht in menschliche Grenzen, vor allem den Göttern gegenüber. Wer diese Grenzen in verwegener *Hybris* (Überheblichkeit) überschreitet, läuft in den eigenen Untergang. Das Christentum konnte daran anknüpfen: Vor Gott sind wir Menschen klein, Er bestimmt unsere Grenzen, und so heißt es in einem Kirchenlied des Barock:

> Gib dich zufrieden und sei stille …
> Der allen Vöglein in den Wäldern
> ihr bescheidnes Körnlein weiset,
> der Schaf und Rinder in den Feldern
> alle Tage tränkt und speiset,
> der wird viel mehr dich Ein'gen fühlen
> und dein Begehr und Notdurft stillen.
> Gib dich zufrieden![13]

Zufriedenheit hat also einen theologischen Hintergrund! Auch beim frommen Matthias Claudius (1740–1815), der dichtete:

Zufrieden sein, das ist mein Spruch!
Was hülf mir Geld und Ehr?
Das, was ich hab, ist mir genug,
Wer klug ist wünscht nicht sehr;
Denn, was man wünschet, wenn man's hat,
So ist man darum doch nicht satt.
Ich bin vergnügt, im Siegeston
Verkünd es mein Gedicht,
Und mancher Mann mit seiner Kron
Und Szepter ist es nicht.
Und wär er's auch; nun, immerhin!
Mag er's! so ist er was ich bin.[14]

Gegen die, die sich nicht bescheiden können, schrieb Claudius:
„Das Auge sieht sich nicht satt und das Ohr hört sich nicht satt, und ich habe noch keinen dieser Art gesehen, der sich ruhig in die Arme genommen, und gesagt hätte: ich habe genug. Alle solch Glück ist mehr mühseliges Hinstreben zum Genießen als würklicher Genuß, ist keine Flamme die aus sich selbst brennt, sondern man muß beständig neue Reiser anlegen, neues Öl zugießen daß sie nicht verlösche, und am Ende verlöscht sie ja doch!“[15]

Aber dann noch dieses: Es sei gescheit und gut, sich der Obrigkeit zu fügen, „ihr zu gehorchen und unter ihr ein stilles und geruhiges Leben zu führen in aller Gottseligkeit und Ehrbarkeit“[16]. Die Obrigkeit wird's schon richten und uns das Glück verordnen.

Häusliche Ruhe und Zufriedenheit – das wurden Leitbilder für Glück in bewegten Zeiten, zum Beispiel während der napoleonischen Kriege. „Ruhe ist die erste Bürgerpflicht!“ Restauration und Romantik nach dem Wiener Kongress (1815). Ludwig Tieck schrieb die Novelle „Des Lebens Überfluß“. Da verschanzt sich ein liebendes Paar in seinem Dachstübchen, bricht die Treppe hinter sich ab, um aus ihr Feuerholz zu machen, und findet sein Glück in trauter Zweisamkeit, fernab vom Rest der Welt. Sehr philosophisch vergleicht der Jüngling dieses Idyll mit der Lebenskunst eines Diogenes:

„... so gehörte diese Treppe durchaus zu den Überflüssigkeiten des Lebens, zum leeren Luxus, zu den unnützen Erfindungen. Ist es, wie so viele Weltweise behaupten, edel, seine Bedürfnisse einzuschränken, sich selbst zu genügen, so hat dieser für mich völlig unnütze Anbau mich vor dem Erfrieren gerettet. Haben Sie niemals gelesen, wie Diogenes seinen hölzernen Becher wegwarf, als er gesehen, wie ein Bauer Wasser mit der hohlen Hand schöpfte und so trank?“[17]

Da liegen denn die Liebenden auf ihrem gemeinsamen Lager:

„Heitre Träume umgaukelten sie, Glück, Wohlstand und Freude umgaben sie in einer schönen Natur, und als sie aus der anmutigen Täuschung erwachten, erfreute sie die Wirklichkeit doch inniger. Sie plauderten im Dunkeln noch fort und verzögerten es, aufzustehen und sich anzukleiden, weil der Frost sie draußen und Mühsal erwartete.“[18]

Dass die beiden in ihrem abgeschnittenen Paradies nicht umkommen, verhindert nur das Auftauchen eines *deus ex machina*. Ein guter Freund bringt schließlich alles ins rechte Lot.

Noch ein romantisches Beispiel gefällig? Da wäre das Märchen von „Hans im Glück“, das eigentlich gar kein richtiges Märchen ist, sondern eine Parabel zum Thema „Wirf alles weg!“. Erst ein Goldklumpen „für treue und ehrliche Dienste“, dann ein Pferd, das den Hans abwirft, danach eine Kuh, die keine Milch gibt, sondern nur auskeilt, danach ein Schwein, das aber Diebesgut war, das Schwein eingetauscht gegen eine Gans, die Gans gegen einen Wetzstein, und als ihm der Stein in einen Brunnen fällt, ist Hans erst so recht alle Sorgen los:

„›So glücklich wie ich‹, rief er aus, ›gibt es keinen Menschen unter der Sonne.‹ Mit leichtem Herzen und frei von aller Last sprang er nun fort, bis er daheim bei seiner Mutter war.“[19]

Zur Nachahmung empfohlen? Wohl kaum. Das Modell einer von allen Bedürfnissen und Sorgen freien Lebensführung à la Diogenes wird niemand im Ernst zum Vorbild nehmen wollen. Aber das stille Glück im Winkel reizt immer noch, wie etwa in der Gartenlaube unserer Urgroßeltern, die einst von Elternfreuden erzählte:

„Der kleine Stammhalter entwickelt sich prächtig in der Sommerfrische. Seine Bäckchen sind röter und runder, seine Äuglein leuchtender geworden. Die würzige Waldluft und die gute Milch bekommen ihm ausgezeichnet, das sieht ihm jeder an. Die Eltern, die in der Ferienmuße doppelt Zeit haben, ihrem Liebling sich zu widmen, nehmen aber mit Freude wahr, wie auch die Sinne und der Geist des Kindes sich, einer Blütenknospe gleich, immer reizender entfalten. Erkennen und Begehren sind in der jungen Seele erwacht, und man kann schon mit dem Jungen ein neckendes Spiel treiben, das für die Eltern geradezu entzückend ist. Das sind herrliche Stunden, die sie unter dem grünen Dach der Parkbäume verleben. Vor zwei Jahren, da waren sie hier gewesen, und da sich ihre Herzen gefunden hatten, hielten sie sich für die glücklichsten Menschen. Dass ihr Glück noch gesteigert werden könnte, daran hätten sie damals nimmer glauben mögen.

Und doch ist dieses Wunder geschehen. Ein neues erhebendes Gefühl hat ihre Herzen erfüllt, die Elternliebe, die ihnen so reine Freuden bereitet."[20]

Die Welt draußen ist Sache der Obrigkeit. Nur die kleine Welt in nächster Nähe kann wahres Glück gewähren.

Der Lebenskünstler

Man kann sich über solch ein Glück mokieren, über das sorgsam zurechtgemachte Biedermeier der Gartenzwerge und den Rückzug vom bösen „Draußen". Aus der Romantik stammt das entsprechende Schmähwort: Philister! Clemens Brentano widmete ihm 1811 eine böse Satire: „Der Philister vor, in und nach der Geschichte". Bei Friedrich Nietzsche wurde daraus eine Abrechnung mit dem Kleinbürgertum, dem „geistigen Mittelstande", der sich im Behagen verschanzt, einem „Behagen an der eigenen Enge, der eigenen Ungestörtheit, ja an der eigenen Beschränktheit":

„Es fanden sich eigene darstellende Talente, welche das Glück, die Heimlichkeit, die Alltäglichkeit, die bäuerische Gesundheit und alles Behagen, welches über Kinder-, Gelehrten- und Bauernstuben ausgebreitet ist, mit zierlichem Pinsel nachmalten ..."[21]

Man muss nicht hämisch mit dem Finger auf solche Kunst weisen – war Spitzweg gemeint? Aber ihr steht die ganz andere Lebensform des Experimentellen gegenüber. Ein Nietzsche mochte sich nicht ins Bürgerliche bequemen; für ihn war das Dasein mehr als eine Frage der Sicherheit:

„Das Leben hat mich nicht enttäuscht! Von Jahr zu Jahr finde ich es vielmehr wahrer, begehrenswerter und geheimnisvoller – von jenem Tage an, wo der große Befreier über mich kam, jener Gedanke, daß das Leben ein Experiment des Erkennenden sein dürfe – und nicht eine Pflicht, nicht ein Verhängnis, nicht eine Betrügerei!"[22]

Der mit seinem Leben experimentiert, es in Höhen und Tiefen auskostet und alle Risiken wahrnimmt, der wird zum Lebenskünstler. Es hat Prototypen gegeben, von Maupassants „Bel ami" über Kazantzakis' „Alexis Sorbas" bis hin zu Thomas Manns „Felix Krull", der wie ein Artist ohne Netz und doppelten Boden durch sein Leben gleitet, mit einer „elastischen Natur", durch „Anlage und Spielbegabung" zu immer neuen Eskapaden bereit. Da schlüpft er in die Rolle eines jungen Adligen, der eine Weltreise unternehmen soll, verwandelt sich in dessen Ich als *bon vivant*, als gut Lebender, als einer, der zu leben weiß *(savoir vivre)*:

„In meinem Kopf tummelten sich die Gedanken, überwacht, so darf ich sagen, von der Vernunft, die sie, wenn auch mit Mühe, zu Bedachtsamkeit anhielt und ihnen nicht gestattete, in Rausch aufzugehen. Ich war froh, ein wenig allein gelassen zu sein, um ungestört die Lage mustern und manches bei mir selbst vorwegnehmen zu können, was bei der Fortsetzung des Gesprächs zu erörtern war. Der Seitenpfad, die glückhafte Abzweigung von dem Wege, den mein Pate mir eröffnet hatte, indem er selbst auf solche Gelegenheiten hingewiesen, bot sich hier überraschend an, und zwar in so verlockender Gestalt, dass es der Vernunft recht lästig fiel, zu prüfen, ob es nicht eine Sackgasse war, die mich lockte. Sie hielt mir vor, dass es eine Straße der Gefahren war, die ich antreten würde, eine Straße, zu deren Begehen ein sicherer Fuß gehörte. Sie tat es mit bemühtem Nachdruck und erreichte damit doch nur, dass sie den Reiz eines Abenteuers erhöhte, das alle meine Gaben zu kühner Bewährung aufrief. Umsonst warnt man den Mutigen vor einer Sache, indem man ihm nachweist, dass Mut dazu gehöre ...“[23]

Man muss nicht gerade Hochstapler sein, um – wie Ernst Jünger sagt – solch ein „abenteuerliches Herz“ zu haben.

Und doch gilt der Lebenskünstler als eine Außenseiter-Erscheinung, als unbürgerliche Spielernatur oder Dandy (Oscar Wilde), zumal er sich über manche Grenzen hinwegsetzt, weder ein nützliches Mitglied der so genannten Gesellschaft sein will noch brav den Regeln des wohlgelittenen Anstandes folgt. Er hat seine Affären, kostet hier und kostet dort, aber er bleibt allein, genießt den Bezug auf sich selbst und scheut die verpflichtende Bindung, die ihn nur einengen würde. Nicht einmal das Glück, dieser „faule Fleck des Bürgertums“, so Max Stirner, muss für ihn oberste Richtschnur sein.

Ich habe einmal Bekanntschaft mit solch einem Lebenskünstler gemacht, in Ierápetra, einem kleinen Städtchen an der Südküste Kretas. Dort lebte Hans, ein Norweger, der seinen Beruf, er war Lehrer gewesen, an den Nagel gehängt hatte und nun – fernab von seiner Familie – ein Leben nur noch nach eigenem Gusto führte. Die äußeren Umstände waren ärmlich, aber viel Geld brauchte Hans nicht. Er schlug sich mit kleinen handwerklichen Tätigkeiten durch, reparierte Stühle und brachte den Tischlern des Ortes das Drechseln bei, angelte sich ab und zu einen Fisch, und morgens saß er in einer Strandtaverne, ließ sich vom Wirt ein Waffeleisen geben und buk sich die schönsten Eierkuchen. In den Tag hinein leben, die Sonne genießen und sich nicht sorgen, was morgen wird: So etwa könnte die Devise eines Lebenskünstlers lauten. Diogenes wäre ein schlechtes Beispiel. Der hatte etwas gewollt, hatte seinen bescheidenen, aber hartnäckigen Ehrgeiz gehabt: zu provozieren. Ein echter Lebenskünstler ist über solche Anfechtungen hinaus. Er genügt sich selbst.

Sind Lebenskünstler Egoisten? Max Stirner (1806–1856) legt diese Vermutung nahe. Seine berühmte Schrift über den Einzelnen und sein Eigentum begann er mit den Worten:

„Ich hab' mein' Sach' auf Nichts gestellt. –

Was soll nicht alles meine Sache sein! Vor allem die gute Sache, dann die Sache Gottes, die Sache der Menschheit, der Wahrheit, der Freiheit, der Humanität, der Gerechtigkeit; ferner die Sache meines Volkes, meines Fürsten, meines Vaterlandes; endlich gar die Sache des Geistes und tausend andere Sachen. Nur meine Sache soll niemals meine Sache sein. ›Pfui über den Egoisten, der nur an sich denkt!‹"[24]

Allerdings: Ganz so arg war Stirners Egoismus nicht. Trotz des Mottos „Mir geht nichts über mich" fragte er weiter:

„Soll ich etwa an der Person des andern keine lebendige Teilnahme haben, soll seine Freude und sein Wohl mir nicht am Herzen liegen, soll der Genuß, den ich ihm bereite, mir nicht über andere eigene Genüsse gehen? Im Gegenteil, unzählige Genüsse kann ich ihm mit Freuden opfern, Unzähliges kann ich mir zur Erhöhung seiner Lust versagen, und was mir ohne ihn das Teuerste wäre, das kann ich für ihn in die Schanze schlagen, mein Leben, meine Wohlfahrt, meine Freiheit. Es macht ja meine Lust und mein Glück aus, mich an seinem Glücke und seiner Lust zu laben. Aber mich, mich selbst opfere ich ihm nicht, sondern bleibe Egoist und – genieße ihn."[25]

Genuss kann sich zwar auf Kunst beziehen, ist aber nicht selber Kunst, es sei denn, man denkt an die Kochkunst eines Brillat-Savarin. Doch halt! – Da gibt es noch Joseph Beuys (1921–1986), der mit seiner Behauptung: „Jeder ist Künstler!" Furore machte. Manchen gilt er als Wegbereiter der Avantgarde, aber sein Satz enthält die Tücke, nicht verifizierbar zu sein. Wenn alles menschliche Leben als Kunstwerk gilt, gibt es keinen Maßstab mehr, der solche Kunst von Nicht-Kunst abgrenzt. Beuys hatte sein Schaffen als Anti-Kunst verstanden, nur verwischen sich dabei alle Vorstellungen, was nun noch Kunst, Gegenkunst oder keine Kunst sein soll. Mit Allerweltsthesen ist wenig zu gewinnen. Die Frage bleibt, was an der „Lebenskunst" das Ästhetische ausmacht.

Ist es „Die unerträgliche Leichtigkeit des Seins"?[26]

Das schöne Leben

Man kann grundsätzlich fragen, was denn ein gutes Leben sei. Für die Antike war es das *eu zän* (gut leben), aber auch das *eu práttein*, das zweierlei bedeuten kann: seine Dinge gut zu machen oder sich wohl zu fühlen (das Wort *práttein* hängt mit Praxis zusammen). Andere Begriffe kursieren:

- das erfüllte Leben, das voll ist von glücklichen Augenblicken;
- das gelingende Leben, bei dem die Erfolge als Richtschnur dienen;
- das richtige Leben, doch da muss man sagen können, was als Maßstab für Richtiges gelten soll;
- das schöne Leben, für dessen Bestimmung nicht nur ein Wohlbefinden, sondern auch der ästhetische Sinn Voraussetzung ist.

All diese Vokabeln laufen – ausgesprochen oder unausgesprochen – auf das hinaus, was uns meistens als Glücklichsein vorschwebt.

Das Leben als Spiel

Nehmen wir das schöne Leben aufs Korn! Natürlich kann man es banal fassen und an Wohlergehen, gar an etwas Opulentes denken. Das ist hier nicht gemeint. Wenn schon vom Schönen die Rede sein soll, dann halten wir uns lieber an die Kunst. Von ihr wird gern vermutet, sie habe es mit dem Schönen zu tun. Ob das ganz richtig ist, lasse ich erst einmal dahingestellt. Schon aus der Antike war der Gedanke überliefert, es könne eine *ars vitae* oder *ars vivendi* geben, eine Lebenskunst – so etwa bei Seneca. Aber da fehlte noch die nähere Bestimmung, um was für eine Sorte von Kunst es sich handeln solle. Erst als im 18. Jahrhundert die Ästhetik als philosophisches Thema erschien, bekam die Verbindung von Leben und Kunst einen brauchbaren Hintergrund.

Am simpelsten kann man sagen, in der Kunst gehe es darum, etwas zu gestalten. Da ist ein Stoff, da ist der Künstler, und nun bemüht er sich, dem Stoff die Form zu geben, die ihm vorschwebt. Wie aber, wenn der Mensch sich selbst zum Stoff wird, wenn er sich eine schöne Form geben möchte? Friedrich Schiller hatte das Problem bereits gesehen:

„Ein Mensch, wiewohl er lebt und Gestalt hat, ist darum noch lange keine lebende Gestalt. Dazu gehört, dass seine Gestalt Leben und sein Leben Gestalt sei.“[27]

Das klingt auf den ersten Blick ein wenig kraus, aber Schiller hat erklärt, was er meinte. Der Mensch ist ein Zwitterwesen zwischen den Gefühlen auf der einen und der Vernunft auf der anderen Seite. Da er sich für keines von beiden entscheiden kann, ist es am besten, wenn er mit den Extremen spielt, sich gleichsam auf eine Ebene zwischen ihnen begibt und dort mit tänzerischer Anmut herumturnt.

„Denn, um es endlich auf einmal herauszusagen, der Mensch spielt nur, wo er in voller Bedeutung des Worts Mensch ist, und er ist nur da ganz Mensch, wo er spielt. Dieser Satz, der in diesem Augenblicke vielleicht paradox erscheint, wird eine große und tiefe Bedeutung erhalten, wenn wir erst dahin gekommen sein werden, ihn auf den doppelten Ernst der Pflicht und des Schicksals anzuwenden; er wird, ich verspreche es Ihnen, das ganze Gebäude der ästhetischen Kunst und der noch schwierigern Lebenskunst tragen."[28]

Lebenskunst als die Art, wie sich der Mensch selbst gestalten soll. Schon bald nach Schiller hat Friedrich Schlegel in seinen „Athenäum"-Fragmenten (ab 1798) notiert, was die Biografie eines schönen menschlichen Lebens auszeichnet:

„Konzentriert sie sich ganz darauf, die Individualität zu charakterisieren: so ist sie eine Urkunde oder ein Werk der Lebenskunstlehre."[29]

Fällt Ihnen auf, dass bei alledem nicht vom Lebenskünstler die Rede ist? Eigentlich passt er nicht in das hochgestimmte Denken deutscher Klassiker. Er hat etwas Unernstes an sich, eben das Hochstaplerische, und Schiller war es mit dem Spiel beziehungsweise Schlegel mit der „Lebenskunstlehre" tiefernst. Da musste schon ein Friedrich Nietzsche kommen und das gesamte Leben überhaupt zum närrischen Weltspiel erklären; um sagen zu können, es sei nichts als bloßer Schein, „denn nur als ästhetisches Phänomen ist das Dasein und die Welt ewig gerechtfertigt"[30].

„Als ästhetisches Phänomen ist uns das Dasein immer noch erträglich, und durch die Kunst ist uns Auge und Hand und vor allem das gute Gewissen dazu gegeben, aus uns selber ein solches Phänomen machen zu können. Wir müssen zeitweilig von uns ausruhen, dadurch, daß wir auf uns hin und hinab sehen und, aus einer künstlerischen Ferne her, über uns lachen oder über uns weinen: wir müssen den Helden und ebenso den Narren entdecken, der in unsrer Leidenschaft der Erkenntnis steckt, wir müssen unsrer Torheit ab und zu froh werden, um unsrer Weisheit froh bleiben zu können! Und gerade weil wir im letzten Grunde schwere und ernsthafte Menschen und mehr Gewichte als Menschen sind, so tut uns nichts so gut als die Schelmenkappe: wir brauchen sie vor uns selber – wir brauchen alle übermütige, schwebende, tanzende, spottende, kindische und selige Kunst, um jener Freiheit über den Dingen nicht verlustig zu gehen, welche unser Ideal von uns fordert."[31]

Da haben Sie den Brückenschlag zwischen dem Lebenskünstler und der Lebenskunst! Letztere legt ihr hehres Gewand ab und wird artistisch. So konnte sie auch die düsteren Zeiten zweier Weltkriege überdauern und bei den Philosophen der Postmoderne ihr Comeback feiern.

Eins wäre freilich nachzutragen. Das Leben als Spiel. Das klingt wunderbar freizügig. Aber zu jedem richtigen Spiel gehören Spielregeln. Zwar kann man vom Spiel des Sonnenlichts auf den bunten Blättern eines Herbstwaldes reden, aber dann ist Spiel nur metaphorisch – vergleichsweise – gemeint. Oder spielende Katzen, die hinter einem Wollknäuel herjagen: Wenn sie spielen, üben sie, was sie später zum Überleben brauchen. Spiele in unserer Menschenwelt bedürfen jedoch der Regeln, ob es sich nun um Schach, Skat oder Fußball handelt. Und wenn sich jemand nicht an die Regeln hält, ist er eben ein Spielverderber.

Ästhetik der Existenz

Die fröhliche Postmoderne! Sie hatte als Protest begonnen – Protest gegen die Gleichmacherei der Moderne. Moderne Städte: Da denkt man an Glas, Stahl und Beton. Hochhäuser, Wolkenkratzer, Plattenbauten, Labyrinthe der Autobahnen. Uniformität verwischt die Nuancen, Hamburg wie Berlin, Düsseldorf wie München. Von der „Unwirtlichkeit unserer Städte" schrieb schon Alexander Mitscherlich (1965).

Zuerst schwenkte die Architektur um, wurde postmodern. Kleine Nischen des Individuellen waren wieder erlaubt, neckisches Zierwerk, Sitzecken unter Arkaden, Blumenkübel in Fußgängerzonen. Die Philosophie zog nach: Lyotard, Deleuze, Derrida und allen voran Michel Foucault (1926–1984). Er hatte als Historiker wissenschaftlicher Denksysteme begonnen, aber in seinem Spätwerk schwenkte er um und wandte sich gegen die Machtstrukturen der westlichen Welt. In Japan hatte er etwas von *Zen* gelernt, von der Auflösung des Subjekts; nun wollte er anders denken, den bisherigen Typus des Menschen hinter sich lassen, mit einem neuen Bewusstsein beginnen, schöner leben. „Ästhetik der Existenz" nannte er das.[32]

„Wir müssen uns selber als ein Kunstwerk schaffen." Nietzsche hatte es nicht viel anders gefordert:

„*Eins ist not.* – Seinem Charakter 'Stil geben' – eine große und seltne Kunst!"[33] Das alte Subjekt ist tot – es lebe das neue! In uns schlummert kein fertiges, naturgegebenes Ich, das wir nur entdecken müssten; es kommt darauf an, sich selbst zu schaffen! Und das unter dem Motto Foucaults, „die Schönheit seines eigenen Lebens" zu finden.

Leider gibt es kaum Ausführungsbestimmungen. Das Programm ist da, aber wie soll es umgesetzt werden? Einfach „Ja" sagen zum Leben, das wäre ein bisschen wenig. Das gibt noch nicht vor, wie man aus sich ein Kunstwerk machen kann. Beuys mit seinem „Jeder ist Künstler" ist nicht genauer, ich erwähnte es schon. Muss man dem schönen Leben nachhelfen?

Das Hirn voller Drogen

Foucault hat fatale Wege zum schöneren Leben ausprobiert, und sie bringen die Sache auf den kürzesten Nenner. Erweitere dein Bewusstsein, schlucke Drogen!

Räusche können mitunter schön sein, meist allerdings nur im Anfangsstadium und sicherlich nicht in dem, was nachher bleibt: dem Kater. Werden sie künstlich erzeugt – und wie sollte man anders in sie hineinkommen? –, liefert man sich ihnen aus. Sie entfalten ihre eigene Dynamik, unbeherrschbar. Aber sie können befreien, von Sorgen, Nöten, von allem Elend der Welt. Sie gehören zu einem speziellen Typ der Entlastungstechnik, sind gleichsam mechanisierte Tricks fürs Wohlergehen, beliebig einsetzbar. Hedonisten haben da keine Skrupel, denn den moralischen Zeigefinger lassen sie ohnehin nicht gelten. So gaben B. Dessau und B. Kanitscheider dem kontrollierten Drogenkonsum ihren Segen:

„Mit Klugheit und Sachwissen muss jeder im Einzelfall entscheiden, wie die Nutzen/Schadenbilanz bei der Einnahme einer bestimmten psychotropen Substanz ausfällt."[34]

Von der Last, die der Gesellschaft aufgebürdet wird, wenn sie sich um Opfer des Drogenkonsums kümmern muss, ist dabei nicht die Rede.

Das richtige Präparat, das passende Medikament, und schon fühlen wir uns prächtig. Bei Ratten hat man es ausprobiert: Sie kriegten in ihren Käfig einen Lust-Drogenspender, den sie selbst bedienen konnten, und da stippten sie ihre Nasen gegen die Quelle, bis ihnen alles Übrige egal war. Sie lebten im Glücksrausch und gingen ein, weil sie vergaßen, gelegentlich auch noch etwas zu fressen.

Die finale Lösung aller Probleme durch passende Pillen wurde schon längst entworfen: durch Aldous Huxley, der in seinem Roman „Brave New World" (1932) eine Menschheit schildert, die sich wie besagte Ratten benimmt. Läuft etwas schief, wird „Soma" geschluckt, und ein Gehirnspezialist erklärt dazu:

„Heutzutage – sehen Sie, das ist wahrer Fortschritt! – arbeiten die alten Leute, erfreuen sich ihrer sexuellen Triebe, sind immer beschäftigt, das Vergnügen lässt ihnen keine Muße, keinen freien Augenblick, um sich hinzusetzen und nachzudenken. Und selbst wenn sich durch einen unglückseligen Zufall ein Loch in der ununterbrochenen Folge ihres Zeitvertreibs auftut, ist immer Soma zur Hand, das köstliche Soma! Ein halbes Gramm genügt für einen freien Nachmittag, ein Gramm fürs Wochenende, zwei Gramm für einen Ausflug in die Pracht des Orients, drei Gramm für eine dunkle Ewigkeit auf dem Mond. Und wenn sie zurückkehren, sind sie bereits über den Abgrund hinweg, stehen auf dem sicheren Boden täglicher Arbeit und Unterhaltung, eilen von einem Fühlkino ins andere, von einem pneumatischen Mädchen zum nächsten, von elektromagnetischem Golf zu …“[35]

Für Huxley war das eine böse Zukunftsvision. Inzwischen sind wir ihr bedenklich nahe gerückt. Wenn das schöne Leben dieser Negativ-Utopie erschreckend wirkt, hat das nichts mit Moral zu tun. Es zeigt nur, wie gern sich Menschen um ihren Verstand bringen lassen und trotzdem wohl fühlen. Vor allem: Ein Lebenskünstler von Gnaden der Opiate verwickelt sich gleich doppelt in Widersprüche. Erstens schwimmt er auf den Wellen der Mode mit, die just das Passende anbietet: Heroin, LSD, Ecstasy und wie all das Zeug heißen mag, mit dem die Chemie des Gehirns auf Trab gebracht werden kann. Wer jedoch mit der Mode geht, ist weniger souverän als er denkt, schon gar nicht ein neuer Mensch. Zweitens hört er genau mit dem auf, was er eigentlich wollte: mit der Gestaltung seines Lebens. Er tritt sie ab an die Kompetenz der Drogen. Er liefert sich aus, und das ist keine Kunst. Am Ende beginnt die Selbstzerstörung, gegen die dann kein Kraut mehr gewachsen ist.

2. Lebensgestaltung – aber wie?

Eigentlich ist es gar nicht so schwer, schön zu leben. Man muss nur versuchen, den richtigen Stil zu finden – den *Lifestyle.*

Was das ist, entzieht sich der Definition. Wenn Sie zu „Lebensstil“ verdeutschen, haben Sie das Entscheidende bereits verloren. Lifestyle ist international, und das ist das Deutsche nicht. Vielleicht hinken wir hier zu Lande sogar hinterher, denn Lifestyle orientiert sich am amerikanischen *Way of Life* und ist bei uns schwer zu fassen. Außerdem gibt es keinen Lifestyle auf Dauer. Er wechselt mit den Moden und ist ein Proteus der Moderne so wie der Postmoderne.

Da geht es um alles. Um das Private und das Öffentliche, um den Beruf und das Heim, um Karriere, Finanzen, Einkaufen, um Kleidung, Essen, Musik, Reisen, Urlaub, Erotik, Schönheit, Kosmetik, Gesundheit – aber nein, nicht um sie: um Fitness und Wellness. Sokrates würde fragen: „Und was ist all diesem gemeinsam?“ Vielleicht, dass die Dinge weniger zählen als ihr Design, ihre Aufmachung, die Verpackung. Sie muss stromlinienhaft dem jeweiligen Trend angepasst sein. Lifestyle ist die blank geputzte Oberfläche des Lebens, die jede Frage nach dem, was dahinter steckt, wegspiegelt.

Philosophen tun sich schwer mit dem Lifestyle. Er passt nicht zur Mühe des Denkens, denn er will leicht sein, elegant über alles hinweghuschen und sich nicht festnageln lassen. Vielleicht ist er eben deshalb für professionelle Grübler degoutant. Er ist mehr in der Werbung zu Hause als im philosophischen Seminar. Aber das muss nichts Negatives sein. Lifestyle entlastet. Er enthebt der Mühe, immer nach eigenen Wegen suchen zu müssen.

Leben im technischen Zeitalter

Bleiben wir trotzdem bei der Lebenskunst. Sie hat sich eingebürgert, als Fachausdruck, und ihr jüngster Prophet heißt Wilhelm Schmid.[36] Dass er in Foucaults Fußstapfen tritt, gibt er gern zu. Er will nur ausbauen, was sein Vorgänger einst begann, und das gründlich. Aber ihm ist auch klar, dass Lebenskunst heute nicht mehr sein kann, was sie einst bei Epikur oder den Stoikern gewesen war. Unsere moderne Welt ist schwieriger geworden. Wilhelm Schmid konstatiert:

„Nach Lebenskunst fragen diejenigen, für die sich das Leben nicht mehr von selbst versteht, in welcher Kultur und welcher Zeit auch immer. Die Frage bricht vorzugsweise dort auf, wo Traditionen, Konventionen und Normen, und seien es die der Moderne, nicht mehr überzeugend sind und die Individuen sich um sich selbst zu sorgen beginnen. Beziehungen zerbrechen, Zusammenhänge lösen sich auf, und der Einzelne ist mit Situationen konfrontiert, die ihm von Grund auf fremd sind. Die Geschichte bietet immer wieder Beispiele für einen solchen Orientierungsverlust und die dann einsetzende Sinnsuche.“[37]

Wir leben in einem von Technik bestimmten Zeitalter. Das heißt nicht, dass wir überall und dauernd von technischen Geräten umgeben sind. Das zwar auch, aber viel wichtiger ist, dass uns technologisches Denken durchdrungen hat und kaum noch andere Denkmöglichkeiten zulässt. „So ist denn auch das Wesen der Technik ganz und gar nichts Technisches“, hat Martin Heidegger vermerkt.[38] Dieses „Wesen“ wäre eher in der Art zu suchen, wie unser Leben im Ganzen organisiert oder verfasst ist, nicht im Fuhrpark der Apparate.

Das 19. Jahrhundert hatte sein technisches Grundsymbol in der Dampfmaschine gehabt. Im 20. Jahrhundert waren andere Technikformen dazu gekommen: Die Welt wurde elektrifiziert, das Auto eroberte die Straßen, man telefonierte, funkte, hörte Radio und sah fern. Das Atom wurde zur unheimlichen Macht. Schließlich die ganze Elektronik mitsamt Computer, Automation und Kybernetik. Satelliten beäugen uns von oben, trickreiche Sonden spähen das Weltall aus.

An der Schwelle zum 21. Jahrhundert hat sich das Internet wie ein unsichtbares Netz um den ganzen Globus gelegt. Angeblich leben wir in einer „informierten Gesellschaft" (Karl Steinbuch). Ob das so stimmt, sei dahingestellt. Gelegentlich scheint es, als laufe die Rolle der Medien auf Desinformation hinaus. Sie zaubern uns virtuelle Welten auf den Bildschirm, nicht nur, wenn es um Kriege geht (Irak 1991 und 2003), sondern grundsätzlich: Von ihnen empfangen wir Muster, wie es sich lebt und wie man leben sollte. Aber ihre Welt ist gemacht, kein simples Abbild der Realität, sondern erfundene Wirklichkeit. Und das Fatale: Die virtuellen Welten werden mächtiger als vermeintliche Tatsachen. Schon in den sechziger Jahren sah der Philosoph Günther Anders, was da passiert:

„Wenn das Ereignis in seiner Reproduktionsform sozial wichtiger wird als in seiner Originalform, dann muss das Original sich nach seiner Reproduktion richten, das Ereignis also zur bloßen Matrize ihrer Reproduktion werden."[39]

Um ein Beispiel zu nennen: das Gesundheitswesen. Über Jahrtausende war eigentlich klar, wann jemand gesund und wann er krank ist. Man konnte sogar behaupten, Gesundheit sei eine der wichtigsten Voraussetzungen für ein glückliches Leben. Ein kleiner Schnupfen muss unsere Glücksgefühle zwar noch nicht wesentlich beeinträchtigen, aber wer schwer krank zu Bette liegt, wird kaum noch Lebensglück genießen. Nun aber kommt die Pharmaindustrie mit immer neuen Produkten, und um sie absetzen zu können, werden Krankheiten buchstäblich erfunden und nach der Devise auf den Markt geworfen: Wer sich gesund fühlt, weiß noch gar nicht, wie krank er eigentlich ist.[40] Sind da Betrüger am Werk? Keineswegs. Es ist nur so, dass unsere Befindlichkeit ins Marktgeschehen, viel weiter noch in die Techniken der modernen Lebenswelt eingeschmolzen ist.

Das gilt sogar für die Art, wie wir sprechen. Jemand fühlt sich wohl und hat keine Probleme. Er sagt: „Alles im grünen Bereich." Da schluckt das technische Bild die ganze Lage und drückt Optimismus aus. Oder jemand schaltet schnell und reagiert wie auf Knopfdruck. Ein Parteifunktionär funktioniert wie die Maschine. Hören Sie sich um und loaden Sie weitere Beispiele down: Unsere Sprache ist der beste Sensor für das, was sich tut, wenn wir im Technischen zu Hause sind!

Leben – Kunst – Gestaltung

Lässt sich in dieser technisierten Welt überhaupt noch etwas gestalten, wenn doch alles durch Formen und Normen vorgegeben ist, inklusive der Vorschriften, die aus Brüssel kommen? Ich kann mir mein Häuschen nicht bauen, wie ich will, sondern muss erst einmal alle Papiere studieren, in denen steht, was erlaubt ist und was nicht. Planungsbürokratie – auch sie eine Form des Technischen – legt sich wie klebriger Schleim über alle persönlichen Wünsche.

Trotzdem verkündet Wilhelm Schmid wohlgemut:

„Das ist Lebenskunst, eine fortwährende Arbeit der Gestaltung des Lebens und des Selbst."[41]

Ein schöner Dreiklang: Leben – Kunst – Gestaltung. Aber lassen sich diese Begriffe so harmonisch zusammenbringen? Oder wird da nur ein schöner Traum geträumt? Indem ich so frage, fügt es sich gut, dass da gerade ein Fragment aus den frühen platonischen Dialogen aufgetaucht ist, bisher unveröffentlicht, und es zielt genau auf unser Problem.

Wie bei Platon üblich, führt Sokrates (S.) ein Gespräch, diesmal mit dem Sophisten Polytechnítäs (P.), dem vielseitig Kunstfertigen.

S.: Sage mir, du Wunderbarer, der du in allen Dingen trefflich bewandert bist: Wie also sollen wir unser Leben führen?

P.: So, dass es sich immer zum Kunstwerk fügt.

S.: Gut geantwortet! Ich wünschte, ich könnte auch für mich dieser Lebenskunst folgen. Aber da ist noch ein Kleines, das ich nicht verstehe.

P.: Was denn, o Sokrates?

S.: Es gibt doch mancherlei Künste, zum Beispiel die Baukunst, die Tonkunst, die Dichtkunst oder die Kochkunst, um nur einige zu nennen.

P.: Sehr wohl.

S.: Die Baukunst hat es damit zu tun, aus Steinen und Hölzern Gebäude zu errichten?

P.: So ist es.

S.: Der Tonkünstler bildet aus Tönen und Klängen Lieder und das, was wir Musik nennen. Der Dichter formt mit den Mitteln der Sprache poetische

Gebilde, die uns ergötzen, und der Koch weiß, wie er seine Speisen zur Gaumenfreude zubereiten muss.

P.: In der Tat, so ist es.

S.: All diese Künstler haben also einen Stoff, dem sie die jeweils passende Form geben. Und sie finden ihn als etwas vor, das es irgendwie gibt.

P.: Wie denn anders?

S.: Ist es nun bei dem, was du *Lebenskunst* nennst, genauso? Ist auch das Leben ein Stoff, vergleichbar mit dem Stoff, aus dem man Häuser baut, oder mit dem, woraus Lieder und Gedichte entstehen, oder gar mit dem, der unsere Nahrung ausmacht?

P.: Worauf willst du hinaus?

S.: Darauf, dass Leben nicht vorfindbar ist wie ein Rohmaterial, das ich nur zu formen brauche. Oder ist denn unser Leben etwas Stoffliches?

P.: Natürlich nicht wie Holz oder Stein oder dergleichen.

S.: Wenn du also vom „Leben" sprichst, was meinst du damit?

P.: Natürlich das Leben, das ich führe oder das du führst oder irgendein anderer Mensch.

S.: Wohl gesprochen! Aber dein Leben – wo ist das eigentlich? Wenn ich es recht sehe, lebst du jetzt, hast gelebt und wirst noch lange leben; das hoffe ich wenigstens. Aber das Leben *vor* dir kannst du nicht kunstvoll gestalten, weil es noch gar nicht da ist, das Leben jetzt im Augenblick ist nie zu greifen, weil jeder Augenblick sofort entschwindet, und das Leben deiner Vergangenheit kannst du nicht mehr gestalten, weil es bereits *hinter* dir liegt.

P.: Du siehst das falsch, Sokrates. Ich meine nicht das Leben in einem seiner Abschnitte, sondern das *ganze* Leben.

S.: Nun denn, wie soll diese Ganzheit zustande kommen? Abgeschlossen ist das Leben erst, wenn der Tod eintritt, aber dann ist nichts mehr zu gestalten. Oder liegt dann das Leben hinter dir wie ein *Werk*, das du geschaffen hast – gleich den Werken der Baumeister, Tonkünstler, Dichter und Köche?

P.: Das meine ich in der Tat. Hast du noch nie etwas von dem „Lebenswerk" eines Menschen gehört?

S.: Durchaus, mein Lieber. Nur wüsste ich gern, was das sein soll. Schau einmal auf dein bisheriges Leben! *Gegenwärtig* kann es dir doch nur in der Erinnerung sein.

P.: Natürlich.

S.: Aber sicherlich weißt du, dass die Erinnerung trügen kann. Manchmal gaukelt sie uns etwas vor, das nie so gewesen ist, oder wir erinnern uns an Dinge aus unserer Jugendzeit, die wir gar nicht aus uns selbst, sondern nur durch die Erzählungen anderer kennen, und die können täuschen. Es liegt also gar nicht endgültig fest, wie wir gelebt haben.

P.: Das mag wohl bisweilen so sein.

S.: Und wenn wir am Ufer des Hades stehen und dem Fährmann unseren Obulus entrichten, ist es dann anders? Ist dann unser Leben das, woran wir uns erinnern, oder etwas, das in den Erinnerungen anderer aufbewahrt wird? Unser Leben – weder das gelebte noch das, das wir leben werden – ist kein Stoff, in den wir hineingreifen könnten, um etwas daraus zu machen, sondern es ist etwas Gedachtes. Wir bilden es, indem wir vieles Vereinzelte übersichtlich zusammenfügen und meinen, das sei dann ein Ganzes.

P.: Was du sagst, mag zwar stimmen, aber es ändert nichts daran, dass ich mein jetziges Leben planen und durch meine Entschlüsse gestalten kann. Diese Entschlüsse richtig zu fassen, darin liegt eben die Lebenskunst.

S.: Vorzüglich. Nur weiß jedes Kind, dass nicht alle Pläne gelingen. Wenn das Schicksal – oder wer immer zuständig ist – die Dinge anders laufen lässt, als man sich das wünschte, hast du nichts gestaltet, sondern Windeier gelegt.

P.: Vielleicht. Aber es kommt auf den Versuch an.

S.: Zugegeben. Nur erkläre mir ferner, ob ein geglückter Versuch tatsächlich zu einem Werk führt. Ist es so, dass beim Gestalten des Lebens Dinge entstehen, die einem vollendeten Bauwerk, einem Musikstück, einer Dichtung oder einem fertigen Gericht aus der Küche entsprechen?

P.: Das möchte ich meinen. Wenigstens gelegentlich.

S.: Sage mir dann, lieber Polytechnítás, ist die Gestaltung des Lebens eine Kunstfertigkeit wie die, über die Architekten, Musiker, Dichter oder Köche verfügen, je nach ihrem Beruf? Dann müsste es wohl Schulen geben, in denen man die Lebenskunst lernen kann, wie die Meister jener Berufe ihre Fähigkeiten in Schulen erworben haben. Ich allerdings kenne niemanden, der mir beibringen könnte, wie ich schön und richtig zu leben habe. Die klugen Ratschläge, die ich gelegentlich höre, nützen wenig, denn jedes Leben nimmt seinen eigenen Gang, und das, was im Leben des einen gelungen sein mag, kann im Leben eines anderen völlig verkehrt sein.

P.: Dann muss eben jeder sein eigener Lehrer werden.

S.: Welch goldener Ausspruch! Und ist er dann auch sein eigener Schüler?

P.: So muss es wohl sein.

S.: Behaupte mir nur nicht zu viel! Wenn derselbe in gleicher Hinsicht Lehrer und Schüler sein soll, geraten wir in einen Widerspruch, denn Lehrer und Schüler pflegt man als einander entgegengesetzte Personen zu sehen. Fallen sie aber zusammen, dann wird es sinnlos, vom Lernen zu sprechen. Liegt nun die Lebenskunst außerhalb dessen, was man lernen kann, so ist sie keine Kunst wie die des Bauens, Musizierens, Dichtens und Kochens. Dann ist sie überhaupt keine Kunst, wie wir Künste verstehen, sondern nur ein Wort für etwas, das wir nicht kennen. Und da wir vorhin gesagt haben, das Leben sei kein Stoff, der sich bearbeiten lässt, bleibt auch für die *Lebensgestaltung* wenig übrig.

P.: Mit leeren Händen stehen wir also da und wissen nicht weiter?

S.: O nein, lieber Freund. Gerade unser Nichtwissen wird uns Ansporn sein, besser über all diese Dinge nachzudenken.

Versuchen Sie, geneigter Leser, nicht, diesen Dialog in den Werken Platons aufzutreiben! Ich habe mir nur einen Scherz erlaubt. Aber die Sache ist ernst. Wenn wir die Lebenskunst im Sinne einer Technik verstehen, die sich vermitteln lässt und uns zeigt, wie wir zu einem schönen Leben kommen können, werden wir herbe Enttäuschungen erleben. Das berühmte Nichtwissen des Sokrates bezog sich gerade darauf, dass uns eine solche Technik nicht zur Verfügung steht und wir demnach nicht lernen können, wie man in ein schönes, gutes, richtiges, glückliches Leben hineinkommt.

Lebensgestaltung als Schulfach

Im Lande Brandenburg hat man ein Unterrichtsfach eingeführt, das den etwas sperrigen Namen „Lebensgestaltung, Ethik, Religion“ führt; handlich abgekürzt zu LER. Wilhelm Schmid scheint dieses Fach sehr zu schätzen:

„Was für die Heranwachsenden nur mehr fragmentarische Splitter ihrer Wahrnehmung und Erfahrung innerhalb und außerhalb der Institution Schule sind, kann unter dem Aspekt der Lebensgestaltung wieder im Zusammenhang gesehen werden und somit neuen Sinn gewinnen.“[42]

Ganz gleich, was in diesem „Fach“ nun getrieben wird, der Titel „Lebensgestaltung“ weckt frohe Erwartungen. Da wird ganz einfach vorausgesetzt, was mein kleiner Sokrates-Dialog in Frage stellte. Leben ist kein formbarer Stoff, schon gar nicht in der heutigen Zeit. Sehen wir die Situation junger Menschen konkret! Da stehen sie nun am Ende ihres Schülerdaseins, machen vielleicht sogar ihren Abschluss – und dann? Wenn sie Glück haben, ergattern sie eine Lehrstelle, aber meist ohne Aussicht, später vom Betrieb übernommen zu werden.

Oder sie lassen sich weiter ausbilden, besuchen eine Hochschule, eine Universität. Das ist aber nur ein Aufschub bis zur nächsten Krise. Arbeitslosigkeit ist keine Ausnahme. Wir leben nicht mehr in einer Zeit, wo sich ein

Lebensweg planen ließ, wo man die Karriereleiter sprossenweise kalkulieren konnte bis hinauf zur Rente, zur Pension. Und dann das demografische Problem: Der Generationenvertrag funktioniert nicht mehr. Lebensgestaltung setzt voraus, dass man eine Basis und fundamentale Sicherheiten hat. Die sind inzwischen nicht mehr gegeben. Der Soziologe Ulrich Beck hierzu:

„Das ganze System ist damit in eine Situation geraten, in der die Individuen wie auf einem Geisterbahnhof herumirren, in dem die Züge, wenn sie überhaupt noch verkehren, nicht mehr nach Fahrplan verkehren. Gleichzeitig aber muss man, um eine Existenzgrundlage zu bekommen, Fahrkarten erwerben, d.h., man muss Schlange stehen und weiß nicht, ob dieses Schlange stehen nicht einen Fahrkartenerwerb bedeutet, der ins Nichts führt.“[43]

Wenn das zutrifft – und alles spricht dafür –, ist „Lebensgestaltung“ ein Euphemismus, eine wohlklingende Floskel – wenigstens für die meisten Jugendlichen.

Moderne Kunst als Maßstab?

Bleiben wir noch ein wenig bei der Kunst. Wenn schon von Lebenskunst die Rede ist, muss sie zur übrigen Kunst eine Beziehung haben; sonst wäre der Begriff ohne Inhalt. Aber woran denken Sie beim Wort „Kunst“?

Da kann einem vieles vorschweben. Ein Gemälde von Rembrandt, eine Skulptur von Rodin, das Treppenhaus der Würzburger Residenz. In solchen Fällen spricht man von Kunstwerken. Auf den ersten Blick sind es abgeschlossene Gebilde, fertig, vollendet, in sich ruhend. Sie sind schön.

Nun ist keineswegs gesagt, dass Künstlerisches schön oder doch mit dem Schönen verbunden sein muss. Die moderne Kunst lehrt uns eher das Gegenteil. Spätestens seit dem Expressionismus hat sie sich auf anderes geworfen, auf den Ausdruck, den Schrei, den Protest, die Revolte. Wer durch eine Ausstellung heutiger Kunst wandert, wird mit Dingen konfrontiert, die ihn oft ratlos machen. Mit Schönheit haben sie wenig zu tun, eher sind sie befremdlich, verstörend, aufregend oder manchmal nur rätselhaft. Da muss man Abschied von liebgewonnenen Gewohnheiten nehmen und zugeben, dass die Kunst nicht mehr ist, was sie einmal war.

Auch am Werkcharakter künstlerischer Produktionen haben wir zu zweifeln gelernt. Das große Gemälde im goldenen Rahmen, der manchmal wertvoller sein mochte als das Bild selbst: Es ist ein Fall von Abgrenzung. Das Kunstwerk isoliert sich gegenüber einer Welt, die nicht künstlerisch ist, zum Beispiel gegenüber dem Alltag. Doch auch darin hat sich manches geändert. Die Pop-Art griff mit Begeisterung ins Triviale, Andy Warhol malte eine Suppendose der Firma Campbell wie für ein Werbeplakat (1965), und schon 1917 erregte Marcel Duchamp wütenden Protest, als er sich ein Urinierbecken holte, es ausstellte und zum Kunstwerk erklärte. Da musste nichts mehr geschaffen werden; es genügte, fertige Dinge *(ready-mades)* aus ihrem gewohnten Zusammenhang zu nehmen und wie Fetische zu behandeln.

Schließlich kamen die Künstler der reinen Aktion, des Happenings. Irgendetwas wird wie im Zufallsspiel inszeniert, mit dem Anschein, da walte pure Realität. Ob es um das Schlachten eines Schweines geht, dessen Blut sich über eine nackte Frau ergießt, um Wildkräuter zwischen Bahngleisen (gezeigt auf der Kasseler Documenta) oder um Christos Verhüllung des Reichstages im Jahr 1995: Immer werden die Grenzen zwischen Kunst und Wirklichkeit aufgehoben. Vor allem aber ist solch eine Aktion zeitlich begrenzt. Es kommt nicht mehr darauf an, für die Ewigkeit zu schaffen. Ist das Happening vorbei, wächst Gras darüber.

Die Idee vom Kunstwerk ist tot – es lebe das Ereignis! Natürlich wird auch heute noch auf alte Weise gemalt, gebildhauert usw. Das alles läuft weiter, unverdrossen. Aber es geschieht nicht mehr auf dem Kampfplatz des Aktuellen und zwischen solchen, die sich von der Gegenwart herausgefordert fühlen. Die ihr irgendwie begegnen wollen. Für sie ist längst fraglich geworden, ob Kunst im klassischen Sinn überhaupt noch möglich ist.

Solch ein Infragestellen der Kunst kann nicht ohne Rückwirkung auf die so genannte „Lebenskunst" bleiben. Es wäre naiv, wollte man bei ihr die alten Maßstäbe hüten und so tun, als habe sich nichts geändert. Das gilt auch für alles Reden von „Lebensgestaltung". Es hält an verblassenden Bildern fest und ignoriert den Zeitenwandel. Die Gestaltungsspielräume sind rapide geschrumpft: in der Politik, der Wirtschaft, den gesellschaftlichen Zusammenhängen und schließlich auch im Privaten. Das „schöne Leben" kann sich kaum noch an Normen des Schönen orientieren, sie sind ausgelaugt. Eine ästhetische Lebensform ist nicht mehr in Sicht. Und der „ästhetische Mensch" (Eduard Spranger) gehört zu den aussterbenden Gattungen.[44]

Der dänische Philosoph Sören Kierkegaard (1813–1855) hat das wohl geahnt. Er beschrieb die ästhetische Lebensform – das schöne Leben – als eine gebrochene Existenz. Dem Ästhetiker geht es um Genuss, aber dieser Genuss verfliegt. Ein neuer muss her. „Daher die ungeheuren Oszillationen, denen derjenige, der ästhetisch lebt, ausgesetzt ist." Beispiel: Don Juan. Im „Tagebuch des Verführers" (1843) hat Kierkegaard diesen Typus analysiert. Er ist Egoist, andere Individuen schüttelt er von sich ab „wie ein Baum seine Blätter – er verjüngt sich, das Laub verwelkt." Nur wird seine Lebenskunst zum Irrgarten:

„Aber wie sieht es in seinem eignen Kopf aus? Wie er andre irregeführt hat, so denke ich, verirrt er sich schließlich selber. Es ist empörend, wenn ein Mensch einem Wanderer, der sich verirrt hat, falsche Wege zeigt und ihn dann allein lässt; aber wie viel schrecklicher, wenn man einen Menschen an sich selber irrewerden lässt. Der verirrte Wanderer hat doch den Trost, dass sich die Gegend um ihn her stets verändert, und bei jeder Veränderung die Hoffnung erwacht, er möchte den rechten Weg finden; wer aber an sich selber irre wird, hat kein so großes Territorium, auf welchem er sich bewegen könnte; er kommt immer wieder da an, von wo er ausging. So – denke ich – wird's ihm selber ergehen, aber in viel schrecklicherem Maße. Nichts Qualvolleres kann ich mir vorstellen als einen intriganten Kopf, der den Faden verliert, und nun, während das Gewissen erwacht und er sich aus dem Labyrinth herausfinden will, seinen ganzen Scharfsinn gegen sich selber wendet. Was helfen ihm all die Ausgänge seiner Fuchshöhle? In demselben Augenblick, in welchem seine geängstete Seele es schon zu sehen glaubt, wie das Licht des Tages in die dunkle Höhle fällt, zeigt sich's, dass es ein neuer Eingang ist. Wie ein aufgeschrecktes Wild, von der Verzweiflung verfolgt, sucht er einen Ausgang und findet immer nur einen Eingang, durch den er zu sich selber zurückkehrt."[45]

Das alles ist nicht einmal moralisch gemeint. Kierkegaard nennt es einen „bewussten Wahnsinn", der sich „als Unruhe äußert", die den Ästhetiker wach hält, „ihm in seiner unfruchtbaren Friedelosigkeit keine Ruhe noch Rast gönnt".[46]

Die Geschichte vom Fuchsbau erinnert an Platons Höhlengleichnis, aber mit einer anderen Pointe. Bei Platon wollten die in ihrer unterirdischen Behausung Eingeschlossenen bleiben, wo sie waren. Kierkegaards Ästhetiker dagegen will zwar entweichen, aber er findet den Ausweg nicht; seine Lebenskunst dreht sich im Kreise, und so ist er schlimmer dran als die Leute bei Platon. Kierkegaard hat das Bild vom unmöglichen Glück noch anders gefasst:

„Ach, die Tür des Glückes geht nicht nach innen, so dass man auf dieselbe losstürmen und sie aufdrücken könnte. Sie geht nach außen; man kann also nichts dabei machen."[47]

Immer ist der Lebenskünstler draußen, will hinein ins Glück und scheitert an perfiden Türen.

Lebenskunst als Weg zum Glücklichsein ist ein Muster ohne Wert – trotz Wilhelm Schmid. Zeiten, in denen Lebensplanung bestenfalls als Patchwork möglich ist, lassen der Kunst wenig Spielraum. Aus Glücksphilosophie ist Glückskitsch geworden. Nur Privilegierte können sich Lebenskunst leisten, und da vor allem die Senioren, denen keiner mehr dreinredet und die das nötige Geldpolster für Mallorca haben. Aber wer im Zufallswirbel von Job zu Job, von Ort zu Ort katapultiert wird, der ist froh, wenn er irgendwie durchkommt.

Bert Brecht hat Kierkegaards Paradox von den versperrten Wegen zum Glück auf seine Weise besungen:

Ja, renn nur nach dem Glück
Doch renne nicht zu sehr!
Denn alle rennen nach dem Glück
Das Glück rennt hinterher.
Denn für dieses Leben
Ist der Mensch nicht anspruchslos genug
Drum ist all sein Streben
Nur ein Selbstbetrug.[48]

VI. Selbstbestimmung

Setzen wir Brecht ein anderes Gedicht entgegen!

Willst du immer weiter schweifen?
Sieh, das Gute liegt so nah.
Lerne nur das Glück ergreifen,
Denn das Glück ist immer da.

Vielleicht haben Sie die Verse erkannt. Goethe schrieb sie und nannte sein Gedicht „Erinnerung".[1] Dichterische Zeugnisse sind nur selten stramme Philosophie. Manchmal hat der Autor lange an ihnen gebastelt, manchmal entstammen sie einem beschwingten Augenblick. Für diese Zeilen Goethes möchte ich Letzteres vermuten. Ein spontaner Einfall, aber wenn er mehr sein soll als bloße Erinnerung, muss ihm auch mehr zugrunde liegen, zum Beispiel eine tragfähige Aussage über die Glücksfähigkeit des Menschen. Bei Goethe findet sie sich in seinem „West-östlichen Diwan", der kein Sofa, sondern eine Sammlung ist. Da schrieb Goethe im Buch „Suleika Nameh":

Volk und Knecht und Überwinder,
Sie gestehn zu jeder Zeit:
Höchstes Glück der Erdenkinder
Sei nur die Persönlichkeit.

Jedes Leben sei zu führen,
Wenn man sich nicht selbst vermisst;
Alles könne man verlieren,
Wenn man bliebe, was man ist.

Nimmt man beide Gedichte zusammen, ergibt sich, dass sich das Glück immer im Menschen bereithält; er muss eben nur eine Persönlichkeit werden.

Doch ich möchte gleich ein paar Worte Arthur Schopenhauers nachschieben, der sich erst über das langweilige Treiben der blöden Masse mokiert und dann auf das kommt, „was einer ist":

„So hat dagegen der mit überwiegenden Geisteskräften ausgestattete Mensch ein gedankenreiches, durchweg belebtes und bedeutsames Dasein; würdige und interessante Gegenstände beschäftigen ihn, sobald er sich ihnen überlassen darf, und in sich selbst trägt er eine Quelle der edelsten Genüsse. Anregung von außen geben ihm die Werke der Natur und der Anblick des menschlichen Treibens, sodann die so verschiedenartigen Leistungen der Hochbegabten aller Zeiten und Länder, als welche eigentlich nur ihm ganz genießbar, weil nur ihm ganz verständlich und fühlbar sind.“[2]

Und kurz davor:

„Ferner, wie das Land am glücklichsten ist, welches weniger, oder keiner, Einfuhr bedarf; so auch der Mensch, der an seinem innern Reichtum genug hat und zu seiner Unterhaltung nur wenig, oder nichts, von außen nötig hat; da dergleichen Zufuhr viel kostet, abhängig macht, Gefahr bringt, Verdruss verursacht und am Ende doch nur ein schlechter Ersatz ist für die Erzeugnisse des eigenen Bodens.“[3]

Das ist Merkantilismus auf der Ebene des Selbstbewusstseins. Aber dieser Stolz auf das Eigene, gemischt mit viel Arroganz gegenüber den Unterprivilegierten, hat sich bei uns eingebürgert und prägt immer noch das Bild von der selbstbestimmten, autonomen Persönlichkeit. So betont Martin Seel, ein gutes Leben sei nur möglich, wenn man über sich selbst verfügt – und das möglichst auf Dauer:

„Das Selbstbestimmtsein der eigenen Existenz ist hier nicht das vorteilhafteste Mittel zur Erlangung dessen, was ich wahrhaft will, sondern vielmehr selbst das, was ich vor (oder zumindest bei) allen anderen Dingen will. Hier ist tatsächlich der Weg das Ziel. Selbst wenn es so wäre, dass ein Leben im Modus der Selbstbestimmung den Einzelnen stets zu reicheren Möglichkeiten episodischen Glücks führte, so wäre doch nicht dies der entscheidende Grund für den Vorzug dieses Lebens. Sein eigentlicher Vorzug liegt vielmehr darin, in guten wie in schlechten Zeiten im Einklang mit dem eigenen weltoffenen Wollen leben zu können.“[4]

Seels Berliner Philosophenkollege Wilhelm Schmid ist offenbar der gleichen Ansicht, nur spricht er vom „Pathos der Selbstgestaltung“, das zur Lebenskunst gehört:

„Es rührt her von dem Bedürfnis, ein Leben zu führen, das schön ist, ein Selbst zu sein, das für sich selbst bejahenswert ist; die Selbstachtung kann davon abhängen, sich selbst zur vollen Entfaltung zu bringen; eine überbordende Lust kann damit verbunden sein, nicht derselbe, dieselbe, dasselbe zu bleiben, sondern sich zu verändern und ein anderes Leben zu leben; grundlegend ist jedoch die Wahl des Individuums, keiner Gleichgültigkeit im Verhältnis zu sich selbst das Feld zu überlassen. Die Selbstgestaltung ist in jedem Fall die Sache des jeweiligen *Individuums,* desjenigen Selbst also, das einen Namen trägt und sich ›einen Namen macht‹, nicht in der Gesellschaft aufgeht, sondern auf sich selbst beharrt und an sich selbst arbeitet. Dieses Individuum ist nicht das Besondere, das nur abgeleitet vom Allgemeinen existiert, in dem es aufgehoben ist und seine Vergänglichkeit nicht spürt. Es ist vielmehr das Einzelne, das für sich selbst und Andere lebt, der Vergänglichkeit mit Leib und Seele unterliegt, jedoch sein Leben frei und eigenständig führt, fähig zur Selbstgestaltung und zur Sorge um sich."[5]

Warum Schmid hier vom „Pathos" der Selbstgestaltung spricht, geht aus seinem Text nicht hervor. Soll man darin einen kritischen Unterton hören? Das mag wohl sein, aber klar ist es nicht. Was in all den bisherigen Zitaten unbekümmert vorausgesetzt wurde: Selbstbestimmung ist möglich.

Ist sie es wirklich?

1. Fremdbestimmtheit

Schauen wir zunächst ein wenig zurück. Als Karl Marx die Situation des Proletariers in der kapitalistischen Gesellschaftsordnung analysierte, ging es ihm nicht nur um wirtschaftliche Verhältnisse. Er erschrak über die Art, wie der Arbeiter völlig um sein eigenes Selbst gebracht wird. Da muss er sich im Rhythmus der Maschinen verausgaben, die er bedient wie ein Sklave den Herren, und wird schließlich zum Unmenschen. Marx sagte es etwas anders.

Sinn der Fabrikarbeit ist die Produktion, auf den ersten Blick die Produktion von Waren. Aber vor allem produziert die Fabrik einen Typus von Arbeit, in der sich der Arbeiter nicht mehr wiederfinden kann, weil er sie nicht *ganz* tut, nur im kleinen Teil. Zu dem, was aus den Hallen rollt, kann er nicht mehr sagen: „Das habe *ich* gemacht. Das ist meiner Hände Werk!" Marx sprach von entfremdeter Arbeit:

„Je mehr der Arbeiter sich ausarbeitet, umso mächtiger wird die fremde, gegenständliche Welt, die er sich gegenüber schafft, umso ärmer wird er selbst, seine innre Welt, umso weniger gehört ihm zu Eigen. Es ist ebenso in der Religion. Je mehr der Mensch in Gott setzt, je weniger behält er in sich selbst. Der Arbeiter legt sein Leben in den Gegenstand; aber nun gehört es nicht mehr ihm, sondern dem Gegenstand. Je größer also diese Tätigkeit, um so gegenstandsloser ist der Arbeiter. Was das Produkt seiner Arbeit ist, ist er nicht."[6]

So wird der Arbeiter selbst zur Ware; er muss sich verkaufen, um leben zu können:

„Der Arbeiter wird eine umso wohlfeilere Ware, je mehr Waren er schafft. Mit der Verwertung der Sachenwelt nimmt die Entwertung der Menschenwelt in direktem Verhältnis zu. Die Arbeit produziert nicht nur Waren; sie produziert sich selbst und den Arbeiter als eine Ware, und zwar in dem Verhältnis, in welchem sie überhaupt Waren produziert.“[7]

Ergebnis: die Verelendung des Arbeiters zum Proletarier. Den Wert seiner Arbeit genießen nur noch die Kapitalisten:

„Die Arbeit produziert Wunderwerke für die Reichen, aber sie produziert Entblößung für den Arbeiter. Sie produziert Paläste, aber Höhlen für den Arbeiter. Sie produziert Schönheit, aber Verkrüppelung für den Arbeiter. Sie ersetzt die Arbeit durch Maschinen, aber sie wirft einen Teil der Arbeiter zu einer barbarischen Arbeit zurück und macht den anderen Teil zu Maschinen.“[8]

Eine Bemerkung zum Begriff „Entfremdung“. Er ist keine Erfindung von Karl Marx; der hat das Wort von seinem Lehrmeister Hegel übernommen. Nur hatte es dort noch eine andere Bedeutung. Hegels Philosophie ging aus vom reinen, absoluten Bewusstsein, sozusagen einem abstrakten „Geist an sich“, der wahren Substanz allen Seins. Soll dieser Geist menschlich werden, so muss er seinen Höhenflug beenden und in die Begrenztheit irdischer Verhältnisse eingehen, zum Subjekt und damit sich selbst fremd werden:

„Diese Auflösung aber, dies ihr negatives Wesen ist eben das Selbst; es ist ihr Subjekt, ihr Tun und Werden. Dies Tun und Werden aber, wodurch die Substanz wirklich wird, ist die Entfremdung der Persönlichkeit …“[9]

Eigentlich ist also jedes Ich, das sich als Person oder Selbst empfindet, seinem ursprünglichen Wesen gegenüber „entfremdet“, was man aber meist nicht merkt. Und so muss die Welt – das Ich, die Person – versuchen, zu ihrem echten Wesen zurückzufinden. Hegel hatte diese Aufgabe der Philosophie zugedacht; Marx der Revolution des Proletariats. Auf jeden Fall: Der Mensch, wie er vorderhand lebt, befindet sich in einem uneigentlichen, ziemlich jammervollen Zustand.

Hegel ist etwas für Spezialisten, der Marxismus ist zusammengebrochen. Man kann sich fragen, ob alles, was da gelehrt wurde, heute noch gilt. Für das 19. Jahrhundert und seine Industriegesellschaft war Marx der klarsichtigste Analytiker und nicht einzuholen. Nur sein Programm zur Behebung der Not nimmt sich heute kurios aus; davon sprachen wir schon. Aber ist denn veraltet, dass die moderne Arbeitswelt so etwas wie Entfremdung hervorbringt? Dass diese Entfremdung nicht mehr nur eine Klasse betrifft, sondern weit um sich gegriffen hat und immer mehr Fremdbestimmung an die Stelle von Selbstbestimmung tritt? Die Technik hat uns im Griff. Sind wir noch in der Lage, ihre Dynamik zu beherrschen? Wollen wir das überhaupt? Der Soziologen-Philosoph Max Horkheimer hat schon vor einem halben Jahrhundert ein böses Bild gemalt.

Der viel gepriesenen Vernunft ist nicht mehr zu trauen, das Ich weiß nicht mehr, wo es steht:

„Die Krise der Vernunft manifestiert sich in der Krise des Individuums, als dessen Agens Vernunft sich entwickelt hat. Die Illusion, die die traditionelle Philosophie über das Individuum und die Vernunft gehegt hat – die Illusion ihrer Ewigkeit –, ist im Begriff zu zergehen. Das Individuum fasste einmal die Vernunft ausschließlich als ein Instrument des Selbst. Jetzt erfährt es die Kehrseite seiner Selbstvergottung. Die Maschine hat den Piloten abgeworfen; sie rast blind in den Raum. Im Augenblick ihrer Vollendung ist die Vernunft irrational und dumm geworden. Das Thema dieser Zeit ist Selbsterhaltung, während es gar kein Selbst zu erhalten gibt. Angesichts dieser Lage ist es angebracht, auf den Begriff des Individuums zu reflektieren."[10]

Das wollen wir versuchen. Das meiste, was heute geschieht, geschieht nach zweckrationalen Gesichtspunkten. Da ist ein bestimmtes Ziel, das erreicht werden soll; nun braucht man nur noch die passenden Mittel, um hinzukommen. Horkheimer nannte die so verfahrende Denkweise „instrumentelle Vernunft". Zunächst klingt das recht selbstverständlich, aber der Haken liegt darin, dass auch Menschen zu Mitteln werden können, sich wie Instrumente einsetzen lassen, schließlich zu mehr oder weniger nützlichem Material werden. Beispiel: Man sieht sie als Konsumenten. Dann geht es nicht mehr um Frau Meier oder Herrn Schulz persönlich, sondern um eine anonyme Kundschaft, die durch Werbung manipuliert und nach Kaufkraft eingeschätzt wird. Konsumenten sind gesichtslos. Sobald wir uns als Konsumenten verstehen, verlieren auch wir das Gesicht. Entsprechend geht es mit dem Wahlvolk zu, dem Fernsehpublikum, überhaupt den Adressaten von Reklame und Medien, den *Usern* von Handy und Internet.

Die Sprache macht solche Vorgänge deutlich. Immer stärker wuchern Begriffe aus der instrumentellen Welt, ein pseudoamerikanischer Jargon ist entstanden, dem man sich nur schwer entziehen kann. Man *mailt* sich an oder schickt eine SMS. Wer nicht mithält, ist *out* oder *mega-out*. Reden wir noch aus uns selbst oder aus etwas anderem?

Aber es ist doch gut, dass die moderne Technik uns Dinge zur Verfügung stellt, von denen unsere Väter nicht einmal träumen konnten! Ich will wissen, was Firma X anzubieten hat oder wann ein Zug von Y nach Z fährt. Also rein ins Internet, ein Mausklick, noch einer – ich bin drin!

Schließlich leben wir im Informationszeitalter! Wie man früher eine Jacke oder einen Hut hatte, hat man jetzt einen Computer oder ein Mobiltelefon. Unser Lebensstil hat sich gewandelt, aber wollten wir das? Es kam über uns, und nun müssen wir mitmachen. Außerdem handeln wir uns neue Probleme ein. Seit ich im Internet surfe und E-Mails empfange, lauert die Gefahr, dass böse Viren das ganze System zum Absturz bringen. Also muss ein Anti-Viren-Programm her. Wollte ich das? Bestimmt nicht. So stecke ich nun in den Risiken einer Technologie, die mir Fallen stellt und mich zwingt, mich ständig anzupassen, denn die Systeme ändern sich, und die Version vom vergangenen Jahrzehnt genügt nicht mehr den Anforderungen von heute.

Das lässt sich mühelos auf andere Bereiche übertragen. Die Verkehrstechnik hat die Gesellschaft mobil gemacht und den Stau geschaffen, so dass die größte Beschleunigung im Stillstand endet. Fast könnte man an den alten Nikolaus von Kues (1401–1464) denken, der vom Zusammenfallen der Gegensätze, der *coincidentia oppositorum*, gesprochen hatte (aber nicht hinsichtlich des Verkehrs!). Die dicksten Tanker sorgen für die schlimmste Verpestung der Meere, die Abgase der Motoren zerstören die Umwelt. Also muss die Ökologie ran, ein neues Bewusstsein statt des alten. Aber niemand hat das einst gewollt, und so schwimmen wir nun im Strom selbstgeschaffener Zwänge. Selbstbestimmung ade!

In der Antike waren es die Götter, die ins Menschenleben hineinpfuschten und die schönsten Träume platzen ließen. Oder das Schicksal nahm seinen Lauf. Das Christentum versprach Befreiung von den Mächten dieser Welt und setzte auf die Seele, aber zugleich gab es uns der Gnade Gottes preis. „Denn nun ihr frei geworden seid von der Sünde, seid ihr Knechte geworden der Gerechtigkeit“, sprach der Apostel Paulus.[11] Luther hat davon gezehrt, der Calvinismus sogar von der völligen Determiniertheit – Abhängigkeit – des Menschen geschwärmt. Selbstbestimmung ist also kein Begriff aus dem christlichen Rahmen, sondern viel eher eine Idee der Aufklärung. Da mochte dann Immanuel Kant sagen:

„Der Wille wird als ein Vermögen gedacht, der Vorstellung gewisser Gesetze gemäß sich selbst zum Handeln zu bestimmen. Und ein solches Vermögen kann nur in vernünftigen Wesen anzutreffen sein. Nun ist das, was dem Willen zum objektiven Grunde seiner Selbstbestimmung dient, der Zweck, und dieser, wenn er durch bloße Vernunft gegeben wird, muss für alle vernünftige Wesen gleich gelten.“[12]

Das war die frohe Botschaft eines autonomen Denkens, das uns inzwischen wieder zu entgleiten droht.

2. Selbstverwirklichung

Leben wir heute glücklicher als die Menschen früherer Zeiten? Das kann niemand im Ernst behaupten. Auch wenn die moderne Technik ungeheure Möglichkeiten eröffnet hat, die Stimmung ist nicht besser geworden. Den Anfang des 20. Jahrhunderts nannte man die „Belle Époque" und sonnte sich noch im Gefühl ungebrochenen Fortschritts. Am Anfang des 21. Jahrhunderts ist von solchem Optimismus nicht mehr die Rede, eher von Gefühlen der Unsicherheit und Bedrohung. Apparate und Maschinen nehmen uns viel Arbeit ab, nur ist die Hektik im gleichen Maße gewachsen, und wo wir dennoch Zeit gewonnen haben, ist nicht gesagt, dass wir etwas mit ihr anzufangen wissen. Die Medizin hat unsere Lebenserwartung dramatisch erhöht. Aber ist ein längeres Leben auch ein glücklicheres?

Es geht hier um das Selbstgefühl. Doch wenn wir bei jedem Menschen – wo auch immer, wann auch immer – ein solches Selbstgefühl voraussetzen, könnten wir uns irren. Wir dürfen nicht von uns auf andere schließen. So kennt zwar die Weisheit der indischen Veden das *âtman* (Selbst), aber es ist nicht die individuelle Empfindung, ein unvertauschbares Ich zu sein, sondern bezeichnet eher das Eingehen des Persönlichen in die Tiefe des ganzen Weltalls, die mystische Einheit in allen Dingen. Bei den Griechen können wir besser von der Entdeckung der Individualität sprechen. Ihre Götter, ihre mythischen Helden sind tatsächlich sie selbst; ein Herakles, ein Sokrates sind unverwechselbar. Aber auch da fehlt die Vorstellung von einem persönlichen Ich, das sich entwickeln und selbst gestalten muss. Wenn Platon die Unsterblichkeit der Seele lehrt, ist deren Ich so etwas wie eine Dauersubstanz, die unverändert durch den Kreislauf der Wiedergeburten geht, beispielsweise im Dialog „Phaidon". Erst mit dem Christentum wird das anders. Der Ruf: „Kehrt um!" *(metanoeíte)* setzt voraus, dass ein Ich sich grundsätzlich wandeln und ein „neuer Mensch" werden kann.[13]

Der Lebensweg als Weg zu dieser Wandlung im Innersten des Herzens wäre der Weg eines Parzival (von *per-ce-val*, durch das Tal). Da bricht ein tumber Jüngling auf, um Ritter zu werden, gerät von einem Abenteuer ins nächste, lädt Schuld und Verfehlung auf sich, wird tief gebeugt, bis ihn ein frommer Lehrer (Trevrizent) wieder aufrichtet und ihm klar macht, wie ein gutes Leben aussehen muss: sich Gottes Gnade anheim geben und zugleich Mannesmut zeigen:

„*belîp des willen unverzagt!*" – „Erhalte dir einen unverzagten Willen!"[14]

Seitdem ist die Biografie zum *inneren* Lebenslauf geworden. Den „Anton Reiser" des Karl Philipp Moritz hatte ich schon zitiert; dazu treten Werke wie

Goethes „Wilhelm Meister“ oder Kellers „Grüner Heinrich“, und wenn Max Frisch seinen „Stiller“ (1954) sogar aus einem Leben aus- und in ein anderes einsteigen lässt, wird das zur letzten Pointe von Lebensgestaltung. Da ist zum Beispiel die Geschichte von Isidor, der wie durch einen Zufall aus seinem Familienidyll mit Frau und fünf Kindern austritt, in die Fremdenlegion gerät, nach Jahren zurückkehrt, erneut verschwindet. Letztes Auftauchen in seiner erledigten Vergangenheit:

„Und in der Tat, wieder war's ihr Geburtstag, kam Isidor nach einem Jahr zurück, setzte sich nach üblicher Begrüßung, krempelte die Hemdärmel herunter und gestattete den Kindern abermals, mit seinem Tropenhelm zu spielen, doch dieses Mal dauerte ihr Vergnügen, einen Papi zu haben, keine drei Minuten. 'Isidor!' sagte die Gattin, 'wo bist du denn jetzt wieder gewesen?' Er erhob sich, ohne zu schießen, Gott sei Dank, auch ohne den unschuldigen Kindern den Tropenhelm zu entreißen, nein, Isidor erhob sich nur, krempelte seine Hemdärmel wieder herauf und ging durchs Gartentor, um nie wiederzukommen.“[15]

Eine berühmte Frage: „Wer bin ich?“ – Die Antwort ist nicht mit ehernen Lettern ins Buch des Lebens geschrieben. Wir müssen da unterscheiden: Die erste Person Singular „ich“ kann nur formal angeben, von wem die Rede ist; das Ich kann man nicht einmal definieren. Sprechen wir vom „Subjekt“, ist auch nicht viel mehr gesagt, höchstens: das handelnde Etwas. „Person“ ist schon deutlicher. Ursprünglich die Maske des antiken Schauspielers (*personare*, durchtönen, durch den Mund der Maske sprechen); dann eine juristische Bezeichnung: „Jede Art von Rechten kommt nur einer Person zu“ (Hegel).[16] Heute fassen wir das etwas weiter, aber immer noch bleibt, dass Personen Verantwortung für das tragen, was sie tun. Die Persönlichkeit schließlich ragt nach Maßgabe der Umgangssprache über den Durchschnitt heraus, ist etwas Besonderes und verdient Respekt, Achtung oder gar Hochachtung. Sie hat sich, wie Goethe sagen würde, rundum vollendet. „Nicht die Talente, nicht das Geschick zu diesem oder jenem machen eigentlich den Mann der Tat, die Persönlichkeit ist's, von der in solchen Fällen alles abhängt.“[17]

Man mäkelt an der Persönlichkeit,
Vernünftig, ohne Scheu;
Was habt ihr denn aber, was euch erfreut,
Als eure liebe Persönlichkeit?
Sie sei auch, wie sie sei.[18]

Und das Selbst? Es geistert durch alle Varianten vom Ich bis zur Persönlichkeit und deutet an, dass da eine Beziehung vorliegt. Das Ich, die Person usw. kann sich zu sich selbst verhalten, und wenn das ein Vorgang ist, so steht dafür das Wort „Selbstverwirklichung". Sie wäre der eigentliche Weg zum Glücklichsein.

Selbstverwirklichung kam in Mode, als junge Leute gegen die Spießigkeit bürgerlicher Klischees aufmuckten, Ende der sechziger Jahre. Vielleicht erinnern Sie sich: die Zeit der langen Mähnen, der Hippies und Aussteiger. Aber das ist Schnee von gestern. Sich selbst verwirklichen kann man nur, wenn da bereits eine Anlage ist, eine Vorgabe, die sich entfaltet wie die Blätter einer Pflanze, also ein fleuristisches Bild. Ansonsten bleibt es bei einer nebelhaften Metapher. Das Selbst dieser Verwirklichung ist ein unbeschriebenes Blatt, das Pathos des Verwirklichens ein ungedeckter Scheck, mit dem man sich den Forderungen der gesellschaftlichen Mitwelt zu entziehen sucht. Selbstverwirklichung ist eine Ausrede, die Katze im Sack.

Natürlich steht es jedem frei, mit sich zu experimentieren, Lebensmöglichkeiten auszuprobieren, ehe er sich irgendwie festlegt. Aber dann ist sein Selbst eben kein festes Faktum, sondern eine Variable mit großem Wertespielraum. Da wird keinem Rohstoff eine Form aufgeprägt: ein Bild, mit dem Aristoteles den Vorgang der Verwirklichung beschrieben hat. Selbstverwirklichung kann eigentlich nur heißen, sich ein Leben nach eigenen Wünschen zu entwerfen.

3. Haben wir die Wahl?

Alles Reden von Selbstbestimmung setzt voraus, dass wir uns frei entscheiden können. Ohne die Freiheit der Wahl ist kein großer Lebensentwurf möglich. Natürlich gibt es Sachzwänge, und manchmal gilt Brechts „die Verhältnisse, die sind nicht so"[19]. Aber grundsätzlich und ganz allgemein gesehen: Wir können uns entscheiden, wo es für uns längs gehen soll. Bei Wilhelm Schmid ist zu lesen:

„Die Ästhetik der Existenz des Subjekts der Lebenskunst beruht darauf, eine reflektierte Wahl treffen zu können. Der aufgeklärte Mensch ist auch der Mensch der Wahl, da die Aufgeklärtheit über Zusammenhänge die Bedingung dafür ist, den Bereich der Wahl und somit die Reichweite der eigenen Macht kennen zu lernen, ferner die Unmöglichkeit der Wahl und die eigene Ohnmacht wahrzunehmen, ein reflektiertes Verhältnis auch hierzu zu gewinnen und Kreativität aufzuwenden für die Arbeit in Bedingungen oder den Umgang mit ihnen. Was nicht unmittelbar in der Macht des Subjekts steht, muss zunächst akzeptiert werden; was jedoch umgekehrt die Möglichkeiten der Wahl angeht, die im Bereich seiner Macht liegen, so kommt es in einer reflektierten Lebenskunst darauf an, nicht auf willkürliche Weise von ihnen Gebrauch zu machen, sondern sie gezielt und kalkuliert einzusetzen."[20]

Aber nun naht die Ernüchterung, und zwar ausgerechnet von Seiten der Naturwissenschaft. Im Jahre 1979 führte der amerikanische Neurophysiologe Benjamin Libet ein seltsames Experiment durch. Er hatte einige Studenten mit Apparaturen versehen, die elektrische Aktivitäten in ihren Gehirnen messen konnten. Die jungen Leute saßen nun da, mit Büscheln von Kabeln an den Köpfen, lauter empfindlichen Sonden. Dann bat sie Libet, zu einem Zeitpunkt, den sie mit Präzisionsuhren genau bestimmen konnten, eine Handbewegung vorzunehmen und den Sekundenbruchteil des dazu nötigen Entschlusses abzulesen. Das Ergebnis: Wenn ein Proband glaubte, er habe exakt jetzt seine Hand bewegt, hatten die Sonden schon kurz davor einen Hirnstrom registriert. Zwischen dem Stromstoß und dem subjektiven Gefühl, sich zur Handbewegung zu entscheiden, lagen 350 Millisekunden, also etwa eine Drittelsekunde. Ähnliche Beobachtungen hatten deutsche Forscher schon in den sechziger Jahren gemacht. Ihnen war aufgefallen, dass kurz vor dem Beginn einer Handlung, Hand- oder Fußbewegung, das EEG der Versuchsperson ein Wellenmuster in ihrem Gehirn anzeigt, sozusagen ein „Bereitschaftspotential". Libet kannte diese Versuche, war irritiert und beschloss, der Sache auf den Grund zu gehen. Dabei kamen immer aufregendere Details ans Licht. Bei manchen Hirnoperationen kann man den Patienten ohne Narkose ihre Schädeldecke öffnen; sie bleiben bei vollem Bewusstsein. Libet reizte nun bestimmte Stellen des Gehirns durch Elektroden und ließ sich von den Patienten über ihre Empfindungen berichten. Auch hier eine Überraschung: Die Versuchspersonen erklärten, sie hätten den Reiz verspürt, ehe er von Libet ausgelöst wurde, fast eine halbe Sekunde zu früh. An den Messungen war nicht zu rütteln. Aber wie sollte man die Ergebnisse deuten? Libet entwickelte eine abenteuerliche Hypothese. Normalerweise hinkt unser Bewusstsein den Aktivitäten im Gehirn nach. Wenn dort ein Reiz verarbeitet wird, geschieht das zunächst unbewusst und mehr oder weniger automatisch. Die Neuronen tun, was sie tun müssen und brauchen dazu eine gewisse Zeit. Erst danach dämmert dem Bewusstsein, was geschehen ist. Es kommt eigentlich zu spät oder, wie Libets US-Kollege Michael Gazzangia boshaft sagte: „Wir sind die Letzten, die erfahren, was unser Gehirn vorhat."

Aber das ist noch nicht alles. Unser Neokortex arbeitet mit einem Trick, denn es wäre fatal, wenn wir mit unserem Bewusstsein immer hinter den

Sinnesreizen, den Willensregungen im Gehirn nachhinkten. Also datiert das Gehirn die bewussten Erlebnisse zurück, um die Drittelsekunde, die Libet bei seinen Versuchspersonen registriert hatte. Dadurch scheint, was bewusst empfunden wird, genau in dem Zeitpunkt zu liegen, in dem das Gehirn aktiv wurde. Unser Gehirn betrügt uns, indem es die vermeintliche Gegenwart zeitlich in die Vergangenheit verschiebt und so neurale Verarbeitungszeiten gleichsam ausblendet. Aber wir merken nichts von dem Betrug, und das ist gut so. Stellen Sie sich vor, Sie geraten mit der Hand an eine heiße Herdplatte. Blitzschnell ziehen Sie die Hand zurück, aber eigentlich hat Ihr Gehirn das Kommando: „Weg mit der Hand!" gegeben. Außerdem gibt es Ihnen noch das Gefühl, die Berührung der heißen Herdplatte, der Schmerz, das Zurückzucken und der laute Ruf „Au!" seien gleichzeitig erfolgt. Wir leben in vorgetäuschter Harmonie mit dem, was unser Gehirn treibt.

Libets Versuche und seine Erklärungen haben ein Rumoren in der Fachwelt ausgelöst. Wenn das Bewusstsein erst einsetzt, nachdem das Gehirn mit seiner Arbeit fertig ist, und wenn es sich außerdem von diesem Gehirn hat manipulieren lassen, können wir unsere Vorstellungen über freie Entschlüsse und selbstbestimmtes Handeln begraben. Neurophysiologisch gesehen, gibt es keinen freien Willen. Das Gefühl, sich selbstständig zu entscheiden, ist nur eine Begleiterscheinung von Prozessen, die ohne unser Zutun im Gehirn ablaufen. Da sitzt allerdings kein kleiner Homunculus, der seinerseits Entscheidungen träfe. Nur das System der Neuronen, das ist alles. Es ist ein System, auf dessen Raffinesse kein Mensch gekommen wäre. Aber die Evolution – in ihrem äonenlangen Spielraum – hat dieses Wesen hervorgebracht, das nun meint, Herr seiner selbst zu sein. Wo bleibt das Ich, wo bleibt das Selbst?

Bewusstseinsforscher erklären, unser Selbstgefühl sei nichts anderes als ein Konstrukt, von den neuronalen Netzen hervorgezaubert. Das ist natürlich reduktionistisch gedacht, allerdings mit einer Einschränkung. Was beim Flimmern der Neuronen entsteht, kann durchaus von anderer Natur sein als die Neuronen selbst. Denken Sie zum Beispiel an Wasser. Bekanntlich ist es nass, aber ein einzelnes Wassermolekül hat diese Eigenschaft nicht. Es ist nicht einmal flüssig. Erst der Verbund vieler solcher Moleküle bringt etwas hervor, das sich für uns flüssig und nass anfühlt. So müssen sich auch die Nervennetze im Gehirn nicht ihrer selbst bewusst sein, aber aus ihren Aktivitäten steigt empor, was dann Bewusstsein ist. Die Forscher sprechen von Emergenz, sozusagen Umwandlung von Quantitäten (viele Neuronen feuern) in eine neue Qualität (Bewusstsein entsteht). Aus materiellen Vorgängen geht etwas Unstoffliches hervor. Aber wir dürfen nicht meinen, dieses Unstoffliche – nennen wir es nun Bewusstsein, Ich oder das Selbst – sei eine

Realität unabhängig von dem, was im Gehirn vorgeht. Behaupten wir das, dann basteln wir an einer Illusion.[21] Was sich dem Bewusstsein als „Ich" oder „das Selbst" darbietet, ist ein Konstrukt. Das meint auch der Bremer Gehirnspezialist Gerhard Roth:

„Der Abschied vom Ich als Autor meiner Handlungen und die Feststellung ›Ich bin ein Konstrukt‹ bzw. ›das Ich ist ein Konstrukt‹ mögen sehr befremdlich klingen. Die Feststellung mag uns ›den Boden unter unseren Füßen wegziehen‹, aber sie ist genauso zwingend wie alle anderen Feststellungen über die Konstruktivität der Wirklichkeit."[22]

Wie es zu diesem Konstrukt gekommen ist, darüber könnte die Evolutionstheorie Aufschluss geben (kann sie bisher noch nicht). Sicherlich bieten Bewusstsein und gar Selbstbewusstsein evolutionäre Vorteile, sonst hätte die damit ausgestattete Menschengattung nicht überlebt. Aber die Bildung des Selbstbewusstseins ist nicht nur ein biologischer Prozess. Die Entwicklung der Sprache hat vieles zum menschlichen Selbstbewusstsein beigetragen, und ganz allgemein müssen wir davon ausgehen, dass sich dieses Selbstbewusstsein – so wie wir es heute empfinden – im Zuge einer langen Kulturentwicklung geformt hat. Auch unsere Vorstellungen von Freiheit und Selbstbestimmung sind kulturell bedingt, in verschiedenen Kulturen sehr unterschiedlich. Bewusstsein ist nicht etwas fertig Vorhandenes, sondern ein Prozess, dessen Ausgestaltung ständig weiterläuft und längst nicht abgeschlossen ist. Wer weiß, mit welchem Selbstbewusstsein nachfolgende Generationen leben werden? Vielleicht lassen sie alles, was uns heute lieb und teuer ist, hinter sich, auch unsere Vorstellungen von Lebenskunst und vom Glücklichsein.

Betrachten wir die Aktivitäten des Gehirns, dann tun wir das aus der Perspektive der dritten Person: „Es" – das Gehirn – arbeitet so oder so. Sprechen wir von Bewusstseinserlebnissen, wechseln wir hinüber zur Perspektive der ersten Person: „Ich". Wolf Singer, Direktor des Max-Planck-Instituts für Hirnforschung in Frankfurt am Main, meint:

„Wir werden uns daran gewöhnen müssen, dass es zwei sich widersprechende, aber zutreffende Beschreibungsmodelle gibt: auf der einen Seite die subjektiven Befindlichkeiten, auf der anderen der naturwissenschaftliche Befund."[23]

Wir kennen den Dualismus zweier Betrachtungsweisen schon aus den Kapiteln über die Chemie des Gehirns und die innere Welt. Beide Perspektiven sind gleich sinnvoll und schließen sich nicht aus. Für die naturwissenschaftliche Betrachtung des Menschen geht es um die Perspektive der dritten Person. Für unser tägliches Leben brauchen wir ihr Gegenstück; anders könnten wir gar nicht zurechtkommen. Dabei balancieren wir nicht auf einem Widerspruch, wie Singer meint. Auch der Satz: „Ein Wassermolekül ist nicht nass, wohl aber das Wasser selbst“, ist nicht widersprüchlich.

Wenn es gar um unser moralisches Verhalten geht, muss der Satz: „Das Ich ist ein Konstrukt“, im Hintergrund bleiben. Dann hilft die Perspektive der dritten Person überhaupt nicht weiter. Mögen die Neurophysiologen noch so sehr betonen, aus Sicht der gehirnlichen Neuronenwelt gebe es keine Freiheit, sondern nur Aktivitäten von Nervennetzwerken: Sie werden versuchen, ihre Kinder zu anständigen Menschen zu erziehen, und wenn es gar um Verantwortung, Schuld oder Gewissen geht, kommen wir ohne die Voraussetzung menschlicher Handlungsfreiheit nicht aus. Da ist eben unsere sittliche Kultur gefragt, nicht das neurale Strickmuster des Gehirns.

VII. Glück und Moral

Robinson auf seiner einsamen Insel – er konnte sich sein Leben einrichten, wie er wollte. Auf niemanden brauchte er Rücksicht zu nehmen, wenigstens bis zu dem Tage, als der „edle Wilde“ namens Freitag auftauchte.

Wir sind nicht in der Lage eines Robinson. Wir müssen auf andere Rücksicht nehmen, auf die lieben Mitmenschen. Damit taucht ein neues Problem auf: die Frage nach der Moral. Kann man überhaupt sein Glück finden, ohne sich moralisch zu verhalten? Wir haben vom schönen Leben gesprochen; da spielte die Moral noch keine Rolle. Auch bei einem gelingenden Leben könnte man von ihr absehen, wenn es nur darum geht, Ziele zu erreichen und durch Erfolge glücklich zu werden. Aber schon beim guten Leben schleicht sich der moralische Gesichtspunkt ein, und gar beim richtigen Leben müssen wir mit sittlichen Maßstäben rechnen. Dann geht es darum, wie wir leben sollen, und in diesem Sollen steckt die ganze Moral.

Wir leben immer in Gemeinschaft mit anderen, auch wenn wir uns absondern und allein sein wollen. Selbst in der schönsten Einsamkeit ist die Gesellschaft als Hintergrund dieser Absonderung anwesend, gleichsam als schweigende Mehrheit. Ohne sie wären wir gar nicht aufgewachsen und zum Ich geworden. Wenn die Mutter ihr Neugeborenes in den Arm nimmt und anlächelt, erfährt es, was der andere Mensch ist, entsteht so etwas wie Grundvertrauen, die Basis für alle Lebensbejahung. Lange Zeit hat die Philosophie mit dem Ich begonnen (Descartes: „Ich denke, also bin ich“), als Robinson-Philosophie. Aber es steht so, dass unser Dasein vom Du geweckt und getragen wird; das haben die Philosophen ziemlich spät begriffen. Dabei hätten sie schon im Christentum finden können, dass „der Nächste“ wichtiger ist als das Kreisen ums Ich. Erst Martin Buber (1878–1965) machte klar: „Der Mensch wird am Du zum Ich.“[1] Und Emmanuel Lévinas (1906–1995) konnte das Ethische auf dieses „Denken des Anderen“ zurückführen:

„Das Seiende als solches (...) kann nur in einer Beziehung stehen, in der es angerufen wird. Das Seiende ist der Mensch, und der Mensch ist zugänglich als Nächster. Als Antlitz.“[2]

Das müssen wir im Blick behalten, wenn wir von Moral reden.

1. Das gute Leben des Sokrates

Bei Sokrates mag zum ersten Mal die Frage nach dem guten Leben aufgetaucht sein. Indirekt stellte er sie bereits in seiner Verteidigungsrede vor dem Athener Gericht, als er davon sprach, dass im Nichtwissen mehr liege als in dem vermeintlichen Wissen aller Prominenten. Dann, im frühen „Euthýdemos-Dialog" Platons, wird Sokrates deutlicher: Wie kommt man zum guten Leben, dem *eu prättein*? Da muss man wohl doch etwas wissen, nämlich was gut ist. Im „Protagoras" bohrt Sokrates weiter: Gut ist die Tugend *(areté)*, aber wissen wir, worin sie liegt? Ist sie lehrbar? Die Antwort bleibt offen. Schließlich der Dialog „Gorgias", in dem der Sophist Kallíkles radikal alles Moralische verwirft: Gut leben werden nur die, denen es einzig ums eigene Wohl geht:

„Ich sage dir frei heraus: Wer richtig leben will, muss seine Begierden so groß werden lassen als möglich und sie nicht einzwängen. (...) Aber dazu, meine ich, sind eben die meisten nicht im Stande. Aus Scham tadeln sie gerade solche Menschen, verbergen ihr eigenes Unvermögen und sagen, die Ungebundenheit sei etwas Schändliches. Sie zwängen, wie ich vorher schon sagte, die von Natur besseren Menschen ein; und weil sie selbst ihren Lüsten keine Befriedigung verschaffen können, loben sie die Besonnenheit und die Gerechtigkeit – ihrer eigenen Unmännlichkeit wegen. Was wäre für die, die entweder schon ursprünglich Söhne von Königen waren oder die kraft ihrer eigenen Natur vermochten, sich ein Reich oder Macht und Herrschaft zu erwerben: was wäre wohl für diese Menschen unschöner und übler als Zurückhaltung, wenn sie, da sie des Guten genießen könnten und ihnen niemand im Wege steht, sich selbst einem Herrn unterordneten, nämlich des großen Haufens Gesetz, Geschwätz und Gericht. (...) Der Wahrheit nach, o Sokrates, die du ja behauptest zu suchen, verhält es sich so: Üppigkeit, Ungebundenheit und Freigebigkeit, wenn sie nur Rückhalt haben, sind eben Tugend und Glückseligkeit; jenes andere aber sind Zierereien, widernatürliche Satzungen, leeres Geschwätz der Leute und nichts wert."[3]

Dieser Kallíkles war ein antiker Nietzsche. So radikal wie er hat erst wieder jener Philosoph gedacht, der vor gut hundert Jahren „mit dem Hammer" philosophierte. Moral ist gut für die Schwachen, für die im Leben schlecht Weggekommenen; wer stark ist, mag leben, wie es ihm passt:

„Der Sklavenaufstand in der Moral beginnt damit, dass das *Ressentiment* selbst schöpferisch wird und Werte gebiert: das Ressentiment solcher Wesen, denen die eigentliche Reaktion, die der Tat, versagt ist, die sich nur durch eine imaginäre Rache schadlos halten. Während alle vornehme Moral aus einem triumphierenden Ja-sagen zu sich selber herauswächst, sagt die Sklaven-Moral von vornherein Nein zu einem ›Außerhalb‹, zu einem ›Anders‹, zu einem ›Nicht-selbst‹: und *dies* Nein ist ihre schöpferische Tat."[4]

Amoralismus nennt man die Haltung, die keine Sittenargumente anerkennt und sich stolz über alle Skrupel erhebt. Kallíkles hat aus ihr ein Programm gemacht, obwohl sie natürlich längst praktiziert wurde. Und Sokrates? Er konnte im „Gorgias" nur einwenden, es sei besser, Unrecht zu leiden als Unrecht zu tun. Wer vom Pfad der Tugend abweicht, ist krank in seiner Seele und müsste geheilt werden – durch gerechte Strafen. Wer aber auf dem Tugendpfad wandelt, werde eben dadurch glücklich:

„Um des Guten willen muss man also alles Übrige tun und so auch das Angenehme, nicht aber das Gute wegen des Angenehmen."[5]

Anders gesagt: Das wahre Glück liegt darin, ein tugendhafter Mensch zu sein. Wem das noch nicht genug ist, der möge sich – nach Sokrates – an einen weiteren Gedanken halten. Zwar lehrt die Erfahrung, dass die größten Ganoven am besten leben, wenn sie sich nicht erwischen lassen. Aber es gibt noch ein Jenseits, und da geht es nach dem Motto: Die Guten ins Töpfchen, die Schlechten ins Kröpfchen! Ein Gericht über die Toten wird ins rechte Lot rücken, was auf Erden danebengegangen ist, und daraus kann der brave Mann sein Honigtröpfchen saugen.

Die Antike ist über diese Position nicht wesentlich hinaus gekommen, auch das Christentum nicht. Aber wenn Moral sich auf das gründet, was letztlich in die Glückseligkeit führt, ist sie schlecht fundiert. Wie Kant später sagte: Sie wird zur Sache vorausberechnender Klugheit, aber das ist kein verlässlicher Boden.

2. Ethik der Pflicht

Klugheit hält sich an sachliche Argumente. Wenn du A willst, dann tust du am besten B. Im Wörtchen „wenn" steckt eine Bedingung: „Unter der Bedingung, dass ..." Moral aber sollte unbedingt sein, und dann muss es ihr um Gebote (oder Verbote) ohne Wenn und Aber gehen. Sie kann sich nicht aus Sachargumenten herleiten.

Der britische Philosoph David Hume (1711–1776) hat das entdeckt. Man mag zwar beobachten, wie jemand einen Mord begeht, aber dass dieser Mord ein Verbrechen ist, kann man nicht sehen. Kein Faktum liefert moralische Werturteile. Und so erklärte Hume:

„In jedem Moralsystem, das mir bisher vorkam, habe ich immer bemerkt, dass der Verfasser eine Zeitlang in der gewöhnlichen Betrachtungsweise vorgeht, das Dasein Gottes feststellt oder Beobachtungen über menschliche Dinge vorbringt. Plötzlich werde ich damit überrascht, dass mir anstatt der üblichen Verbindungen von Worten mit ›ist‹ und ›ist nicht‹ kein Satz mehr begegnet, in dem nicht ein ›sollte‹ oder ›sollte nicht‹ sich fände. Dieser Wechsel vollzieht sich unmerklich; aber er ist von größter Wichtigkeit. Dies sollte oder sollte nicht drückt eine neue Beziehung oder Behauptung aus, muss also notwendigerweise beachtet und erklärt werden. Gleichzeitig muss ein Grund angegeben werden für etwas, das sonst ganz unbegreiflich scheint, nämlich dafür, wie diese neue Beziehung zurückgeführt werden kann auf andere, die von ihr ganz verschieden sind. Da die Schriftsteller diese Vorsicht meistens nicht gebrauchen, so erlaube ich mir, sie meinen Lesern zu empfehlen; ich bin überzeugt, dass dieser kleine Akt der Aufmerksamkeit alle gewöhnlichen Moralsysteme umwerfen und zeigen würde, dass die Unterscheidung von Laster und Tugend nicht in der bloßen Beziehung der Gegenstände begründet ist, und nicht durch die Vernunft erkannt wird."[6]

Vom Sein zum Sollen gibt es keinen logischen Weg. Nur einen Sprung, und der ist gefährlich. Erstens haftet dem Wörtchen „sollen" eine fatale Vieldeutigkeit an. Jemand sagt: „Nach dem Wetterbericht soll es morgen schön werden." Da ist vom Wahrscheinlichen die Rede, also von einer Erwartung. Kaum jemand wird den Satz so verstehen, als verpflichte er zu etwas. Aber wenn mir jemand sagt: „Du sollst deinen Nächsten lieben wie dich selbst", ist das ein Gebot.

In einer hübschen Gartenkolonie ist es üblich, am Wochenende den Rasen zu mähen. Nur einer hält nichts davon und lässt das Gras wachsen. Kann man ihn mahnen: „Du sollst deinen Rasenmäher holen, weil alle das tun"? Oder: „Bier enthält Alkohol und kann betrunken machen. Also soll man kein Bier trinken." Die Berufung auf echte oder vermeintliche Tatsachen kann nie zum Sollen führen. Da muss schon ein weiterer Faktor hinzutreten. Eben der moralische.

Kant hat von Hume gelernt und begriffen, dass die Moral ihre besondere Vernunft braucht, mit eigenen Prinzipien und Gesetzen. Es ist die praktische Vernunft, und sie beruft sich nicht nur auf die Klugheit, sondern vor allem auf das Sittengesetz. Ich muss mich kurz fassen, und da trifft es sich gut, dass Kant selber eine Zusammenfassung seiner Ethik gegeben hat, in einem kleinen „moralischen Katechismus". Ich hatte ihn schon erwähnt, als es um die bürgerliche Glücksvorstellung ging. Da fragt nun ein Lehrer (L.) seinen Schüler (S.):

L.: Wenn du nun alle Glückseligkeit (die in der Welt möglich ist) in deiner Hand hättest, würdest du sie alle für dich behalten, oder sie auch deinen Nebenmenschen mitteilen?

S.: Ich würde sie mitteilen; andere auch glücklich und zufrieden machen.

L.: Das beweist nun wohl, daß du noch so ziemlich ein gutes *Herz* hast: Laß aber sehen, ob du dabei auch guten *Verstand* zeigest. – Würdest du wohl dem Faulenzer weiche Polster verschaffen, damit er im süßen Nichtstun sein Leben dahin bringe, oder dem Trunkenbolde es an Wein, und was sonst zur Berauschung gehört, nicht ermangeln lassen, dem Betrüger eine einnehmende Gestalt und Manieren geben, um andere zu überlisten, oder dem Gewalttätigen Kühnheit und starke Faust, um andere überwältigen zu können? Das sind ja so viel Mittel, die ein jeder sich wünscht, um nach seiner Art glücklich zu sein.

S.: Nein, das nicht.

L.: Du siehst also: daß, wenn du auch alle Glückseligkeit in deiner Hand und dazu den besten Willen hättest, du jene doch nicht ohne Bedenken jedem, der zugreift, Preis geben, sondern erst untersuchen würdest, wie fern ein jeder der Glückseligkeit *würdig* wäre. – L.: Für dich selbst aber würdest du doch wohl kein Bedenken haben, dich mit allem, was du zu deiner Glückseligkeit rechnest, zuerst zu versorgen? S.: Ja. L.: Aber kommt dir da nicht auch die Frage in Gedanken, ob du wohl selbst auch der Glückseligkeit würdig sein mögest? S.: Allerdings. L.: Das nun in dir, was nur nach Glückseligkeit strebt, ist die *Neigung*; dasjenige aber, was deine Neigung auf die Bedingung einschränkt, dieser Glückseligkeit zuvor würdig zu sein, ist deine *Vernunft*, und daß du durch deine Vernunft deine Neigung einschränken und überwältigen kannst, das ist die Freiheit deines Willens.

L.: Um nun zu wissen, wie du es anfängst, um der Glückseligkeit teilhaftig und doch auch nicht unwürdig zu werden, dazu liegt die Regel und Anweisung ganz allein in deiner *Vernunft*, das heißt so viel als: Du hast nicht nötig, diese Regel deines Verhaltens von der Erfahrung, oder von anderen durch ihre Unterweisung abzulernen; deine eigene Vernunft lehrt und gebietet dir geradezu, was du zu tun hast. Z. B. wenn dir ein Fall vorkömmt, da du durch eine fein ausgedachte *Lüge* dir, oder deinen Freunden, einen großen Vorteil verschaffen kannst, ja noch dazu dadurch auch keinem anderen schadest, was sagt dazu deine Vernunft?

S.: Ich soll nicht lügen; der Vorteil für mich und meinen Freund mag so groß sein, wie er immer wolle. Lügen ist *niederträchtig* und macht den Menschen unwürdig glücklich zu sein. – Hier ist eine unbedingte Nötigung durch ein Vernunftgebot (oder Verbot), dem ich gehorchen muß; wogegen alle meine Neigungen verstummen müssen.

L.: Wie nennt man diese unmittelbar durch die Vernunft dem Menschen auferlegte Notwendigkeit, einem Gesetze derselben gemäß zu handeln? S.: Sie heißt *Pflicht.* L.: Also ist dem Menschen die Beobachtung seiner Pflicht die allgemeine und einzige Bedingung der Würdigkeit glücklich zu sein, und diese ist mit jener ein und dasselbe.[7]

Da ist er nun, dieser Schlüsselbegriff kantischer Ethik: Pflicht! Man hört förmlich den Preußen aus Königsberg sprechen. Es mag dir passen oder nicht: Du hast deine Pflicht zu tun! Lauter Ausrufungszeichen!

Aber nicht der Staat des Alten Fritz steht im Hintergrund, sondern das Bemühen, sich aus dem Gewühl von Neigungen, privaten Vorlieben, Launen und Gefühlen herauszuarbeiten und einen harten, soliden Boden unter die Füße zu bekommen, einen Boden für Moral. Der kategorische Imperativ fasst das zusammen: Jeder müsse so handeln, dass die Grundsätze seines Handelns allgemeingültig, für alle Welt verbindlich sein könnten. Und wann ist das der Fall? Wenn man seine Pflicht tut!

Ob man dann allerdings glücklich wird, ist durch nichts verbürgt. Man kann zwar darauf hoffen, doch liegt die Erfüllung unserer Hoffnungen nicht in unserer Hand. Am Ende ist die Glückseligkeit ein ziemliches Irrlicht.

Bei den so genannten Utilitaristen (Bentham, Mill u. a.) sieht das anders aus. Für sie fiel das allgemeine Glück – das Glück aller Menschen – mit dem zusammen, was die Pflicht fordert: eben dieses Glück herzustellen. Nur kann man nicht immer wissen, ob eine bestimmte Handlungsweise tatsächlich dazu dienlich ist. Wie steht es zum Beispiel mit der Globalisierung? Manche sehen in ihr das zukünftige Heil, andere das Gegenteil. Schon Schopenhauer hatte gewarnt:

„Zu allen Zeiten ist viele und gute Moral gepredigt worden; allein die Begründung derselben hat stets im Argen gelegen.“[8]

3. Die goldene Regel

Seit Schopenhauer sind die Schwierigkeiten nicht geringer geworden. Ganz im Gegenteil. Die letzten hundert Jahre haben den Glauben an hohe Moralsysteme ins Wanken gebracht. Sie wurden ideologieverdächtig, das heißt, sie scheinen sich anzumaßen, mit letzten Wahrheiten aufwarten zu können. Wer sich im Besitzt solcher Wahrheiten wähnt, ist nur gar zu leicht geneigt, anderen, die diese Wahrheiten nicht akzeptieren, die Schädel einzuschlagen. Das war in zwei Weltkriegen so, das setzt sich im Terrorismus fort.

Nach 1945 hatte sich in Deutschland moralische Resignation ausgebreitet. Es wurde geklaut, „organisiert", um zu überleben. Der Schwarzmarkt blühte. Die hohen Ideale waren zerbrochen, neue nicht in Sicht. „Unsere Ehre heißt Treue!", hatten die Nazis gerufen. Vorbei und verweht.

Da schrieb der Philosoph Otto Friedrich Bollnow ein schmales Büchlein mit dem Titel „Einfache Sittlichkeit"[9]. Weg vom rigiden Ethos, hin zu einer schlichten, natürlichen Moralität!

„Der Begriff eines aus dem Leben herausgehobenen Ideals ist ihr fremd. (...) Zu ihr gehört vielmehr von Anfang an eine gewisse natürliche Elastizität. Sie lässt immer einen gewissen Spielraum für die Behandlung des einzelnen Falls und stellt ihre Forderungen nur in ›vernünftigen‹ Grenzen."[10]

Was Bollnow in diesen Grenzen bot, war tatsächlich bescheiden. Zum Beispiel sollte die „Anständigkeit" gepflegt werden, Offenheit, Ehrlichkeit, Rücksichtnahme usw. Das klang alles sehr sympathisch. Aber auf tiefere Begründungen verzichtete Bollnow, wohlweislich. Später erschienen andere Versuche zu Minimalethiken, etwa die „Skeptische Ethik" von Wilhelm Weischedel[11] oder eine „Ethik ohne Metaphysik" von Günther Patzig, um „trotz der Hinfälligkeit unserer Kräfte ein lebenswürdiges Dasein in einer Welt zu sichern, von der jedenfalls so viel mit Sicherheit gesagt werden kann: dass sie nicht so aussieht, als wäre sie zu dem Zweck erschaffen, gerade dem menschlichen Glücksstreben eine hohe Erfolgsrate zu sichern"[12]. Schließlich betonte Ernst Tugendhat, man könne Moral nicht mehr aus religiösen Quellen herleiten, auch nicht wie bei Kant aus einer absoluten Vernunft, denn die gäbe es nicht.

„Wir können also von einer Begründung einer Moral nicht zu viel erwarten, andererseits müssen wir noch so viel wenigstens erhoffen, dass wir verstehen können, wie ein bestimmtes Ausmaß an objektivem Anspruch möglich ist, ohne den z.B. so etwas wie moralische Empörung nicht bestehen kann."[13]

Warum schämt sich jemand? Das ist eine sehr konkrete Frage; für Tugendhat führt sie mitten ins Moralproblem. Zwar ist nicht jede Scham moralisch, denn wenn ich in der Schießbude auf dem Jahrmarkt vorbeischieße, kann ich mich zwar angesichts hämisch lächelnder Zuschauer schämen, aber Vorbeischießen ist nicht unmoralisch. Scham im sittlichen Sinn hat etwas mit Verbotenem, Anrüchigem zu tun. Jean-Paul Sartre hat die Scham *(la honte)* analysiert und gibt ein Beispiel. Nehmen wir an, ich lege aus Eifersucht oder Neugier mein Ohr an eine Tür, spähe durchs Schlüsselloch. Ich bin allein, ganz der belauschten Szene hingegeben. Aber plötzlich höre ich Schritte auf dem Korridor: Man sieht mich! Was soll das heißen? „Das soll heißen, dass ich in meinem Sein plötzlich von etwas betroffen werde und dass in meinen Strukturen wesentliche Veränderungen auftreten. (...) Ich sehe mich, weil man mich sieht."[14] Ich schäme mich, weil ich gelauscht habe.

Zu einem guten Leben gehört sicherlich, dass man sich seiner nicht zu schämen braucht. Tatsächlich kann die Scham als Hinweis auf das Moralische in uns gelten; Tiere pflegen sich nicht zu schämen. Scham ist eine Form des Selbstwertverlustes, sehr menschlich. Die Achtung vor sich selbst erhält einen Stich, und damit taucht die Frage auf, ob im Sichschämen nicht etwas liegen könnte, das nur zum eigenen Selbstverständnis gehört und gar keine moralische Dimension besitzt. Da hat zum Beispiel jemand unverschuldet seinen Arbeitsplatz verloren, ihm ist gekündigt worden, weil der Betrieb Stellen einspart. Nun sitzt er auf der Straße. Scham überkommt ihn, sein Selbstwertgefühlt sinkt ins Bodenlose. Bei Sartre war es der Blick des anderen, der die Scham weckte; hier fehlt dieser Blick. Jemand kann sich die Scham so sehr einreden, dass er ganz von ihr verschlungen wird, ohne objektive Gründe. Genau dieses Gefühl vermeintlicher Minderwertigkeit gehört zu den Problemen, die der Psychologe Paul Watzlawick in seiner berühmten „Anleitung zum Unglücklichsein" untersucht hat.[15]

Wie jedoch, wenn sich jemand schamlos benimmt? Dann brandet Empörung auf. Sie ist die moralische Reaktion auf alles, was sich nicht gehört, und wenn man umherschaut, wie sich unsere Medien ständig und lauthals über alles Mögliche empören, muss man zum Schluss kommen, dass es wohl selten in der Welt derart moralisch zugegangen ist wie heute bei uns.

Aber lassen wir das. Fragen wir lieber nach dem Gegenstück der Empörung, der Anerkennung. Sie dürfte das Fundament jedes Selbstwertgefühls sein, denn ohne ein bisschen Anerkennung durch andere kann niemand leben. Vielleicht ist es nicht zu viel behauptet, wenn ich die These aufstelle: Anerkannt zu werden, ist die Grundvoraussetzung für ein glückliches Leben.

Anerkennung muss nicht in Lob münden. Das Lob hebt besondere Taten hervor, die Anerkennung richtet sich auf eine Person in ihrem Person-sein. Von Respekt zu reden, geht vielleicht schon darüber hinaus. Aber indem ich meine Mitmenschen respektiere, komme ich doch wieder darauf zurück, sie anzuerkennen und gelten zu lassen. Das dürfte die Wurzel echter Toleranz sein. Umgekehrt wünsche ich allerdings, auch von diesen Mitmenschen anerkannt, respektiert und toleriert zu werden. Wir stoßen hier auf eine uralte Denkfigur, die man gern als die „goldene Regel" des Moralischen versteht. In ihrer negativen Fassung besagt sie:

„Was du nicht willst, dass man dir tu, das füge keinem andern zu."

Aber nehmen wir die Verneinungen weg und formulieren positiv:

„Was du willst, dass man dir tu, das füge allen andern zu."

Das klingt recht utilitaristisch. Aber warum soll es nicht?

Das Nützliche und das Moralische schließen sich nicht aus, und wenn gar die wechselseitige Anerkennung von Menschen eine Gemeinschaft aufbaut, kann das nicht schlimm sein. Es nützt allen. Es dürfte ihnen ermöglichen, ein gutes Leben zu führen, vielleicht sogar ein glückliches.

Außerdem engt es nicht ein. Mit einer Moral, die wie eine Zwangsjacke allen übergestülpt wird, mit Pflichten, die gleich ehernen Tafeln an allen Wegen stehen, wird das Zusammenleben unleidlich. Eine menschenfreundliche Moral muss Spielräume offen lassen und das Leben lebenswert machen. Dann steht sie dem Glück des Einzelnen nicht im Wege.

4. Eine Wette

Nun könnte wieder unser Kallíkles erscheinen und dazwischenreden: „Was kümmern mich die anderen Menschen? Sollen sie sehen, wie sie zurechtkommen! Jeder ist sich selbst der Nächste."

Der Glücks-Philosoph Martin Seel nimmt ihn an die Hand und bietet ihm eine Wette an. Aber um diese Wette zu verstehen, müssen wir einen kleinen Umweg machen: zu Blaise Pascal. Der hatte einmal entscheiden wollen, ob Gott existiert oder nicht. Dazu dachte er sich eine Münze mit den Seiten „Wappen" und „Zahl"; Wappen sollte bedeuten: Gott existiert; Zahl: Gott existiert nicht. Wortlaut Pascal:

„Wägen wir Gewinn und Verlust, wenn wir uns für ›Wappen‹ entscheiden, dass Gott ist. Schätzen wir diese beiden Fälle ein: Wenn ihr gewinnt, so gewinnt ihr alles, und wenn ihr verliert, so verliert ihr nichts. (…) Ich sage euch, dass ihr dabei in diesem Leben gewinnt und dass ihr bei jedem Schritt, den ihr auf diesem Wege tut, die so große Gewissheit des Gewinns und die so große Nichtigkeit dessen, was ihr aufs Spiel setzt, sehen werdet, dass ihr schließlich erkennt, ihr habt euch bei der Wette für etwas Gewisses und Unendliches entschieden, wofür ihr nichts hergegeben habt."[16]

Bei Martin Seel geht die Wette nicht um Gott, sondern um das moralische Leben. Da redet er seinem Leser zu:

„Im Fall einer Wahl zwischen moralischem und nichtmoralischem Leben wähle das moralische, da die beiden Möglichkeiten gleichermaßen ungewisse Wege zum Glück darstellen, der moralische aber Freuden bietet, die der andere nicht bieten kann, jedoch – wenn Du Glück hast, aber Glück brauchst

Du ja sowieso – auch viele derjenigen Freuden bereithält, die ein nichtmoralisches Leben Dir verschaffen kann. Die Wette gilt: dass es in einem moralisch guten Leben ungleich mehr an Glück und Gelingen zu gewinnen gibt als in einem moralisch unsteten (und erst recht einem unmoralischen) Leben."[17]

Wollen Sie, verehrter Leser, die Wette annehmen? Zuvor müsste geklärt sein, was die Moral enthält. Wenn sie auf die Goldene Regel baut, gibt es kein Risiko. Doch es bleiben Fragen: Wer lenkt die fallende Münze? Hängt das Ergebnis der Wette von einem allwissenden Gott, hängt es vom Zufall ab? Überhaupt: Wie geht die Wette aus?

Vielleicht ist die Gegenüberstellung: „Leben mit, Leben ohne Moral" etwas zu schlicht gestrickt. Einfache Alternativen erleichtern zwar die Übersicht, aber sie passen selten zur Wirklichkeit. Stehlen ist zwar verwerflich, aber beim Mundraub gestehen selbst die Juristen Straffreiheit zu. Außerdem ist unser moralisches Urteil saisonabhängig. Vor nicht allzu langer Zeit galt Homosexualität als böses Laster; inzwischen ist eher derjenige, der darüber die Nase rümpft, moralisch suspekt. Gestehen wir uns ein: Es gibt keine absoluten moralischen Maßstäbe, sondern immer nur Moral auf Zeit; sie sollte genügen. Mit Schwarz-Weiß-Zeichnungen ist niemandem gedient. Sie verschweigen die Grauzonen, und wenn gar das Leben farbig ist, so könnte das gut und gern auf unsere Moralität abfärben. Dann bleibt in der Schwebe, ob wir moralisch sein müssen, um glücklich werden zu können.

VIII. Vom Sinn des Lebens

Glücklich leben kann nur, wer sein Leben bejaht. Das mag eine Sache der Grundstimmung sein, des gesamten Lebensgefühls, aber auch das Denken spielt mit, seine prinzipiellen Überzeugungen, das, was man mit einem wenig glücklichen Ausdruck „Weltanschauung" genannt hat. Die Antike hatte auf ihre Götter vertraut, auf die Möglichkeit, im von ihnen erfüllten Dasein freudig zu leben, zur *eudaimonía* zu kommen. Die biblische Tradition schien dem entgegenzuwirken, durch Weltflucht und Hinwendung zum Jenseits, aber auch da gab es Gegenstimmen: „Geh aus, mein Herz, und suche Freud ..." Seit der Aufklärung hat man dann die Vernunft bemüht und nach rational begründbaren Glückstheorien gesucht, doch angesichts der Moderne sind diese Versuche wieder suspekt geworden. *Der Sinn des Lebens* scheint sich verflüchtigt zu haben, man weiß nicht so recht, worin er liegt.

In dieser Situation tauchen Ersatzangebote auf. Neue Religiosität steht ins Haus, ein ganzer Budenzauber esoterischer Versprechen, Heilslehren und „Wahrheiten". Sie finden reißenden Absatz, die Regale der Buchläden sind voll davon. Geistheiler, Agitatoren des Paranormalen, Mystiker, Gurus und Astrologen wimmeln durch die Medien. Ich will nicht die „Akte X" aufschlagen, sondern biete Ihnen eine fingierte Talkshow an, die zwar nie stattgefunden hat, aber jederzeit stattfinden könnte. Nehmen Sie die Sache nicht gar zu ernst! Sie ist eine Karikatur, aber manchmal treffen Karikaturen die Wirklichkeit besser, als sie sich selbst darstellt.

1. Talk über die wahre Wahrheit

Es treffen sich: ein Moderator, ein Theologe, ein Psychotherapeut, die Übersinnliche, die Isis-Priesterin, der Mystiker und ein Ufologe. Sie alle treibt um, was unserem Leben Sinn geben könnte. Nichts davon habe ich frei erfunden. Irgendwann und irgendwie ist alles einmal gesagt worden, im Mediendschungel, in Büchern, Zeitschriften, Illustrierten. Auf denn!

DER MODERATOR: Frau Grün, Sie haben etwas erlebt, das Ihrem Leben einen völlig neuen Hintergrund gegeben hat. Würden Sie uns davon erzählen?

DIE ÜBERSINNLICHE: Ich hatte vor fünf Jahren einen Flug von Miami nach Dallas gebucht und schon alles für die Reise vorbereitet. In der Nacht vor dem Abflug träumte ich dann, ich säße bereits im Flieger, aber plötzlich war alles in einen riesigen Feuerball gehüllt, wir stürzten ab. In furchtbarer Angst wachte ich morgens auf, rief gleich das Reisebüro an, stornierte den Flug und nahm stattdessen die Bahn. Als ich in Dallas ankam, hörte ich im Radio, die Maschine, mit der ich hatte fliegen wollen, sei verunglückt und mit 134 Passagieren in den Golf von Mexiko gestürzt. – Mein Traum hatte mir das Leben gerettet.

DER MODERATOR: Und was schließen Sie daraus?

DIE ÜBERSINNLICHE: Dass mein Traum eine Warnung für mich sein sollte. Sie war aus dem Jenseits gekommen.

DER MODERATOR: Aber warum wurden die anderen Fluggäste nicht gewarnt?

DIE ÜBERSINNLICHE: Das weiß ich nicht. Vielleicht haben sie die Warnungen überhört.

DER MODERATOR: Sind Sie ein bevorzugter Mensch, sozusagen eine ›Very Important Person‹ für das Jenseits?

DIE ÜBERSINNLICHE: Ich will nicht anmaßend sein. Aber vielleicht ist es so.

DER MODERATOR: Aber hätte das Ganze nicht auch ein bloßer Zufall sein können?

DIE ÜBERSINNLICHE: Bestimmt nicht. Es gibt keine Zufälle; alles hat seinen Grund, seinen tieferen Sinn. Ich bin sicher, dass geistige Wesen existieren, die wissen, was kommen wird, und uns ihre Botschaften senden, ihre Warnungen.

DER MODERATOR: Denken Sie dabei an Engel?

DIE ÜBERSINNLICHE: Vielleicht, ich will mich da nicht festlegen. Lieber spreche ich von einer Geisterwelt, die über uns ist und mit uns Kontakt aufnehmen kann.

DER MODERATOR: Wie stellen Sie sich diese Geisterwelt vor?

DIE ÜBERSINNLICHE: Man kann sie nicht in unsere alltäglichen Begriffe und Vorstellungen fassen. Es ist eine übersinnliche Welt. Aber es gibt dort Wesen, die uns in jeder Hinsicht weit überlegen sind und dennoch an unserem Leben teilnehmen.

DER MODERATOR: Sind diese Wesen immer so freundlich wie Ihr Schutzgeist, der Sie damals vor dem Tode bewahrt hat?

DIE ÜBERSINNLICHE: Keineswegs. Es gibt auch feindliche Mächte im Jenseits, deren unheilvolle Einflüsse wir abwehren müssen. Sie sind im Besitz zerstörender Kräfte und führen einen ständigen Kampf gegen die Lichtgeister.

DER MODERATOR: Herr Pastor Schwarz, Sie sind doch von Amts wegen mit dem Jenseits befasst. Lehrt die Kirche nicht auch, dass es gute und böse Geister, sozusagen Engel und Dämonen, gibt?

DER THEOLOGE: Gewiss. Die Bibel berichtet immer wieder von Engeln, zum Beispiel davon, wie Jakob im Traum eine Leiter sah, die von der Erde zum Himmel reichte und auf der die Engel Gottes auf und nieder stiegen (1. Mose 28,12). Und es gibt auch Dämonengeschichten, etwa wie Teufelsgeister in eine Herde von Säuen fahren, so dass sich die ganze Herde ins Meer stürzt (Matth. 8,31–33). Aber all diese Engel und Dämonen führen kein eigenständiges Leben, sondern stehen unter der Herrschaft Gottes. Letzten Endes kommt alles auf IHN an, auch bei der Geschichte mit dem Flugzeugabsturz.

DER PSYCHOTHERAPEUT: Das ist eine theologische Aussage. Ich kann diesen Glauben nicht teilen. Viel eher müssen wir Engel und Dämonen als Bilder verstehen, die aus der Tiefe unserer Seele stammen und sich in Träumen darstellen können; ganz ähnlich wie in Mythen oder Märchen. Alle Kulturen dieser Erde verwenden solche Bilder, nicht nur das christliche Abendland. Engel und Dämonen hat es schon im Alten Orient gegeben. Die Psychologie spricht da von „Archetypen" des Seelischen.

DER MODERATOR: Frau Grün, hat dann in Ihrem Traum Ihr eigenes Unterbewusstsein gesprochen, vielleicht eine schon vorhandene Flugangst?

DIE ÜBERSINNLICHE: Bestimmt nicht. Ich bin oft geflogen, ohne vorher prophetische Träume gehabt zu haben. Die Warnung aus der Geisterwelt war völlig real. Ich bin sicher: Das war kein Zufall, auch keine Stimme meines Unbewussten.

DER MODERATOR: Geht denn die Verbindung von der Geisterwelt zu uns nur in der einen Richtung, dass uns die Geister etwas sagen wollen, oder können wir auch von uns aus Kontakt zu ihnen aufnehmen?

DIE ÜBERSINNLICHE: Selbstverständlich können wir das. Wir können die Geister fragen, und manchmal geben sie Antwort.

DER MODERATOR: Nicht immer?

DIE ÜBERSINNLICHE: Nein. Die Geister lassen sich nicht zwingen. Aber man kann sie geneigt machen, sich uns mitzuteilen.

DER MODERATOR: Mit dem Tischchenrücken und dem Pendeln?

DIE ÜBERSINNLICHE: Auch damit.

DER MODERATOR: Ist das nicht eine ziemlich abseitige Angelegenheit, die so gar nicht in unser modernes naturwissenschaftliches Denken passt?

DIE ÜBERSINNLICHE: Ganz im Gegenteil. Wir können sogar Apparate anwenden, um mit den Geistern Kontakt aufzunehmen. Mein Freund Peter hat mit seinem Kurzwellenempfänger viele Versuche gemacht, um Stimmen aus dem Jenseits aufzunehmen, und oft hat er ganze Sätze oder Namen von Geistern auf seinem Recorder festhalten können. Meist sprachen Verstorbene, die etwas aus dem Jenseits mitteilen wollen.

DER MODERATOR: Herr Dr. Roth, die Stimmen des Unbewussten lassen sich doch wohl nicht auf Kassette einfangen?

DER PSYCHOTHERAPEUT: Natürlich nicht. Aber wenn unser Ohr das Gequietsche und Gezische aus dem Kurzwellenbereich des Radios hört, neigen wir dazu, in das Chaos der Töne Klangqualitäten hineinzudeuten. Unsere Wahrnehmung kann sich nicht mit völligem Durcheinander abfinden und schafft Ordnungen, die objektiv nicht vorhanden sind. Nackte Sinnlosigkeit können wir nicht ertragen. Unsere Psyche sucht überall nach Zusammenhängen und nach Sinn. Das gilt für unser ganzes Leben. Nur als sinnvolles Leben ist es für uns erträglich.

DER MODERATOR: Womit wir beim Thema wären. Hat das Leben einen Sinn? Frau Weiß: Sehen Sie einen Sinn darin, wenn Sie plötzlich von einem Virus befallen werden und die Grippe kriegen?

DIE ISIS-PRIESTERIN: Schon die Frage ist falsch gestellt. Keine Krankheit hat nur medizinische Ursachen. Der Virus interessiert mich nicht. Er kann erst wirken, wenn ich bereit bin, ihn in mich aufzunehmen.

DER MODERATOR: Wie soll ich das verstehen?

DIE ISIS-PRIESTERIN: Eine Krankheit kommt aus meinem Inneren. Sie bricht aus, wenn ich mit mir selbst nicht im Reinen, wenn ich unrein bin. Dann ist mein Selbst gestört, und die Viren haben freien Eintritt.

DER MODERATOR: Was sagt der Psychotherapeut dazu?

DER PSYCHOTHERAPEUT: Selbstverständlich haben Krankheiten eine psychische Seite, die sogar die ursächliche sein kann. In unserem Immunsystem spielt die Seele mit. So sagte schon der alte Grieche Hippokrates. Ein Arzt wird daher immer gut tun, nicht nur Tabletten zu verschreiben, sondern die ganze psychische Lage seines Patienten in die Therapie einzubeziehen.

DER MODERATOR: Aber wenn der Patient sich das Bein gebrochen hat, wo liegen dann die psychischen Ursachen?

DER PSYCHOTHERAPEUT: Dann natürlich gibt es keine.

DIE ISIS-PRIESTERIN: So einfach ist das nicht. Auch der Beinbruch gehört in das Ganze meines leiblich-seelischen Selbst, und dieses Selbst bestimmt sich aus seiner Lebensgeschichte. Was ich früher getan oder versäumt habe, zeichnet vor, was heute mit mir geschieht und zukünftig mit mir geschehen wird. Ich bin ein handelndes Wesen, ich tue Gutes und Böses, und das sind Kategorien, die der Psychologie entgehen.

DER THEOLOGE: Ich komme Ihnen zwar so weit entgegen, dass eine Krankheit zur seelischen Prüfung werden kann. Aber das heißt nicht, eine solche Krankheit sei Folge moralischer Verfehlungen. Das ist sie nur in besonderen Fällen, auf die ich hier nicht eingehen möchte.

DIE ISIS-PRIESTERIN: Sie grenzen schon wieder aus und machen das Moralische zum Sonderfall. Aber unser ganzes Leben ist moralisch oder unmoralisch, je nachdem, wie wir es führen. Und die Summe unserer Taten, das *Karma*, bestimmt, was mit uns geschieht oder aus uns wird.

DER MODERATOR: Mein Schnupfen neulich war also das Ergebnis einer bösen Tat?

DIE ISIS-PRIESTERIN: Sie müssen das ganzheitlich sehen. Nicht das einzelne Ungute verstimmt mein Selbst, sondern die Summe meiner bisherigen Leben zeichnet vor, was mir jetzt und in Zukunft geschehen wird.

DER MODERATOR: Hörte ich richtig? Sagten Sie eben im Plural: „Meiner bisherigen Leben"?

DIE ISIS-PRIESTERIN: Natürlich lebe ich nicht nur einmal zwischen Geburt und Tod. Das Karma, das mich jetzt in diese Welt gebracht hat, ist die Bilanz meiner früheren Existenzen. Der Körper ist hinfällig und vorübergehend, aber das, was ich wirklich bin, reicht viel weiter.

DER MODERATOR: Sie meinen also, die Seele sei unsterblich?

DIE ISIS-PRIESTERIN: So kann man es sagen. Der Sinn meines Lebens lässt sich nicht aus einer Inkarnation allein erkennen.

DER MODERATOR: Sie waren also schon früher einmal auf der Welt?

DIE ISIS-PRIESTERIN: Gewiss.

DER MODERATOR: Erzählen Sie!

DIE ISIS-PRIESTERIN: Nicht alle meine früheren Leben sind mir bekannt. Aber ich erinnere mich, dass ich zur Zeit der Französischen Revolution als Prinzessin auf dem Schafott hingerichtet wurde, dass ich als Marketenderin über die Schlachtfelder des Dreißigjährigen Krieges gezogen bin, dass ich zu den Verschwörern gehörte, die Cäsar umbrachten …

DER MODERATOR: Sie waren also auch einmal männlich?

DIE ISIS-PRIESTERIN: Das Geschlecht spielt bei den Wiedergeburten der Seele keine Rolle. Im alten Ägypten war ich Priesterin der Isis.

DER MODERATOR: Das ist ja phantastisch! Woher wissen Sie das alles?

DIE ISIS-PRIESTERIN: Man kann diese Dinge nacherleben, wenn man die letzte Stufe der Meditation erreicht. Dann sinkt man viel tiefer in die Vergangenheit hinab als bei den lächerlichen Versuchen der Psychologie, die frühkindliche Phase des gerade ablaufenden Lebens zu erforschen.

MODERATOR: Herr Dr. Roth, ist da die Psychologie wirklich am Ende?

DER PSYCHOTHERAPEUT: Das mag sein. Ich sehe in dem Nacherleben früherer Existenzformen nur den an sich verständlichen Versuch, die eigenen Hoffnungen und Wünsche in die Vergangenheit zu projizieren, um sich eine gewisse Selbstbestätigung zu verschaffen.

DIE ISIS-PRIESTERIN: Weil Sie noch nie eine tiefe Meditation erreicht haben! Sie halten sich immer nur an der Oberfläche auf und können gar nicht verstehen, wie sehr sich die Seele von einem vereinzelten Dasein zu lösen vermag.

DER MODERATOR: Mit dem Tode ist also nicht alles aus?

DIE ISIS-PRIESTERIN: Mit dem Tod beginnt überhaupt erst der große Aufbruch zu neuen Ufern!

DER MODERATOR: Wie denn?

DIE ISIS-PRIESTERIN: Im Sterbemoment löst sich die Seele vom Körper und verlässt ihn. Es gibt tausendfach Berichte über dieses Erleben. Sie schildern zunächst einen Zustand, in dem das Ich über seiner sterbenden Hülle schwebt und sich selbst gleichsam von außen zuschaut. Dann aber beginnt ein Flug wie durch einen langen Tunnel, und dabei zieht das ganze vorher gelebte Leben in ungeheurer Verdichtung noch einmal vor dem Auge der Seele vorüber. Schließlich erscheint am Ende des Tunnels ein helles, gleißendes Licht, das die Seele unendlich froh stimmt und ihr den Übergang in ein neues, geistiges Sein verheißt.

DER MODERATOR: Das haben Sie selbst erlebt?

DIE ISIS-PRIESTERIN: Ja, als ich nach einer schweren Operation fast gestorben wäre. Ich weiß seitdem, dass der Tod nichts Schlimmes und Endgültiges ist. Er ist nur ein Übergang.

DER MODERATOR: Das muss Ihnen doch bekannt vorkommen, Herr Pfarrer?

DER THEOLOGE: Ich kenne solche Berichte, und sie scheinen mir durchaus glaubhaft zu sein. Allerdings muss man sagen, dass diejenigen, die davon erzählen, eben *nicht* gestorben sind, sondern wieder in ihr Leben zurückkehrten.

DER MODERATOR: Also keine Auferstehung, wie Martin Luther sagte, im Moment seines Todes werde eine Stimme erschallen: ›Doktor Martine, komm heraus!‹

DER THEOLOGE: So vielleicht nicht, aber auch wir Christen erwarten, dass der Tod kein absolutes Ende ist. Was nach dem Tode mit uns geschieht, ist Gottes Geheimnis. Der Apostel Paulus sagt, wir werden alle verwandelt werden. Erst dann kann sich der Sinn unseres Lebens wahrhaft enthüllen.

DER MODERATOR: Herr Grau, Sie haben bisher gar nichts gesagt. Was halten Sie davon?

DER MYSTIKER: Mir ist die ganze Gegenüberstellung von Leben, Tod und Jenseits zu vordergründig. Das ist Schwarz-Weiß-Malerei. Für die Natur zählt weder ein einzelnes Leben noch ein einzelner Tod. Sie kennt nur Verwandlungen. Sie ist wie ein ewiger Strom, und wenn Sie dabei am Einzelnen kleben, übersehen Sie das Wesentliche. Ob Sie ein Haus von innen oder von außen betrachten, einen Berg von oben oder von unten, einen Menschen von vorn oder von hinten; es ist immer dasselbe Haus, derselbe Berg, derselbe Mensch. Yin und Yang. Sie gehören zusammen, und alle Unterschiede sind nichts als Gekräusel an der Oberfläche. Darunter beginnt die Tiefe, in ihr werden alle Dinge eins.

DER MODERATOR: Und was wird aus mir, wenn alles eins ist?

DER MYSTIKER: Sie sind wie der Tropfen, der in den Ozean fällt. Kein Gramm von Ihnen verschwindet, und doch löst sich der Tropfen auf. Jedes Lebewesen, das stirbt, verschwindet genauso, aber die Natur verliert dadurch nichts. Sie schafft ständig neue Gestalten.

DER MODERATOR: Aber jetzt bin ich doch unvertauschbar ich selbst. Wo bleibt da der Ozean?

DER MYSTIKER: Sie sind nur ein Trugbild wie jene Hologramme, die sich aus Licht aufbauen lassen, die wie reale Dinge aussehen und doch nicht wirklich existieren. Die einzige Realität ist die der unendlichen Tiefe hinter unserem Leben.

DER MODERATOR: Und was ist in dieser Tiefe?

DER MYSTIKER: Energie.

DER MODERATOR: Wie meinen Sie das?

DER MYSTIKER: Es ist die schöpferische Energie des Universums. Natürlich nicht Energie im üblichen Sinne.

DER MODERATOR: In welchem Sinne dann?

DER MYSTIKER: Es ist kosmische, seelische Energie. Sie durchflutet alles. Wir selbst sind nur ihre Transformatoren, die sie so weit herunterspannen, dass sie in unserem Leben manifest werden kann. Sie erfüllt uns mit dem Atem des kosmischen Ganzen und macht den, der sich ihr öffnet, zu einem hervorgehobenen Wesen. In christlicher Zeit hat man von Heiligen gesprochen, in Indien von Yogis. *Krishnamurti* war einer von ihnen, und ich habe ihn selbst noch in den USA kennen gelernt. Nie ist mir ein anderer Mensch begegnet, der so viel Sanftmut, inneren Reichtum und Charisma besaß.

Seine ganze Person strahlte Klarheit, Liebe, Wesenhaftigkeit aus. Die kosmische Energie ist eine ethische Qualität.

DIE ISIS-PRIESTERIN: Das stimmt! Man kann die kosmische Energie in sich sammeln und dadurch sein Karma verbessern. Ich spüre das, wenn ich ganz bewusst atme. Dann füllen sich alle Adern mit dem feinstofflichen Fluidum geistiger Kraft. Ich verlasse meinen Körper und nehme Tiefe in mich auf. Das ist wunderbar!

DIE ÜBERSINNLICHE: Ja! Die kosmische Energie ist die geistige Seite des Universums. Sie durchzieht alle Sphären, zum Beispiel die der Planeten und den ganzen Tierkreis. Aber es gibt positive und negative kosmische Energien. Sehen Sie, das merken Sie schon an den Pflanzen. Bei manchen Menschen gedeihen ihre Zimmerblumen auch ohne besondere Pflege. Es genügt, dass Sie positive kosmische Energie auf die Blumen übertragen. Reden Sie mit ihnen; zeigen Sie der Pflanze, dass Sie sie ernst nehmen. Wer das nicht tut, kann noch so viel gießen und düngen: Die Blumen gehen ein!

DER MODERATOR: Würden Sie also sagen, es sei der Sinn unseres Lebens, kosmische Energie zu sammeln?

DIE ÜBERSINNLICHE: Genau. Kosmische Energie schließt den Kontakt zur Geisterwelt.

DER MODERATOR: Und was meinen Sie, Mister Blue?

DER UFOLOGE. Mir ist das alles zu mystisch. Ich halte mich lieber an die Tatsachen. Und da gibt es keine Geister; das ist nur eine vage Umschreibung für die außerirdischen Wesen, die durch das Universum reisen und gelegentlich auch die Erde besuchen.

DER MODERATOR: Sie meinen Ufos?

DER UFOLOGE: Ja, wenn Sie so wollen. Sogar von der NASA sind sie wissenschaftlich bewiesen.

DER MODERATOR: Haben Sie schon mal eins gesehen?

DER UFOLOGE: Natürlich. Als ich – das war vor etwa zehn Jahren – als ich damals gegen Abend mit dem Auto in Kansas unterwegs war, fühlte ich mich wie von einer magischen Kraft ergriffen; ich konnte mich nicht gegen sie wehren. Ich musste in ein Waldstück fahren, und da stand auf einer Lichtung ein in bläuliche Strahlen gehülltes Wesen mit großen Augen. Zuerst hatte ich furchtbare Angst, aber als ich vor diesem Alien stoppte, wurde ich auf einmal ganz ruhig und fühlte mich glücklich. Das Wesen sah mich lange an, dann wurde es allmählich dunkel und verblasste. Ich konnte mich nicht rühren, aber plötzlich schoss ein Lichtstrahl zum Himmel empor und verschwand hinter den Sternen. Ich dachte zuerst, ich wäre eingeschlafen und hätte alles nur geträumt. Aber dann habe ich mir Bücher über Ufos besorgt und konnte zu meiner Beruhigung feststellen, dass viele Menschen ganz ähnliche Sachen erlebt haben. Seitdem weiß ich: Es gibt die Außerirdischen.

DER MODERATOR: Und was wollen sie bei uns?

DER UFOLOGE: Das ist doch ganz klar. Sie beobachten uns und warten, bis wir hier alles zugrunde gerichtet haben. Dann kommen sie und werden eingreifen, damit die Menschheit nicht untergeht.

DER MODERATOR: Herr Pastor, wären das die Engel, von denen die Bibel spricht?

DER THEOLOGE: So direkt kann ich das nicht sagen. Ich glaube nicht, dass Engel in fliegenden Untertassen reisen. Aber meiner Meinung nach kommt auch in den UFO-Geschichten ein bisschen davon zum Ausdruck, dass der Mensch nicht ohne Glauben und Hoffnung leben kann.

DER MODERATOR: Und worin liegt nun der Sinn unseres Lebens?

DER UFOLOGE: Das müssen Sie die Außerirdischen fragen. Die sind doch viel klüger als wir!

So weit mein kleiner Talk. Ein Sammelsurium von Meinungen, die erstaunlich verbreitet sind. Die Fachphilosophie geht erhaben über sie hinweg und ist sich zu fein für derart krauses Zeug. Aber nicht Platon mit seiner Unsterblichkeitslehre reizt die Gemüter, sondern Elisabeth Kübler-Ross, deren Berichte von den Erlebnissen Sterbender ein Bestseller wurden.[1] Und nicht die Mystik Meister Eckharts fasziniert, sondern New Age mit all seinen Botschaften.[2] Das Irrationale lockt und ködert, weil es sich weder beweisen noch widerlegen lässt. Wer aber sein Glück bei den UFOs zu finden glaubt, sitzt einem Wahn auf. Da geht es um Selbsttäuschungen, Schwindel und Betrug, aber das hat sich immer noch nicht herumgesprochen.[3]

Esoterisches, Mystisches, Mythisches: Da wirkt immer das gleiche Motiv. Nur auf sich gestellt, fühlt sich der Mensch verloren. Er sucht nach Ergänzung, nach einem Umfassenden, das ihn einhüllt und seinem Leben einen höheren Sinn gibt. Glaubt er, das Passende gefunden zu haben, kann dieser Glaube Berge versetzen. Mit rationalen Gegengründen ist da nichts getan. Tiefsinn lässt sich nicht erschüttern. Er genießt sich selbst und empfindet Kritik nur als störend. Irgendwann wird dann Shakespeare zitiert: „Es gibt mehr Dinge zwischen Himmel und Erde, als unsere Schulweisheit sich träumen lässt."[4] Ein Satz, der milchigen Nebel verbreitet: die Milch der frommen Denkungsart. Man sage nicht, sie sei harmlos. Sie verführt, und verführt zu werden, kann fatale Folgen haben: im Privaten, im Gesellschaftlichen, am Ende sogar im Politischen. Der Shakespeare-Satz ist die zu nichts verpflichtende Ausflucht ins Irrationale.

2. Der Sinn des Sinnes

Die Frage nach dem Sinn des Lebens ist verhältnismäßig jung. Eigentlich taucht sie erst im 19. Jahrhundert auf, in dem, was man gemeinhin „Popularphilosophie" nennt. Fachausdruck war der „Sinn des Lebens" vorher nie gewesen. Die Antike hat zwar vom „höchsten Gut" gesprochen, dann war vom „Endzweck" die Rede gewesen, und das ist bis zu Hegel so geblieben. Dahinter steckt teleologisches Denken. Wir sind gewohnt, bei menschlichen Handlungen zu fragen, wozu sie dienen bzw. was sie erreichen wollen. Das ist völlig legitim, aber wenn man dieses Fragen nach Zielen und Zwecken überdehnt, kommt es zu schiefen Problemlagen. Dann scheint auch die Natur zweckmäßig organisiert zu sein; wir sprachen davon. Und schließlich taucht die Frage auf, worin der Zweck des gesamten Daseins liegt. Darüber kann man lange grübeln, und die Philosophie hat sich etliche Zähne an solchem Fragen ausgebissen.

Zudem ist das Wort „Sinn" vieldeutig. Wir sprechen von unseren Sinnen und meinen damit die Wahrnehmungsorgane. Oder ein Satz, ein Text kann einen Sinn haben, was sich ungefähr mit dem Begriff „Bedeutung" deckt – aber nicht ganz, wie der Logiker Gottlob Frege nachgewiesen hat.[5] Die Bezeichnungen „Abendstern" und „Morgenstern" haben dieselbe Bedeutung, nämlich den Planeten Venus, aber ihr Sinn ist verschieden.[6] Wenn wir von der Bedeutung eines Ereignisses sprechen, meinen wir, es sei für irgendeinen Zusammenhang von großem Belang. Fragen wir gar, welche Bedeutung unser Dasein hat, müssten wir angeben, für wen und in welcher Hinsicht es bedeutungsvoll sein soll.

Wir suchen dann nach einer höheren, einer umgreifenden Instanz. Entsprechendes gilt für den Sinn.

In der Philosophie war die Metaphysik für solche Sinnsuche zuständig. Aber sie ist ins Gerede gekommen, spätestens seit der sprachanalytischen Kritik an ihren Aussagen (Rudolf Carnap u. a.). Da sieht es so aus, als hätten sich die Metaphysiker nur mit Scheinproblemen herumgeschlagen, dem „Sein des Seienden" und ähnlichen Begriffsmonstern, die sich bei genauerem Hinsehen als Seifenblasen erweisen. Andere Philosophen meinen, ohne Metaphysik könnten wir nicht auskommen, denn die Frage nach dem Woher und Wohin unseres Lebens bleibe trotz aller Kritik bestehen, eben als Sinnfrage. Und dann werden Antworten gesucht und zusammengetragen, auf dass sich jeder – mehr oder weniger beliebig – bedienen möge.[7]

Grundsätzlich ist der amerikanische Philosoph Thomas Nagel an die Sinnfrage herangegangen. Hier ein Auszug aus seinen Überlegungen:

„Wenn jemandes Leben als Teil von etwas Größerem einen Sinn hat, so kann man immer wieder in Beziehung auf dieses Größere fragen, welchen Sinn es hat. Entweder es gibt eine Antwort, die auf etwas noch Größeres verweist, oder es gibt sie nicht. Gibt es sie, so stellt sich die Frage erneut. Gibt es sie nicht, so sind wir mit unserer Suche nach einem Sinn am Ende und bei etwas angelangt, das keinen Sinn mehr hat. Wenn eine solche Sinnlosigkeit jedoch bei jenem Größeren akzeptiert werden kann, von dem unser Leben einen Teil ausmacht, warum dann nicht bereits bei unserem Leben selbst, als ein Ganzes betrachtet? Warum darf unser Leben eigentlich nicht sinnlos sein? Falls das hier nicht bereits akzeptiert werden kann, warum kann es dann akzeptiert werden, wenn wir zum größeren Kontext aufsteigen? Warum müssen wir dann nicht weiterfragen: ›Ja, und worin liegt nun der Sinn von alle*dem*?‹ (der Geschichte der Menschheit, der Abfolge der Generationen, oder was auch immer es sei)?

Anders verhält es sich mit dem Hinweis auf einen religiösen Sinn des Lebens. Wenn Sie glauben, dass der Sinn Ihres Lebens darin besteht, das Gebot Gottes, der Sie liebt, zu erfüllen und Ihm von Ewigkeit zu Ewigkeit ins Angesicht zu blicken, so scheint man nicht mehr weiterfragen zu können: ›Und warum *das*!‹ Hier soll man es mit etwas zu tun haben, dessen Sinn und Zweck in ihm selbst liegt, und das keinen Zweck außer sich selbst haben kann. Doch aus eben diesem Grund hat es seine eigenen Probleme.

Die Idee Gottes ist offenbar die Idee von etwas, das alles andere erklären kann, ohne selbst erklärbar sein zu müssen. Es ist jedoch nur sehr schwer zu sehen, wie es so etwas geben kann. Stellen wir die Frage ›Warum ist die Welt *so* beschaffen?‹ und erhalten eine religiöse Antwort, was kann uns dann hindern, erneut zu fragen: ›Und warum ist *das* so?‹ Welche Antwort könnte unsere *Warum?-Fragen* ein für alle Mal zum Schweigen bringen? Und wenn sie hier zu einem Halt kommen, warum konnten sie nicht bereits vorher enden?

Das gleiche Problem stellt sich offenbar, wenn man Gott und Seine Zwecke als die endgültige Erklärung des Wertes und Sinnes unseres Lebens anführt. Die Idee, dass unser Leben Gottes Plan erfüllt, soll ihm seinen Zweck geben – auf eine Weise, die keinen weiteren Zweck mehr erfordert oder zulässt. Man soll ebenso wenig weiterfragen ›Worin besteht der Zweck Gottes?‹, als man fragen soll ›Worin liegt die Erklärung Gottes?‹."[8]

Das ist alles fein gedacht und trotzdem ein wenig enttäuschend. Sollen wir uns Sinnfragen überhaupt verkneifen? Ist unser Dasein sinnlos? Halt – da unterstellen wir etwas! Sinnlos sind vergebliche Bemühungen, die entweder gar kein Ziel haben oder haben können. Es wäre sinnlos, mit einem Stück Weichkäse Nägel in die Wand schlagen zu wollen. Sagen wir dagegen, etwas sei sinnfrei, ist etwas anderes gemeint, nämlich, dass wir den Begriff des Sinnes nicht anwenden können. Aber darauf kommen wir noch. Zunächst will ich gar nichts über den Sinn des Lebens, der Welt, des Daseins überhaupt sagen, sondern versuchen, unser Problem einzukreisen – mit der Frage, worum es bei der Sinnsuche gehen könnte.

3. Suchen und finden

Lässt sich der Sinn des Lebens suchen wie ein verlorenes Schlüsselbund?

Bei ihm liegt die Sache klar. Man wird dort auf die Suche gehen, wo man das Bund zuletzt in der Hand gehabt oder gesehen hat. Vielleicht kann man sich dabei irren und erst in einem falschen Raum nachsehen, etwa im Schlafzimmer, und nachher stellt sich heraus, dass das Schlüsselbund in der Garage lag. Doch auf jeden Fall: an irgendeinem Ort muss es gewesen sein.

Ein bisschen schwieriger liegt die Sache, wenn ein Schüler die Lösung einer Mathematikaufgabe sucht. Diese Lösung hat keinen Ort, aber es könnte sein, dass der Schüler einmal gelernt hat, wie sie gefunden wird, und nun vor der Mühe steht, sich daran zu erinnern. Dann wäre sein Gedächtnis der Raum, in dem er zu suchen hat – so ähnlich hat Platon die Suche nach mathematischen Problemlösungen gedeutet. Sollen wir sagen, dass wir den Lebenssinn vergessen haben und nun wiederfinden müssen? Das gleicht der Suche nach dem verlorenen Paradies.

Ganz gleich, wie man es nimmt: Immer drängt sich die Vorstellung auf, irgendwo müsse die Lösung von Problemen zu finden sein, und so steht es auch mit dem Sinn des Lebens. Die Suche nach ihm scheint die Suche danach zu sein, wo bzw. worin er liegt. Aber der Sinn des Lebens ist weder wie ein verlegtes Schlüsselbund noch wie die Lösung einer Mathematikaufgabe zu finden; wohl deshalb, weil es für ihn keinen „Raum“ gibt, nicht einmal metaphorisch.

Kurzum: Der Sinn des Lebens liegt nicht „irgendwo“ und wartet. Soll die Suche nach ihm nicht ins Leere laufen, muss man sie von unsachgemäßen Vorstellungen fern halten. Aber wie soll das geschehen? Versagt da unsere Sprache? Nur dem Dichter ist es gestattet, den Sinn des Lebens durch das Bild einer Stätte anzugeben, etwa so, wie Novalis das im Märchen von jener „Blauen Blume“ getan hat, die sein Heinrich von Ofterdingen im wunderbaren Land der Poesie findet.

Kann man den Lebenssinn nicht lokalisieren, so ist es wohl notwendig, weiter zu fragen, wie sich überhaupt nach ihm suchen lässt. Greifen wir auf das Beispiel vom Schlüsselbund zurück. Man kann zwar beliebig mal hier und mal dort nachsehen, im Kleiderschrank oder in der Kommode, aber dann wäre das Gesuchte ein Zufallsfund. Wer gründlich sucht, arbeitet methodisch, wählt einen Weg der Suche. Aber dabei ist zu unterscheiden. Erst muss man den Weg selbst kennen, ehe man ihm dann folgen kann. „Entlang eines Weges suchen und den Weg suchen – das sind zwei ganz verschiedene Dinge", so der Logiker Friedrich Waismann.[9] Auf unser Problem bezogen: Welches soll der Weg sein, der uns zum „Sinn des Lebens" führt, und wie sollen wir ihn gehen? Hier wird das Fragen noch unsicherer als vorhin, als nur vom Wo die Rede war.

Die Methode muss sachgerecht sein. Nach dem Schlüsselbund kann man nicht suchen wie nach der Lösung einer Mathematikaufgabe, und die Suche nach dem Sinn des Lebens bedarf vermutlich wiederum anderer Wege. Welchen Weg man wählt, hängt immer vom Ziel ab, aber nicht nur davon. Und so wäre es nötig, ehe wir uns bei unserer Suche nach dem Sinn des Lebens für einen Weg entscheiden, erst einmal dessen Ziel anzugeben. Aber wie ist das möglich? Der Sinn des Lebens ist uns noch unbekannt, und wie kann man etwas Unbekanntes zum Ziel machen? Diese Frage taucht schon bei Platon in seinem Dialog „Menon" auf: „Auf welche Weise willst du, Sokrates, denn dasjenige suchen, von dem du überhaupt nicht weißt, was es ist?"[10]

Eine Suche mit unbestimmtem Ziel ist aber vor allem deshalb problematisch, weil man nie wissen kann, ob man irgendwann während der Suche das Ziel schon erreicht hat oder ob man bei einem falschen Ziel angekommen ist. Nehmen wir an, Herr X will sich Schuhe kaufen und sucht nun diejenigen, die ihm am besten passen. Selbst wenn er ein Paar gefunden hat, mit dem er durchaus zufrieden ist, ist nicht gesagt, dass er bei weiterer Suche nicht noch bessere hätte finden können. Andererseits kann er längst die für ihn besten Schuhe ausprobiert haben und trotzdem immer noch weiter suchen, denn kein Schuh trägt ein Etikett mit der Aufschrift „Die besten Schuhe für Herrn X". Mit der Suche nach dem vollkommenen Glück oder nach dem Sinn des Lebens ist es genauso.

Kann man die Suche nach dem Sinn des Lebens erfolgreich beenden? Gibt es einen Satz, der anfängt: „Der Sinn des Lebens ist ..." und bei dem es „klick" macht, wenn man das Prädikat gefunden hat? Entdecke ich endlich das verlegte Schlüsselbund, so weiß ich, dass ich nicht mehr zu suchen brauche. Aber wann weiß ich das bei der Suche nach dem Sinn des Lebens? Könnte es nicht sein wie bei der Suche nach einem Geburtstagsgeschenk für einen Freund oder Verwandten, der keine besonderen Wünsche geäußert hat? Da mag man wohl sagen: „Jetzt habe ich etwas Passendes gefunden", aber eigentlich wurde gar nichts wirklich gefunden, sondern die Suche abgebrochen. Es fehlt eine feste Vorstellung von dem gesuchten Etwas, und es liegt in der freien Entscheidung des Suchenden, wann er mit seiner Suche aufhören will. Meistens kommt dabei ein Verlegenheitsgeschenk heraus. Sollte die Suche nach dem Sinn des Lebens in einer ähnlichen Verlegenheit enden?

Betrachten wir noch folgendes Beispiel: Jemand behauptet, der Sinn des Lebens liege darin, ein nützliches Mitglied der menschlichen Gesellschaft zu werden. Doch dann kommt ein anderer und wendet ein: „Das kann nicht der Sinn des Lebens sein. Das wäre zu wenig!“ Wie ist dieser Einwand zu rechtfertigen? Doch nur, indem man angibt, was man von einer erschöpfenden Bestimmung des Lebenssinnes erwartet. Man könnte diese Erwartung beschreiben. Aber setzt nicht eine solche Beschreibung voraus, dass man den Sinn des Lebens bereits kennt, wenigstens vermutet? Offenbar nicht. Ich kann durchaus angeben, was ich von einem guten Schlafmittel alles erwarte, aber das heißt weder, dass ich ein solches Mittel kennen muss, noch, dass es ein derartiges Mittel überhaupt gibt.

Trotzdem ließe sich sagen, in welcher Richtung ich das Mittel suchen muss, etwa bei Medikamenten, im Bereich psychischen Trainings usw., und man könnte zudem sagen, was als Mittel nicht in Frage kommt. Für den Sinn des Lebens gilt dasselbe. Man muss ihn nicht schon irgendwie kennen, wenn man ihn suchen will, aber ein gewisses Vorverständnis von dem, was als Lebenssinn überhaupt in Frage kommt, ist möglich und kann der Suche die Richtung weisen; also den Weg vorzeichnen, auf dem sich suchen lässt.

4. Das Objekt der Suche

In seinem Roman „Candide“ erzählt der französische Dichterphilosoph Voltaire (1694–1778) die Geschichte vom El Dorado, einer phantastischen Gegend in Südamerika:

„Das Land war gleichermaßen zur Ergötzung wie zur Nahrung bebaut. Überall war das Nützliche lieblich. Die Wege waren bedeckt, nein geschmückt mit Wagen, die ebenso durch ihre Form wie durch ihre Materie glänzten. Sie trugen Männer und Frauen von eigentümlicher Schönheit und wurden gezogen von großen, roten Hammeln, die an Schnelligkeit die schönsten Pferde von Andalusien, Tetuan und Mequinez übertrafen.

Candide sagte: ‘Nun, da haben wir denn doch ein Land, das mehr taugt als Westfalen.’“[11]

Wollte sich nun ein Reisender daranmachen, auf den Spuren Candides das goldstrotzende El Dorado aufzusuchen, so dürfte er eine herbe Enttäuschung erleben. Keine Landkarte Südamerikas verzeichnet dieses Wunderland; es existierte nur in der dichterischen Fantasie Voltaires. Für den Geographen ist das El Dorado ein nichtssagender Begriff.

Es gibt ähnliche Geschichten. So berichtet Platon in seinen Dialogen „Kritias“ und „Timaios“ vom sagenhaften Atlantis, einer riesigen Insel, „größer als Asien und Libyen zusammengenommen“, die vor den Säulen des Herakles – also dort, wo jetzt der Atlantik ist – gelegen haben soll.[12] Diese Insel besaß imponierende Reichtümer und wurde von großen, machtvollen Königen beherrscht; bei gewaltigen Erdbeben und Überschwemmungen soll sie jedoch im Meer versunken sein. Es hat immer wieder Leute gegeben, die in der Erzählung Platons einen wahren Kern vermuteten und nach Spuren des untergegangenen Atlantis suchten. Die Suche hält sogar noch an, und obwohl sie bisher nichts Konkretes ergeben hat, kann man nicht behaupten, sie sei völlig sinnlos.

Immerhin könnte Platon mehr als nur ein Märchen erzählt haben, und dass Sagen und Mythen oft auf historischer Wahrheit beruhen, zeigen die Ausgrabungen Heinrich Schliemanns. Er ließ sich von den Angaben Homers leiten und fand tatsächlich das sagenumwobene Troja, obwohl zunächst alle Welt gemeint hatte, er jage einem Phantom nach. Allerdings: Er fand mehr, als er zu finden gehofft hatte. Wir wissen heute, dass es an der Stelle, die Schliemann untersuchte, nicht nur ein Troja gab, sondern viele. „Der Forscher fand nicht selten mehr, / als er zu finden wünschte.“[13]

Das Dorado, Atlantis und Troja können also in sehr verschiedener Weise Objekte des Suchens sein. Die drei Namen nennen Begriffe, und jede Suche geht von sie leitenden Begriffen aus. Allerdings erweist sich für den, der auf der Landkarte nach dem El Dorado sucht, dieser Begriff als leer – ähnlich etwa dem des Perpetuum mobile, um dessen Erfindung sich allerlei Tüftler bemüht haben, obwohl seine Konstruktion aus physikalischen Gründen unmöglich ist. Hier handelt es sich um faktische Unmöglichkeit; dem Begriff selbst lässt sich nicht anmerken, dass er leer ist. Das zeigt sich erst bei näherem Hinsehen. Schlimmer steht es mit dem Begriff des „quadratischen Dreiecks“. In ihm steckt sogar ein logischer Widerspruch, und das ist fataler als bloßes Leersein. Man kann kein Dreieck mit vier Seiten konstruieren, die noch dazu gleich lang sind und aufeinander senkrecht stehen; man kann es nicht, weil das dem Begriff „Dreieck“ notwendigerweise widerspricht. Es handelt sich also nicht nur um faktische, sondern um logische Unmöglichkeit.

Am schlimmsten aber sind Nonsens-Begriffe, und für sie gibt es amüsante Beispiele, etwa bei den Dadaisten. So erzählt Hans Arp Köstliches von seinem „Eierbrett“:

„Über mein eierbrett herrscht heute eine stimme des lobes und zwar vierstimmig erstens mit einer stimmberechtigten stimme zweitens mit einer fistelstimme drittens mit einer baßstimme und viertens mit einer stentorstimme; arps patentiertes eierbrett ist gewissermaßen der phönix des tennisspieles und hat sich die herzen aller sport- und eierliebhaber erobert ... was bisher vergeblich mit einem langen dietrich und kurzen müller versucht wurde gelingt nun spielend mit meinem eierbrett.“[14]

Nonsens-Begriffen einen konkreten Inhalt zu geben, ist weder faktisch noch logisch möglich; es ist sogar derart unmöglich, dass für diese Art der Unmöglichkeit ein kennzeichnender Name fehlt. Es handelt sich um Sprachspiele ohne gegenständlichen Bezug. Dennoch können solche Spiele sehr hübsch sein.

Nun wäre zu fragen: Worum handelt es sich bei Aussagen über den Sinn des Lebens? Lassen sich diese Aussagen auf einen möglichen Inhalt beziehen, dann wäre die Suche nach dem Lebenssinn vergleichbar mit der Suche Schliemanns nach Troja. Sollte aber das, was „Sinn des Lebens“ heißt, der Existenzweise von Atlantis oder gar El Dorados entsprechen, so brauchte man die Suche gar nicht erst anzufangen.

Kann es einen Lebenssinn geben – kann es ihn nicht geben? Wenn ja, gibt es dann einen Weg, diesen „Sinn“ als Wahrheit zu bestätigen, das heißt, lassen sich Aussagen über ihn als richtig erweisen? Oder liegt es mit dem Sinn des Lebens so wie mit Begriffen, die faktisch Unmögliches, logisch Widersprüchliches und am Ende gar Nonsens bezeichnen?

Ich fürchte, Letzteres ist der Fall.

Sinnfragen pflanzen sich fort, als Kette ohne Ende. Das kommt davon, wenn man einem bloßen Begriff Realität zuschreibt, als müsse ihm etwas Wirkliches entsprechen! So etwas wäre Metaphysik, nicht unbedingt verwerflich, aber ohne viel Aussicht auf Erfolg. Das hatte ich schon erwähnt.

Bleiben wir beim Menschen. Wenn all sein Handeln zielstrebig ist, heißt das noch lange nicht, es müsse ein Ziel für alles Handeln geben. Jeder Hund hat einen Schwanz – nehmen wir das einmal an. Aber daraus folgt nicht die Existenz eines Schwanzes für alle Hunde. Das wäre ein böser Trugschluss! Der Glaube an den Sinn unseres Daseins nährt sich von diesem logischen Fehltritt. Mögen wir noch so viel Sinnvolles tun, nie können wir daraus herleiten, unser Leben im Ganzen sei sinnvoll.

In der Vorrede zur „Kritik der reinen Vernunft“ schrieb Kant:

„Die menschliche Vernunft hat das besondere Schicksal in einer Gattung ihrer Erkenntnisse: dass sie durch Fragen belästigt wird, die sie nicht abweisen kann, denn sie sind ihr durch die Natur der Vernunft selbst aufgegeben, die sie aber auch nicht beantworten kann, denn sie übersteigen alles Vermögen der menschlichen Vernunft.“[15]

Begnügen wir uns damit, unserem Leben einen Sinn zu geben. Das können wir jederzeit, auf eigene Gefahr und Verantwortung. Wir brauchen dazu keine Rückversicherung von oben, kein Dogma vom höheren Sinn. Vielleicht liegt darin die Grundbedingung zum Glücklichsein, dass ich mir sage: Ich mache aus meinem Leben, was ich machen kann, und was dabei gelingt, ist mir Bestätigung meines selbstverordneten Lebenssinnes. Nicht Sinn an sich, sondern Sinn für mich. – Einverstanden?

Wie aber steht es mit der Bedeutung des Lebens – meines Lebens? Dass es für mich selbst eine Bedeutung hat, brauche ich wohl nicht groß zu betonen. Furchtbar, wenn jemand diese Bedeutung nicht mehr spürt und sein Leben wegzuwerfen bereit ist. Das ganze Problem des Selbstmords setzt hier an, von dem Albert Camus behauptet hatte, es sei das Grundproblem der Philosophie schlechthin. Natürlich hat mein Leben auch Bedeutung für jene, die mir nahe stehen: Familie, Freunde, Bekannte, Kollegen. Doch über diesen Rahmen hinaus wird es schwierig. Je nach seiner Stellung in der Gesellschaft kann jemand ein bedeutsames Leben führen oder nicht. Wenn wir dann den Rahmen des Mitmenschlichen verlassen, schwindet die Bedeutung schnell dahin. Da treibt unsere Erde auf ihrer Bahn um die Sonne, die Sonne ein winziges Pünktchen in der Galaxis, diese Galaxis eine unter Milliarden anderer, und das alles in einem Universum, das kalt und erbarmungslos sein physikalisches Schicksal vollzieht. Wenn wir es recht sehen, hat unser Dasein in solch einem Weltall keine Bedeutung, es ist eine gleichsam in Mikrosekunden aufblitzende Episode, schnell erlöschend, und niemand wird der verwehten Menschheit eine Träne nachweinen. Was soll's? Was zählen wir in kosmischen Sphären? – Nichts!

Kann man dann überhaupt noch ein glückliches Leben führen? Gerade der nüchterne Blick auf unsere Stellung im Kosmos sollte die Freiheit eröffnen, die man braucht, sein Leben selbst in die Hand zu nehmen und so zu führen, wie wir es für richtig halten. Kein Gott, kein Schicksal kann uns daran hindern. Alle Verantwortung liegt bei uns. Mach etwas aus deinem Leben – wenn du kannst! Gewiss gibt es Grenzen der Verfügungskraft; gemeinhin werden sie von der Gesellschaft gezogen. Doch innerhalb dieser Grenzen kann keine Macht uns hindern, unser Glück zu suchen, so gut es eben geht.

IX. Epilog

Wir haben versucht, über das Glück nachzudenken. Ist man glücklich, wenn nichts quer läuft, die eigene kleine Welt in Ordnung ist, die Gesundheit keinen Strich durch die Rechnung macht, die Lebensumstände stimmen, die Zukunft rosig strahlt? Wie geht's? Danke, gut; ich kann nicht klagen! Noch eine Wohlfühlaktion draufgesetzt, und nichts hindert, sich glücklich zu preisen.

Gut, ein glückliches Leben muss kein dauerndes Weihnachten sein. Es gibt Höhen und Tiefen, kluge Leute behaupten sogar, ein wenig Leid oder Schmerz gehörten zum glücklichen Leben, nur sollte die Gesamtbilanz positiv sein. Wann darf ich diese Bilanz ziehen? Immer, wenn ich das versuche, bleibt etwas offen. Bisher mag alles gut gegangen sein: Der Rest ist Schweigen.

Über das Glück philosophieren kann man nur aus Glückserfahrungen. Da liegt der entscheidende Punkt.

Glücks-Philosophen haben Glück gehabt. Sie sitzen bereits im Geborgenen, sind Professoren oder sonst wie gut situiert. Sie haben – wie weiland Epikur – ihr Gärtchen bestellt und können sich die Muße des Nachdenkens gönnen. Die Glücksphilosophie lebt in einem Naturschutzpark. Draußen stehen die anderen und schauen sehnsuchtsvoll über den Gartenzaun. Um noch einmal auf das Beispiel Sokrates zurückzukommen: Solange man ihn in Ruhe ließ, konnte er sorglos über das gute Leben, das richtige Leben, das glückliche Leben sinnieren, weil er zu den Privilegierten Athens gehörte. Aber hat er bei all seiner Fragerei je nach dem Leben der Sklaven gefragt, ohne die der soziale Lack seiner Umgebung nicht möglich gewesen wäre? Sie waren ihm nicht der Rede wert. Seneca meinte wenigstens, man solle sie gut behandeln, aber an die Aufhebung von Sklaverei hat auch er nicht gedacht, nicht einmal sehr viel später die europäische Aufklärung. Dass man ganze Gruppen der Gesellschaft beim Glücklichsein aussparte (zumeist auch die Frauen!), hat niemanden aufgeregt.

Inzwischen mag das anders sein. Nicht beim Nachdenken über das Glück ist deutlich geworden, dass alle Menschen gleich sind, sondern durch die Not des Sterbenmüssens; der Totentanz spart keinen aus (ein spätmittelalterliches Motiv). Er hat die Menschen zusammengeführt. Doch zum gleichen Wert des Lebens für alle war es ein langer Weg.

Trotzdem leidet auch heute noch die Glücksphilosophie an perspektivischer Einengung. Sie hat sich auf dem Boden der abendländischen Kultur entwickelt, und fast durchweg bleibt sie in diesem Bereich. Die Frage, welchen Sinn das Reden vom Glück für einen Menschen in Bangladesch, in der Sahelzone, in all den so genannten „unterentwickelten Ländern" hat – diese Frage taucht kaum jemals auf. Es gibt Sprachen, die das Wort „Glück" nicht einmal kennen: Warum nicht? Weil es Erfahrungen voraussetzt, die nicht alle machen können.

Nicht einmal im abendländischen Raum. Wer sich mühsam durchs Leben schlagen muss, als Nobody, als Obdachloser, als Underdog, hat wenig Chancen, glücklich zu werden. Das biologische Leben ist noch kein gutes Leben. Der *American Way of Life* steht nicht allen offen, schon gar nicht den Ausgegrenzten, die es auch in den USA gibt.

Wir aber leisten uns ein Anspruchsdenken für VIPs. Glücklich zu werden, glücklich zu sein scheint uns zuzustehen wie ein Menschenrecht. Und wer es genügend weit gebracht hat, versucht sich in Besitzstandswahrung hinsichtlich seines Glücks. Dürfen wir das?

Ich muss gestehen: Das Wort „Glück" – im Sinne der Glückseligkeit – greift mir zu hoch. Fast möchte ich zurück zur Schlichtheit des Matthias Claudius. Sich gut fühlen, Ja sagen zum Leben, in Liebe und Freundschaft anderen Menschen verbunden sein, zufrieden auf Geleistetes zurückblicken können, Lust zu frischem Schaffen zu spüren; das reicht wohl aus für das, was ohne Überschwang zu haben ist. Dem „Glück" haftet immer etwas Hochgestochenes an. Ich verstehe, warum der ägyptische Freund des Polykrates die Flucht ergriffen hat.

Anmerkungen

I. Das Glück ist …

[1] In: Für Herz und Gemüt – 1500 poesievolle Album- und Stammbuchverse, gesammelt von James Krüss, Hamburg 1967.

[2] Im Internet unter: http://fbg.schwerte.de/unterricht/philosophie/richter.html; 25.12.00.

[3] Zitat aus dem Internet:. Vgl. auch: http://www.srisathyasaibaba.de.

[4] In: K. Tucholsky, Gesammelte Werke Bd. 5, Hamburg 1985, S. 269 f.

[5] G. W. F. Hegel, Vorlesungen über die Philosophie der Geschichte. Werkausgabe Frankfurt a. M. 1986, Bd. XII, S. 42.

[6] S. Freud, Das Unbehagen in der Kultur, Frankfurt. a. M./Hamburg 1953, S. 105.

II. Ein Blick in die Geschichte

[1] Diogenes Laertius, Leben und Meinungen berühmter Philosophen, X, 6, Hamburg 1998, S. 225. *Hinweis für den Leser: Der Lesbarkeit entsprechend sind die nachfolgenden Zitate vom Autor größtenteils in die neue deutsche Rechtschreibung übertragen worden.*

[2] Ebd., S. 227/228.

[3] Epikur, Brief an Menoikeus, in: Briefe, Sprüche, Werkfragmente, Stuttgart 1985, S. 49.

[4] Diogenes Laertius, X, 16, Hamburg 1998, S. 230.

[5] Herodot, Historien I, 31.

[6] Ebd., I, 207.

[7] Ebd. III, 41–43.

[8] Epiktet, Handbüchlein der Moral, 16, Stuttgart 1946, S. 25.

[9] Epikur, Brief an Menoikeus, in: Briefe, Sprüche, Werkfragmente, Stuttgart 1985, S. 43.

[10] Seneca, Philosophische Schriften; 26. Brief an Lucilius, Berlin o. J., Bd. II, S. 73.

[11] Ebd., 54. Brief an Lucilius, S. 137.

[12] Ebd., 82. Brief an Lucilius, S. 262.

[13] B. Russell, Philosophie des Abendlandes, Köln 2000, S. 278 f.

[14] Seneca, Philosophische Schriften; 54. Brief an Lucilius, Berlin o. J., Bd. II, S. 137.

[15] Epiktet, Handbüchlein der Moral, 1, Stuttgart 1946, S. 12.

[16] Seneca, Philosophische Schriften, Brief an seinen Bruder Gallico, Berlin o. J., Bd. I, S. 355.

[17] I. Kant, Kritik der praktischen Vernunft, A 200.

[18] Heinrich Fischer, Die Vergessenen, Ansbach 1948, S. 12.

[19] Platon, Apologie des Sokrates, 36 d–e.

[20] Ebd., 38 a 2.
[21] Übersetzung von Wilhelm Willige, in: Sophokles, Dramen, Darmstadt 1985, S. 217.
[22] Platon, Gorgias 470 e.
[23] Ebd., 472 d.
[24] Ebd., 478 e.
[25] Ebd., 521 e.
[26] Ebd., 482 b/c.
[27] Platon, Politeia 353 e–354 a.
[28] Ebd., 354 c.
[29] Ebd., 368 d–e.
[30] Ebd., 369 b.
[31] Ebd., 427 e.
[32] Ebd., 433 b.
[33] Ebd., 428 b.
[34] Platon, Gorgias 492 d.
[35] Karl R. Popper, The open society and its enemies, 1945 (dt. Die offene Gesellschaft und ihre Feinde).
[36] Aristoteles, Nikomachische Ethik, 1176 b 5.
[37] Ebd., 1176 b 7.
[38] Ebd., 1177 a 17.
[39] Ebd., 1098 a 12 ff.
[40] Ebd., 1177 a 19.
[41] Ebd., 1177 a 25.
[42] Ebd., 1177 b 26.
[43] Marc Aurel, Selbstbetrachtungen, 11. Buch, Kap. 16, Stuttgart 1949, S. 182.
[44] Joh. 16,33.
[45] Matth. 19,16–26.
[46] Luk. 2,14.
[47] Aurelius Augustinus, De beata vita, Stuttgart 1982, S. 5.
[48] Ebd., S. 12/13.
[49] Ebd., S. 40/41.
[50] Ebd., S. 62/63.
[51] Thomas von Aquino, Summe der Theologie. Übers. von Joseph Bernhard, Band II, 3. Untersuchung, 8. Artikel, Stuttgart 1985, S. 30.
[52] Ebd., Bd. II, 5. Untersuchung, 3. Artikel, S. 39.
[53] Ebd., Bd. III, 17. Untersuchung, 2. Artikel, S. 67.
[54] Hans Zirker, Der Koran, Darmstadt 1999, S. 107.
[55] Johannesevangelium 19,26. Im griechischen Text steht für „selig werden" *sothénai* (glücklich ans Ziel kommen).
[56] Meister Eckhart: Predigten, Traktate, Sprüche, in: Digitale Bibliothek, Bd. 2: Philosophie, S. 8904 – S. 141.
[57] Ebd., Predigt von der stetigen Freude, in: Digitale Bibliothek, Bd. 2, S. 8796 – S. 32 f.
[58] Ebd., Traktat von der Überfreude, in: Digitale Bibliothek Bd. 2, S. 8917 – S. 154.
[59] D. T. Suzuki, Die große Befreiung, 1939, S. 55.

[60] Zit. aus dem Internet. Siehe: http//www.metamovie.de/german/halbzen.html.

[61] M. de Montaigne: Schutzschrift für Raimond von Sebonde, in: Digitale Bibliothek, Band 2: Philosophie, S. 10453 – S. 11 (vgl. auch: Die Essais, II. Buch, Stuttgart 1953, S. 205 f.).

[62] Ebd., S. 10473 – S. 31.

[63] M. de Montaigne, Die Essais, III. Buch, Stuttgart 1953, S. 374.

[64] Ebd., Vorwort an den Leser, S. 34.

[65] Ebd., I. Buch, S. 55. Das Zitat stammt von Horaz, Epist. I, 4.13.

[66] Ebd., II. Buch, S. 223.

[67] Ebd., I. Buch, S. 134.

[68] F. Rabelais, Das Leben des Gargantua. Nach der Übersetzung von Joh. Gottlieb Regis. Bergen II, Obb. 1048, S. 73 f.

[69] Ebd., S. 80 f.

[70] Platon, Kritias 115 b.

[71] Th. Morus, Utopia, in: Der utopische Staat (Morus, Campanella, Bacon), Hrsg. K. J. Heinisch, Reinbek bei Hamburg 1991, S. 72.

[72] Jesaja 9,1 ff.

[73] G. E. Lessing, Die Erziehung des Menschengeschlechts (1780), in: Lessings Werke, Leipzig o. J., Bd. 3, S. 180.

[74] Die französischen Moralisten, Bremen 1980, S. 131.

[75] Ebd., S. 146.

[76] Ebd., S. 406.

III. Nachdenken über das Glück

[1] Cicero: Fünf Bücher über das höchste Gut und Übel, § 43, in: Digitale Bibliothek, Band 2: Philosophie, S. 5226 – S. 30.

[2] In: Die französischen Moralisten, Bremen 1980, S. 123.

[3] In: E. Langgässer, Ausgewählte Erzählungen, Düsseldorf 1979.

[4] In: Die französischen Moralisten, Bremen 1980, S. 307.

[5] A. Schopenhauer, Über die anscheinende Absichtlichkeit im Schicksal des Einzelnen, in: Schopenhauers sämtliche Werke, Bd. 4, Leipzig o. J., S. 232.

[6] W. Tatarkiewicz, Analysis of Happiness, Kap. 1. Übers. von E. Martens, The Hague 1976.

[7] Übersetzung von Ernst Heller, dem Vater des Autors, unveröffentlichter Text.

[8] Zit. nach Volker Schwamberger (Hrsg.), Grundkurs Ethik – Glück, Freising 1986, S. 9.

[9] H. Heine, Deutschland, ein Wintermärchen, Caput I, in: Ausgewählte Werke Bd. II, Leipzig o. J., S. 342 (gekürzt).

[10] G. W. Leibniz, Von der Glückseligkeit, in: Philosophische Schriften Bd. 1, Hrsg. H. H. Holz, Darmstadt 1985, S. 396.

[11] Ebd., S. 394.

[12] G. W. Leibniz, Theodizee, in: Digitale Bibliothek Band 2: Philosophie, S. 18028 – S. 691.

[13] Voltaire, Candide. Übers. von H. Studniczka, Hamburg 1957, S. 8.

[14] Ebd., S. 12.

[15] Ebd., S. 13.

[16] Th. W. Adorno, Minima Moralia I,18, Frankfurt a. M. 1980, S. 42.

[17] Chr. M. Wieland, Aristipp, 4. Buch, in: Wielands Werke V, Berlin/Stuttgart o. J., S. 364 f.

[18] R. Spaemann, Das Natürliche und das Vernünftige, München 1987, S. 92.

[19] B. Kanitscheider in einem Interview mit Michael Schmidt-Salomon. Im Internet, April 2002. Desgl.: Eine Verteidigung des Hedonismus, in: Bettina Dessau und Bernulf Kanitscheider, Von Lust und Freude, Frankfurt a. M./Leipzig 2000.

[20] Zum Thema vgl. Dieter Thomä, Lebenskunst und Lebenslust – Ein Lesebuch vom guten Leben, München 1996.

[21] J. Locke, Versuch über den menschlichen Verstand Band II, Philosophische Bibliothek, Hamburg 1981, S. 352.

[22] J. W. v. Goethe, Willkommen und Abschied, in: Sämtliche Werke, Hrsg. Karl Goedeke, Stuttgart 1875, S. 27.

[23] Ders., Glück der Entfernung, in: Sämtliche Werke, Hrsg. Karl Goedeke, Stuttgart 1875, S. 20.

[24] F. Nietzsche, Also sprach Zarathustra. Kritische Studienausgabe, Hrsg. G. Colli u. M. Montinari, München 1988, Bd. 4, S. 342 ff.

[25] K. Tucholsky, Schloß Gripsholm, Hamburg 1950, S. 38.

[26] Goethe, Faust II, 5. Akt, Hrsg. Anton Kippenberg, Wiesbaden 1951, S. 468.

IV. Menschenbilder

[1] Aristoteles, Nikomachische Ethik, Buch I, 1095 a 14 ff. Übers. von Olof Gigon, Zürich 1954, S. 58.

[2] A. Schopenhauer, Parerga und Paralipomena, § 144, in: Schopenhauers sämtliche Werke, Bd. V, Leipzig o. J., S. 295 f.

[3] G. Vollmer, Was können wir wissen? Bd. I, Stuttgart 1985, S. 77 f.

[4] B. Pascal, Gedanken. Übers. von U. Kunzmann, Stuttgart 1997, S. 238.

[5] R. Spaemann und R. Löw, Die Frage Wozu? Geschichte und Wiederentdeckung des teleologischen Denkens, München/Zürich 1981, S. 283 ff.

[6] I. Kant, Kritik der Urteilskraft, § 685. Werkausgabe Weischedel, Band X, S. 333 f.

[7] Vgl. Manfred Eigen, Stufen zum Leben, München 1987.

[8] J. Monod, Zufall und Notwendigkeit. Philosophische Fragen der modernen Biologie, München 1975, S. 110.

[9] S. J. Gould, Illusion Fortschritt, Frankfurt a. M. 1998, S. 261.

[10] Ebd., S. 48.

[11] A. Koestler, Der Mensch – Irrläufer der Evolution. Engl. Ausgabe unter dem Titel „Janus“, London 1978. Dt. von J. Abel, Bern/München 1981, S. 317 ff.

[12] J. C. Eccles, Das Gehirn des Menschen, Frankfurt a. M. 1977, S. 65 f.

[13] Th. Nagel, Wie ist es, eine Fledermaus zu sein? In: Douglas R. Hofstadter u. Daniel Dennett, Einsicht ins Ich, Stuttgart 1986, S. 375.

[14] Ebd., S. 378.

[15] Ilias, VI, Vers 95.

[16] J. W. v. Goethe, Anfang des Gedichtes „Neue Liebe, neues Leben“, in: Sämtliche Werke. Hrsg. Karl Goedeke, Stuttgart 1875, S. 28.

[17] Über die Seele, 402 a 6. Hrsg. u. übersetzt v. Olof Gigon, Zürich 1950, S. 275.

[18] R. Descartes, Abhandlung über die richtige Methode des Vernunftgebrauchs, 4. Kapitel. Übers. v. Kuno Fischer, Stuttgart 1961, S. 32.

[19] In: Die französischen Moralisten, Bremen 1980, S. 124.

[20] Enzyklopädie – Eine Auswahl. Hrsg. G. Berger, Frankfurt a. M. 1989, Artikel „Genuß“, S. 184.

[21] Demokrit aus Abdera: Fragment 127, in: H. Diels, Vorsokratiker, Bd. 2, Berlin 1912, S. 85.

[22] I. Kant, Kritik der Urteilskraft, Einleitung VII, B XLIII, A XLI, Werkausgabe Weischedel, Band X, Frankfurt a. M. 1978, S. 99.

[23] G. Roth, Das Gehirn und seine Wirklichkeit, Frankfurt a. M. 1995, S. 185.

[24] B. Dessau und B. Kanitscheider, Lust und Freude, Frankfurt a. M./Leipzig 2000, S. 141.

[25] Leibniz, Monadologie § 17. Hrsg. H. Glockner, Stuttgart 1948, S. 15 f.

[26] R. v. Gulick, Was würde als eine Erklärung von Bewußtsein zählen? In: Thomas Metzinger (Hrsg.), Bewußtsein – Beiträge aus der Gegenwartsphilosophie, Paderborn/München/Wien/Zürich ²1996, S. 95.

[27] E. Husserl, Das Problem der Lebenswelt, in: Ders., Ausgewählte Texte II. Hrsg. K. Held, Stuttgart 1986, S. 268.

[28] Ebd., S. 267.

[29] H. Lenk, Von Deutungen zu Wertungen, Frankfurt a. M. 1994, S. 131.

[30] 1. Mose 38,9.

[31] Diogenes Laertius, Leben und Meinungen berühmter Philosophen, Band I, Buch I, Kap. VI, 46, Hamburg 1998, S. 317.

[32] Der Begriff „Zyniker“ kommt vom griechischen Wort *kynos*, Hund.

[33] Aischylos, Fragment „Die Myrmidonen“, Nr. 66 und 67, in: Aischylos, Tragödien und Fragmente. Hrsg. u. übers. von O. Werner, Tübingen ³1980, S. 567.

[34] Platon, Symposion 184 c–e. übers. nach F. Schleiermacher.

[35] In: Bruno Snell, Die Entdeckung des Geistes, Hamburg 1946, S. 67.

[36] Novalis, Zueignung, in: Novalis, Briefe und Werke, zweiter Band, Berlin 1943, S. 317.

[37] Vgl. 1. Kor. 5.

[38] Vgl. die Erklärung des Vorsitzenden der Deutschen Bischofskonferenz, Karl Kardinal Lehmann. Im Internet als Pressemitteilung vom 31. 07. 2003 unter: dbk.de/presse/pm2003/üm2003073101.html.

[39] DER SPIEGEL, 4. August 2003, Nr. 32, S. 21.

[40] D. Hume, Traktat über die menschliche Natur, drittes Buch, 1. Teil, 1. Abschnitt, Hamburg 1978, Band II, S. 211 ff.

[41] B. Dessau und B. Kanitscheider, Lust und Freude, Frankfurt a. M./Leipzig 2000, S. 160.

[42] A. Schopenhauer, Vorwort zur ersten Auflage „Die Welt als Wille und Vorstellung“, in: Werkausgabe v. E. Grisebach, Leipzig o. J., S. 31.

[43] In: Upanishaden. Übers. von P. Thieme, Stuttgart 1966, S. 52 (Chandogya-Upanishad 6.12.1–6.12.2).

[44] H. Zimmer, Philosophie und Religion Indiens, Zürich 1961, S. 53.

[45] Reden des Buddha. Übers. von Ilse-Lore Gunsser, Stuttgart 1996, S. 33 f.

[46] *Mâhâyana*: das „Große Fahrzeug"; späte Entwicklungsform des Buddhismus in Indien. *Zen*: Form des Buddhismus in Japan.

[47] Pranjñâ-pâramitâ; zitiert in: H. Zimmer, Philosophie und Religion Indiens, Zürich 1961, S. 433 f.

[48] Lao-tse, Tao-Tê-King. Übers. von G. Debon, Stuttgart 1979, Nr. 49.

[49] Dschuang-Dsi, Das wahre Buch vom südlichen Blütenland. Übers. von R. Wilhelm, Düsseldorf/Köln 1976, S. 193 ff.

[50] C. F. v. Weizsäcker, Der Garten des Menschlichen, München/Wien 1982, S. 595.

[51] Gregor Paul im Internet, Homepage: www.dcg.de/paul/rezept.html.

[52] Shaoping Gan, Die chinesische Philosophie, Darmstadt 1997, S. 6.

[53] Die Weisheit des Konfuzius. Übers. von Hans O. H. Stange, Frankfurt a. M. 1964, S. 29.

[54] Augustinus, Bekenntnisse, 10. Buch. Lat./Dt., Darmstadt 1984, S. 549. Zum Zitat im letzten Satz siehe Hiob 7,1.

[55] Zitiert aus Herbert Cysartz (Hrsg.), Barocklyrik in drei Bänden, Bd. II, Leipzig 1937, S. 185.

[56] Grimmelshausen, Simplicissimus, 1. Buch, 30. Kapitel. *Tracht* bedeutet „das auf den Tisch Gestellte", Leipzig 1911, S. 112.

[57] J.-J. Rousseau, Emile oder Über die Erziehung, Buch 1, Leipzig o. J., S. 111.

[58] In: Die französischen Moralisten, Bremen 1980, S. 364.

[59] I. Kant, Die Religion innerhalb der Grenzen der bloßen Vernunft, Drittes Stück, IV, in: Werkausgabe Weischedel Bd. VIII, Frankfurt a. M. 1978, S. 760.

[60] J. G. Herder, Sprachphilosophie. Hrsg. H. Stephan, Philosophische Bibliothek, Bd. 112, Leipzig 1906, S. 5 f.

[61] Leonardo da Vinci, Philosophische Tagebücher. Ital./Dt., Hamburg 1958, S. 97.

[62] Tschung-Tse, Dichtung und Weisheit. Hrsg. u. übers. von O. H. Stange, Wiesbaden 1957, S. 36.

[63] J. G. Fichte: Grundlage der gesammten Wissenschaftslehre. In: Digitale Bibliothek, Band 2: Philosophie, S. 33023 – S. 18 (vgl. Fichte-W Bd. 1, S. 96).

[64] J. G. Fichte: Die Bestimmung des Menschen. In: Digitale Bibliothek, Band 2: Philosophie, S. 33900 – S. 226 (vgl. Fichte-W Bd. 2, S. 312).

[65] I. Kant, Über Pädagogik, Einleitung, in: Werkausgabe Weischedel, Band XII, Frankfurt a. M. 1978, S. 697.

[66] K. Ph. Moritz, Anton Reiser, München 1961, S. 101.

[67] J. Locke, Über die Regierung, Teil II, § 123, zit. aus G. Gerhardt, Grundkurs Philosophie, Band 2, München 1992, S. 170.

[68] J. Bentham, Eine Einführung in die Prinzipien der Moral und der Gesetzgebung (1789, Kap. 1). Zitiert aus: Otfried Höffe (Hrsg.), Lesebuch zur Ethik, München 1998, S. 238.

[69] Ebd.

[70] J. St. Mill, Der Utilitarismus. Übers. von D. Birnbacher, Stuttgart 1985, S. 17.

[71] Ebd., S. 26 f.
[72] K. Marx, Deutsche Ideologie: Feuerbach, in: K. Marx, Die Frühschriften. Hrsg. S. Landshut, Stuttgart 1953, S. 361.
[73] F. Hölderlin, Schluss der Hymne „Patmos", in: Hölderlins Werke, Tübingen o. J., S. 453.
[74] U. Beck, Thesenvortrag. In: H.-H. Hartwich (Hrsg.), Bindungsverlust und Zukunftsangst. Leben in der Risikogesellschaft, Opladen 1994, S. 25 f. Vgl. auch: U. Beck, Risikogesellschaft – Auf dem Weg in eine andere Moderne, Frankfurt a. M. 1986.
[75] Goethe, Faust II, 5. Akt.: „Mitternacht".
[76] Ebd.
[77] M. Heidegger, Sein und Zeit. § 41, Halle 1927.
[78] Hyginus, Fabeln, Nr. 220, in: Griechische Sagen. Übers. von L. Mader, Zürich 1963, S. 344. Bei M. Heidegger in „Sein und Zeit", Halle 1941, § 41, S. 197 f.
[79] Ebd., § 65.
[80] E. Bloch, Das Prinzip Hoffnung, Band I, Frankfurt a. M. 1967, S. 224 f.
[81] M. Heidegger, Was ist Metaphysik?, Frankfurt a. M. [5]1949, S. 14 f.
[82] A. Camus, Der Mythos von Sisyphos, Hamburg [6]1981, S. 100 f.
[83] Ebd., S. 50.
[84] G. Benn, Schlussstrophe des Gedichtes „Einsamer nie", in: Ders., Statische Gedichte, Zürich 1948, S. 56.

V. Lebenskunst

[1] Titel eines Vortrages von Walter Bröcker (Heidegger-Schüler). Kieler Universitätsreden 1951, Kiel 1951.
[2] H. Marcuse, Schriften Bd. V, Triebstruktur und Gesellschaft, Frankfurt a. M. 1979, S. 173.
[3] Vgl. Dale Carnegie, Sorge dich nicht – lebe!, Bern 2000.
[4] N. Postman, Wir amüsieren uns zu Tode, Frankfurt a. M. 1985.
[5] A. Holz: Buch der Zeit, Dresden 1884, S. 211.
[6] I. Kant, Grundlegung zur Metaphysik der Sitten, BA 46, in: Werkausgabe Weischedel, Bd. VII, Frankfurt a. M. 1977, S. 47 f.
[7] Ebd.
[8] M. Seel, Versuch über die Form des Glücks, Frankfurt a. M. 1999, S. 97 ff.
[9] L. Tolstoi, Anna Karenina. Übers. von A. Luther, Zürich 1985, S. 108.
[10] M. Seel, Versuch über die Form des Glücks, S. 99.
[11] I. Kant, Metaphysik der Sitten, Tugendlehre A 168, in: Werkausgabe Weischedel, Bd. VIII, Frankfurt a. M. 1978, S. 620.
[12] Aristoteles, Nikomachische Ethik, II. Buch, 1106 b 11.
[13] Text von Jakob Hinke (1670). In: Evangelisches Gesangbuch, Hannover o. J., Nr. 295.
[14] M. Claudius, Asmus omnia sua secum portans. In: Digitale Bibliothek, Band 1: Deutsche Literatur, S. 18855 – S. 89 (vgl. Claudius-W, S. 49 f.).
[15] Ebd., S. 19246 – S. 480 (vgl. Claudius-W, S. 253).

[16] M. Claudius, Gegen den Genius der Zeit. Hamburger Neue Zeitung 1793, in: Werkausgabe Berlin/Darmstadt 1958, S. 830.

[17] L. Tieck, Des Lebens Überfluß. In: Digitale Bibliothek Band 1, Deutsche Literatur, S. 166624 – S. 76 (vgl. Tieck-W Bd. 3, S. 936).

[18] Ebd., S. 166569 – S. 21 (vgl. Tieck-W Bd. 3, S. 906).

[19] Grimm: Kinder- und Hausmärchen. In: Digitale Bibliothek, Band 1, Deutsche Literatur, S. 63677 – S. 596 (vgl. Grimm-Märchen, S. 427).

[20] In: Rosinen aus der Gartenlaube, München 1960, S. 50.

[21] F. Nietzsche, Unzeitgemäße Betrachtungen I,2. Werkausgabe von G. Colli und M. Montinari, München 1988, Bd. I, S. 169.

[22] F. Nietzsche, Die fröhliche Wissenschaft IV, 324. Werkausgabe von G. Colli und M. Montinari, München 1988, Bd. III, S. 552.

[23] Th. Mann, Die Bekenntnisse des Hochstaplers Felix Krull, Frankfurt a. M. 1954, S. 283 f.

[24] M. Stirner, Der Einzelne und sein Eigentum. In: Digitale Bibliothek, Band 2: Philosophie, S. 47278 – S. 2 (vgl. Stirner-Einzige, S. 22).

[25] Ebd., S. 47749 – S. 473 (vgl. Stirner, S. 284).

[26] Milan Kundera, Die unerträgliche Leichtigkeit des Seins, München 1984.

[27] F. Schiller, Über die ästhetische Erziehung des Menschen, 15. Brief, in: Schillers Werke. Hrsg. Ernst Jenny, Basel 1946, Band X, S. 139.

[28] Ebd.

[29] F. Schlegel, Fragment Nr. 225, in: Ders., Kritische und theoretische Schriften. Hrsg. A. Huyssen, Stuttgart 1978, S. 102.

[30] F. Nietzsche, Die Geburt der Tragödie, Abs. 5. Werkausgabe von G. Colli und M. Montinari, München 1988, Bd. I, S. 47.

[31] F. Nietzsche: Die fröhliche Wissenschaft, zweites Buch, Nr. 107. Werkausgabe von G. Colli und M. Montinari, München 1988, Bd. III, S. 464.

[32] M. Foucault, Der Gebrauch der Lüste (1984), Frankfurt a. M. 1986. Ders.: Die Sorge um sich, Frankfurt a. M. 1986.

[33] F. Nietzsche, Die fröhliche Wissenschaft IV, Nr. 290. Werkausgabe von G. Colli und M. Montinari, München 1988, Bd. III, S. 530.

[34] B. Dessau und B. Kanitscheider, Von Lust und Freude, Frankfurt a. M./Leipzig 2000, S. 196.

[35] A. Huxley, Schöne neue Welt, Frankfurt a. M. [57]2000, S. 68.

[36] W. Schmid, Philosophie der Lebenskunst, Frankfurt a. M. 1998.

[37] Ebd., S. 9.

[38] M. Heidegger, Die Frage nach der Technik, in: Die Künste im technischen Zeitalter. Vortragsreihe der Bayerischen Akademie der Künste 1953, München 1954, S. 71.

[39] G. Anders, Die Welt als Phantom und Matrize, in: Ders.: Die Antiquiertheit des Menschen, München 1961, S. 111.

[40] Vgl. dazu „Erfundene Krankheiten", in: DER SPIEGEL, 2003, Nr. 33.

[41] W. Schmid, Philosophie der Lebenskunst, S. 72.

[42] Ebd., S. 318.

[43] U. Beck, Bindungsverlust und Zukunftsangst. Thesenvortrag an der Universität Halle-Wittenberg, Opladen 1994, S. 28.

44 Vgl. dazu: Eduard Spranger, Lebensformen. Darin: Kap. 3, Der ästhetische Mensch, Halle (Saale) 1930, S. 165 ff.

45 S. Kierkegaard, Entweder-Oder. In: Digitale Bibliothek Band 2, Philosophie, S. 65835 – S. 384. Desgl. in: S. Kierkegaard, Tagebuch des Verführers, Frankfurt a. M. 1983, S. 16 ff.

46 Ebd.

47 S. Kierkegaard, Entweder-Oder. In: Digitale Bibliothek Band 2, Philosophie, S. 65485 – S. 34.

48 B. Brecht, Dreigroschenoper, Strophe aus dem Lied von der Unzulänglichkeit menschlichen Strebens.

VI. Selbstbestimmung

1 Geschrieben 1789.

2 A. Schopenhauer, Aphorismen zur Lebensweisheit. Hrsg. E. Grisebach, Leipzig o. J., S. 379.

3 Ebd., S. 373.

4 M. Seel, Versuch über die Form des Glücks, Frankfurt a. M. 1999, S. 115.

5 W. Schmid, Philosophie der Lebenskunst, Frankfurt a. M. 1998, S. 244.

6 K. Marx, Ökonomisch-philosophische Manuskripte aus dem Jahr 1844, S. 93 (MEW Bd. 40, S. 510 ff.). In: Digitale Bibliothek, Band 2: Philosophie, S. 48397 ff.

7 Ebd., S. 91 f. (Dig. Bibl., Bd. 2, S. 48395 f.).

8 Ebd., S. 95 f. (Dig. Bibl., Bd. 2, S. 48399 f.).

9 G. W. F. Hegel: Phänomenologie des Geistes. Werke, Bd. III, Frankfurt a. M. 1986, S. 360.

10 M. Horkheimer, Zur Kritik der instrumentellen Vernunft, Frankfurt a. M. 1986, S. 124.

11 Röm. 6,18.

12 I. Kant: Grundlegung zur Metaphysik der Sitten. Werkausgabe Weischedel Bd. VII, S. 59.

13 Matth. 3,2 sowie Matth. 4,17.

14 Wolfram von Eschenbach, Parzival, IX. Buch, Vers 502,28.

15 M. Frisch, Stiller, Frankfurt a. M. 1954, S. 56.

16 G. W. F. Hegel, Grundlinien der Philosophie des Rechts, § 40. Werkausgabe, Frankfurt a. M. 1986, Bd. VII, S. 100.

17 Goethe, Noten und Abhandlungen zum West-östlichen Divan, Israel in der Wüste, in: Sämtliche Werke. Hrsg. K. Goedeke, Stuttgart 1875, I. Band, S. 617.

18 Goethe, Gedichte, Ausgabe letzter Hand, Zahme Xenien, in: Sämtliche Werke. Hrsg. K. Goedeke, Stuttgart 1875, I. Band, S. 690.

19 B. Brecht, Dreigroschenoper, 1. Finale: Über die Unsicherheit menschlicher Verhältnisse, aus: Stücke in einem Band, Frankfurt a. M. 1978, S. 181.

20 W. Schmid, Philosophie der Lebenskunst, Frankfurt. a. M. 1998, S. 192.

21 Zur Lage der Bewusstseinsforschung vergleiche: Thomas Metzinger (Hrsg.), Bewußtsein, Paderborn/München/Wien/Zürich 1996. Außerdem: „Das Ich ist eine Illusion“, Th. Metzinger in: DIE ZEIT, 50/1995.

[22] G. Roth, Das Gehirn und seine Wirklichkeit, Frankfurt a. M. 1995, S. 295.

[23] Zitiert aus: Salzburger Nachrichten 2000. Im Internet unter: http//www.salzburg.com/sn/schwerpunkte/gesundheit/artikel/261827.html.

VII. Glück und Moral

[1] M. Buber, Das dialogische Prinzip, Gerlingen ^{7}1994, S. 32.

[2] E. Lévinas, Zwischen uns – Versuch über das Denken an den Anderen. Übers. von F. Miething, München/Wien 1995, S. 20.

[3] Gorgias 491 e–492 c; nach der Übersetzung von F. Schleiermacher, Hamburg 1957.

[4] F. Nietzsche, Zur Genealogie der Moral. Werkausgabe von G. Colli und M. Montinari, Band 5, S. 270 f.

[5] Gorgias 500 a.

[6] D. Hume, Ein Traktat über die menschliche Natur. Übers. von Th. Lipps, Hamburg 1978, Band II, S. 211 f.

[7] I. Kant, Metaphysik der Sitten. Werkausgabe Weischedel, Bd. VIII, Frankfurt a. M. 1968, S. 620 ff.

[8] A. Schopenhauer, Grundlage der Moral, § 2. In: Schopenhauers sämtliche Werke, Bd. 3. Hrsg. E. Grisebach, Leipzig o. J., S. 493.

[9] O. F. Bollnow, Einfache Sittlichkeit, Göttingen ^{3}1962.

[10] Ebd., S. 26.

[11] W. Weischedel, Skeptische Ethik, Frankfurt a. M. 1980.

[12] G. Patzig, Ethik ohne Metaphysik, Göttingen 1971, S. 61.

[13] E. Tugendhat, Zum Begriff und zur Begründung von Moral, in: Ders., Philosophische Aufsätze, Frankfurt a. M. 1992, S. 316.

[14] J.-P. Sartre, Das Sein und das Nichts. Übers. von J. Streller, Reinbek bei Hamburg 1989, S. 347.

[15] P. Watzlawick, Anleitung zum Unglücklichsein, München 1983.

[16] B. Pascal, Gedanken, Nr. 418/233. Dt. von U. Kunzmann, Stuttgart 1997, S. 227.

[17] M. Seel, Versuch über die Form des Glücks, Frankfurt a. M. 1999, S. 361 f.

VIII. Vom Sinn des Lebens

[1] Die Erlebnisse Sterbender lassen sich physiologisch als Folgen von Sauerstoffmangel im Gehirn verstehen. Gerade die Übereinstimmung der Berichte deutet auf eine gemeinsame neurophysiologische Grundlage hin. Eine echte Begegnung mit Jenseitigem muss man also nicht folgern. Dazu E. Kübler-Ross, Interviews mit Sterbenden, München 1980. Dies.: Befreiung von der Angst, München 2001.

[2] Die Auffassung, nach der die scheinbare Wirklichkeit nur ein Hologramm und Gekräusel auf der Oberfläche kosmisch-seelischer Energie sei, wird von David Bohm geäußert, einem von der Quantentheorie zur indischen Mystik „bekehrten" Physiker. Literatur hierzu: Marilyn Ferguson, Die sanfte Verschwörung. USA 1980 unter dem Titel: „The Aquarian Conspiracy". Dt. Ausgabe Basel 1982. Ferner: Fritjof Capra, Wendezeit.

USA 1982 unter dem Titel „The Turning Point“. Dt. Ausgabe Bern/München/Wien [8]1984. Außerdem: David Bohm u.a., Das holographische Weltbild. Hrsg. Ken Wilbert, Bern/München/Wien, 1988.

[3] Es gibt eine unübersehbare Flut von UFO-Literatur. Keiner der angeblichen Augenzeugenberichte hat bisher einer kritischen Nachprüfung standgehalten. Material dazu liefert immer wieder die Zeitschrift „Skeptiker“, herausgegeben von der Gesellschaft zur wissenschaftlichen Untersuchung von Parawissenschaften (GWUP), 64374 Roßdorf. Siehe auch: Erich v. Däniken, Aussaat und Kosmos – Spuren und Pläne außerirdischer Intelligenzen, Düsseldorf/Wien 1972.

[4] Shakespeare, Hamlet 1. Akt, 5. Szene.

[5] G. Frege, Funktion, Begriff, Bedeutung. Hrsg. G. Patzig, Göttingen 1962.

[6] Ebd., S.39.

[7] Vgl. Beatrix Gotthold u. Christian Thies (Hrsg.), Denn jeder sucht ein All – Vom Sinn des Lebens, Leipzig 2003.

[8] Thomas Nagel, Was bedeutet das alles?, Stuttgart 1990, S.82f.

[9] F. Waismann, Zur Logik des Fragens, in: Ders., Logik, Sprache, Philosophie, Stuttgart 1976, S.579.

[10] Platon, Menon 80 d.

[11] Voltaire, Candide. Übers. von H. Studniczka, Hamburg 1957, S.54.

[12] Platon, Kritias 108 c ff., Timaios 23 c ff.

[13] Lessing, Nathan der Weise, 11,7.

[14] In: Das war Dada, Dichtungen und Dokumente. Hrsg. P. Schifferli, München 1963, S.52.

[15] I. Kant, Vorrede zur Kritik der reinen Vernunft. Ausgabe Weischedel Band III, 1976, S.11.

Literaturhinweise

Aus der Fülle der Literatur über das Glück seien nur einige Titel herausgegriffen, die dem Leser den Zugang zur gegenwärtigen Diskussion ermöglichen können.

Bien, Günther: Die Frage nach dem Glück, Stuttgart-Bad Cannstadt 1978.

Epstein, Alan: Glück, Bern/München/Wien 1994.

Grom, Bernhard u. Schmidt, Josef: Auf der Suche nach dem Sinn des Lebens, Freiburg i. Br. 1975.

Hentrich, Günter: Ermutigung zum Glück, sieben klassische Modelle glücklich zu leben von Buddha bis Hegel, Freiburg i. Br. 1979.

Irgang, Margrit: Glück, Hamburg 1986.

Krämer, Hans: Integrative Ethik, Frankfurt a. M. 1992.

Kundler, Herbert (Hrsg.): Anatomie des Glücks, Köln 1971.

Marcuse, Ludwig: Philosophie des Glücks, Zürich 1972.

Schmid, Wilhelm: Auf der Suche nach einer neuen Lebenskunst, Frankfurt a. M. 1991.

Schmid, Wilhelm: Philosophie der Lebenskunst, Frankfurt a. M. 1998.

Schneider, Wolf: Glück – was ist das?, München 1978.

Seel, Martin: Versuch über die Form des Glücks, Frankfurt a. M. 1999.

Spaemann, Robert: Glück und Wohlwollen, Stuttgart 1989.

Thomä, Dieter: Lebenskunst und Lebenslust. Ein Lesebuch vom guten Leben, München 1996.

Thomä, Dieter: Vom Glück in der Moderne, Frankfurt a. M. 2003.

Namenregister